Lewis Yablonsky

DU BIST ICH

— Die unendliche Vater-Sohn-Beziehung —

EHP

Inhaltsverzeichnis

*Für meinen Vater Harry
und meinen Sohn Mitch*

Vorwort und Danksagungen

Wohl jeder Mensch wünscht sich einen idealen Vater, einen Supermann, der ihm die Steine aus dem Weg räumt, ihm hilft, seine Probleme zu lösen, und ihm klare, vernünftige Richtlinien für ein ausgeglichenes und erfolgreiches Leben gibt. In einer utopischen Gesellschaft voll perfekter Väter, die all diese idealisierten Erwartungen erfüllen könnten, gäbe es keinerlei soziale Probleme. Solche Superväter würden sämtliche persönlichen Probleme beseitigen und damit automatisch eine Gesellschaft ohne Gewalt, Depression, psychische Krankheiten, Kriege und Kriminalität entstehen lassen.

Es gibt mittlerweile überwältigende Belege dafür, daß bei der Geburt ein wichtiges, lebenslanges Band zwischen Vätern und Söhnen geknüpft wird, was in totalem Widerspruch zu dem Mythos steht, Männer hätten kein so emotionales, fürsorgliches, mitfühlendes und liebevolles Verhältnis zu ihren Kindern wie Frauen. Die Daten, die ich in Tiefeninterviews und anhand von Fragebögen von Hunderten von Vätern und Söhnen gesammelt habe, zeigen, daß fast alle Männer ihren Söhnen tiefe positive Gefühle entgegenbringen. Meine Untersuchung hat mir bewiesen, daß der sogenannte »Mutterinstinkt«, der Frauen zugeschrieben wird, bei Männern entsprechend als »Vaterinstinkt« vorhanden ist.

Dieses intensive Engagement führt dazu, daß die grundlegende Persönlichkeitsentwicklung jedes Mannes wesentlich vom Vater beeinflußt wird[1]. Der Prozeß der Persönlichkeitsentwicklung in seiner ganzen Komplexität, mit all seinen Interaktionen und gegenseitigen Erwartungen ist psychisch außerordentlich befriedigend, bringt aber auch Konflikte mit sich. Die oft lebenslangen tiefgehenden Auseinandersetzungen zwischen Vätern und Söhnen sind eher Anzeichen für die Stärke ihrer Gefühle als Beweise für mangelnde Fürsorge. Grundlegende Konflikte entstehen meist dann, wenn Väter das Verhalten ihrer Söhne nicht begreifen. Ihre fürsorglichen Versuche, sie auf die rechte Bahn zu bringen, haben oft normale Rebellion zur Folge, deren negative Konsequenzen aber längst nicht so groß sind, wenn sich beide solch normaler Konflikte stärker bewußt werden.

In diesem Buch werde ich diese Konflikte analysieren, seien sie normal oder anomal, um die in sinnlosen Auseinandersetzungen zwischen Vätern und Söhnen vergeudete Energie wieder in sinnvolle Bahnen zu lenken. Viele überflüssige psychische Probleme mit allen negativen Auswirkungen auf das Familienleben und letztlich auch auf die Gesellschaft lassen sich vermeiden, wenn Väter und Söhne ihre grundlegende Beziehung vernünftig aufeinander abstimmen können. Ein besseres Verständnis der Vater-Sohn-Beziehung ist für Männer sehr wichtig, da sie diese Rollen schließlich leben. Ebenso wichtig ist es aber auch für Frauen und Mütter, die in dem dramatischen Szenario von Vater und Sohn zentrale Rollen spielen und deren Lebensqualität entscheidend von den Vätern und Söhnen in ihrer Familie beeinflußt wird.

Als Soziologe hatte ich mich immer für einen Experten auf dem Gebiet der Sozialisation des Kindes und der Rolle des Vaters gehalten. Erst als mein Sohn geboren wurde, begriff ich, wie wenig ich wirklich wußte. Meine Motivation für die vorliegende Arbeit beruht also zum großen Teil auf der Tatsache, daß ich einen Sohn habe, den ich sehr liebe und richtig erziehen wollte. Die Beziehung zu meinem Sohn war von daher bei den Untersuchungen von ungeheurer Bedeutung, die Grundlage dieses Buches sind. Durch ihn habe ich viel über die Dynamik der Vaterschaft in den entscheidenden Jahren von seiner Geburt bis zu seinem jetzigen 18. Lebensjahr gelernt.

Bei der vierjährigen Arbeit an diesem Buch habe ich zwei Methoden benutzt: Tiefeninterviews, in denen über hundert Männer Auskunft über ihre Doppelrolle als Väter und Söhne gaben, und Erhebungen mit einem umfassenden Fragebogen, der von 564 Männern aus allen gesellschaftlichen Schichten ausgefüllt wurde.

Abgesehen von dieser direkten Forschung hat auch meine dreißigjährige klinische Erfahrung in Soziologie, Gruppentherapie und Psychodrama für mein Verständnis der emotionalen Beziehung zwischen Vätern und Söhnen eine große Rolle gespielt, wobei ganz besonders die Psychodrama- und Therapiegruppen von Bedeutung waren, in denen die spezifische Vater-Sohn-Problematik immer wieder artikuliert wurde. Die Ergebnisse all dieser verschiedenen beruflichen und persönlichen Forschungsansätze sind in dieses Buch eingeflossen.

Ich danke meinem Sohn Mitch, der die Last dieser Arbeit ohne Murren ertragen hat und zu einem tüchtigen Mann herangewachsen ist. Meine Brüder Morris und Joe haben in harter Erinnerungsarbeit faszinierendes Material über meinen Vater und die frühe Situation in unserer Familie ausgegraben. Meine Freunde und Kollegen Cathy Apstein, Norman Herman, Ben Krentzman, Marshall Cherkes, Al Pierce, Howard Sackler und Mike Soloman haben mir ihre Lebenserfahrungen und Einsichten großzügig mitgeteilt.

Besonders danke ich meinem guten Freund und Kollegen Dr. George Bach, der mit seinen Theorien und Fallgeschichten den Inhalt des Buches wesentlich bereichert hat.

Lewis Yablonsky

1.

Die Rolle des Vaters:
Träume und Botschaften

Die wichtigste Rolle im Leben eines Mannes ist die Rolle des Vaters. Vaterschaft verbindet ihn mit der Zukunft. Seine Nachkommen tragen seinen Namen und erben sein soziales, psychisches und finanzielles Vermächtnis. Selbst wenn ein Sohn gegen die philosophische Botschaft rebelliert, die ihm sein Vater über das Leben mitgibt, wird er doch durch den Vater sehr stark geprägt.

Männer wie John F. Kennedy und Martin Luther King, die unsere Gesellschaft so tief beeinflußt haben, sind stark geprägt durch ihre Väter. Umgekehrt ließe sich argumentieren, daß tyrannische Massenmörder wie Adolf Hitler oder Charles Manson nicht so unmenschlich hätten werden müssen, wenn ihre Väter ihre Rolle effektiver und fürsorglicher gespielt hätten. Das sind natürlich extreme Beispiele, aber es bleibt die Tatsache, daß jeder Mann in signifikanter Weise durch seinen Vater geprägt wird.

Die Veränderung hin zu einer positiveren, intelligenteren Vaterrolle würde unsere gesamte Gesellschaft verändern. Ein nachhaltigerer Einsatz der Väter könnte soziale Probleme wie Kriminalität, Drogenmißbrauch und Gewalt, die unsere Gesellschaft belasten, buchstäblich auslöschen.

Trotz aller Veränderungen in der geschlechtsspezifischen Rollenverteilung sind Väter meist immer noch stärker mit der außerhäuslichen Welt verbunden als Mütter und fungieren deswegen für ihre Söhne als die ersten Vermittler der Grundregeln der Gesellschaft. Dies übt einen tiefen Einfluß auf deren Leben aus.

Obwohl Jungen meist mehr Zeit mit Mutter, Schwester und Gleichaltrigen verbringen als mit den Vätern, sind sie psychisch stark mit dem Vater beschäftigt. Von ihren Vätern holen sie sich die Anweisungen für ihre männliche Rolle, insbesondere auch für ihre spätere eigene Vaterrolle.

Söhne identifizieren sich sehr stark mit ihren Vätern und gehen davon aus, daß sie später dieselben Erfahrungen machen. Ein Mann in einer meiner Therapiegruppen z.B. legte dar, wie sehr er sich als Kind mit der physischen Gesundheit seines Vaters beschäftigt hatte, weil er insgeheim davon überzeugt war, später dieselben Krankheiten wie dieser zu bekommen. Und als weitere Bestätigung dieser Identifikation mit dem Vater mag meine Beobachtung dienen, daß viele Söhne erwarten, so lange zu leben wie ihre Väter. Manche Männer werden sogar krankhaft depressiv, wenn sie das Alter erreichen, in dem ihr Vater starb. Auch wenn vom medizinischen Standpunkt aus einiges dafür spricht, daß kurze oder längere Lebenszeit erblich ist, haben diese Ängste doch meist psychische und keine physischen Ursachen.

Generell bestimmt das Ausmaß an Kontakt zwischen Vater und Sohn, wie weit ihre Persönlichkeiten von der Geburt des Sohnes an ineinander verwoben sind. Für die meisten Väter ist der Sohn als Säugling eine Erweiterung seines Ichs, und dieses Gefühl hält mindestens bis zur Teenagerzeit des Sohnes an. Erfolge und Niederlagen des Sohnes werden vom Vater intensiv erlebt, und so können sportliche Aktivitäten für die Einschätzung einer Vater-Sohn-Beziehung genauso aussagekräftig sein wie ein Rohrschach-Test. Manche Väter festigen gerade über den Sport die Rolle des Sohnes als Erweiterung des eigenen Ichs. Sport wird dann zu einer Art Psychodrama, in dem sie ihr eigenes Bedürfnis nach Sieg durch die Söhne ausleben. Jede Ablehnung oder Niederlage, die der Sohn erfährt, trifft den Vater persönlich. Ein treffendes Beispiel dafür ist der Freudsche Versprecher eines Vaters, als der Trainer einer Jugendmannschaft seinen Sohn auf die Reservebank setzte: »Das können Sie mir doch nicht antun«.

Das Ausmaß der Intensität und Verwirrung der Gefühle eines Vaters, der seinen Sohn als Ich-Erweiterung erlebt, wird im folgenden Bericht eines über vierzigjährigen Mannes deutlich. Sein Standpunkt im folgenden Szenario zeigt, wie intensiv sich dieser Vater emotional mit seinem achtjährigen Sohn beschäftigt und wie sehr ihre beiden Personen miteinander verschmolzen sind:

»Ich halte mich für einen kultivierten, intelligenten und verständnisvollen Mann. Zum ersten Mal seit über dreißig Jahren wäre ich fast körperlich gewalttätig geworden - ich hätte dem Trainer meines Sohnes um ein Haar einen Kinnhaken gegeben.

Der Vorfall ereignete sich, als ich gegen Ende des Spiels zum Sportplatz kam und sah, daß mein Sohn keineswegs zur Ehre seiner Mannschaft und seines Vaters auf dem Spielfeld Tore schoß. Statt dessen saß er auf der Bank, Tränen der Wut in den Augen, daneben seine Mutter, die ihn zu beruhigen versuchte. Was war passiert?

Ich stellte fest, daß ihn der Trainer vom Spielfeld gestellt hatte, weil er einmal zu oft darum gebeten hatte, ins Spiel kommen zu dürfen. Ich beherrschte mich bis zum Ende des Spiels. Der Trainer ließ seine übliches Lamento über die schreckliche Niederlage vom Stapel und bezeichnete die Jungen als 'Babies und verdammt schlechte Spieler'.

Sobald er allein war, ging ich zu ihm, weil ich wissen wollte, ob das Vergehen meines Sohnes wirklich so schwer war, daß er den Ausschluß und die Demütigung vor seinen Mitspielern und den Eltern und Fans im Publikum verdient hatte. Der Trainer sagte, er hätte meinen Sohn gewarnt, daß er bei einer einzigen weiteren Frage aus dem Spiel flöge. Ich murmelte, daß ich ja die Notwendigkeit von Disziplin bei den Kindern verstünde, aber sein Verhalten doch etwas streng fände. Schließlich wollte der Junge ja nur spielen. Darauf hielt er mir vor, ich sei ein unfähiger Vater, der Junge wäre verwöhnt und unreif und er würde ihn persönlich aus der Mannschaft werfen, wenn ich jetzt nicht aufhörte. Ich sagte: 'So können sie von Bill (und mir) nicht sprechen.' Wir standen praktisch Kinn an Kinn, und da sagte er: 'Noch ein Wort mehr, und ich werfe euch beide endgültig aus der Mannschaft.'

Und jetzt war ich wirklich bereit, den widerlichen Kerl zusammenzuschlagen, mindestens! Andere Leute griffen ein. Er wich zurück und ich auch. Wir schlossen eine Art Waffenstillstand, und mein Sohn spielte bis zum Ende der Saison, aber ich koche immer noch vor Wut, wenn ich an dieses Arschloch denke und daran, wie er uns behandelt hat.«

Dieser Vorfall zeigt das Ausmaß der Ich-Verschmelzung, zu der es in den frühen Jahren der Beziehung zwischen Vater und Sohn häufig kommt. Mit der Zeit, wenn der Sohn das Alter der Adoleszenz erreicht und seine eigene Identität sucht, verändert sich allmählich die Stellung des Vaters in seinem Leben. Zu diesem Prozeß normaler Ablösung gehört in der Regel ein Kampf um Stellung und Macht. Die normalen Auseinandersetzungen zwischen Vater und Sohn, deren Ursache im Bestreben des Sohnes liegen, »sein eigener Herr« zu werden (selbst wenn er der Verantwortung noch nicht gewachsen ist), werden unproblematischer, wenn der Vater sich dieser Dynamik bewußt ist.

Manchmal entzünden sich solche Auseinandersetzungen an Absurditäten, wie dieser lächerliche Dialog aus einer Psychodramasitzung mit einem Teenager zeigt, dessen Vater ein bekannter Schriftsteller ist:

> Vater (liest einen Aufsatz, den sein Sohn für die Schule geschrieben hat): »Junge, das ist eine gute Arbeit, aber es gibt da ein paar Grammatikfehler...«
> Sohn: »So ein Scheiß! Was verstehst denn du vom Schreiben? Ich frage den Lehrer.«

Der Vater reagierte auf diese Herabsetzung emotional und indigniert, denn schließlich verstand er ja wohl immer noch mehr vom Schreiben als irgendein dahergelaufener Lehrer. Er hatte einfach nicht mitbekommen, daß die Reaktion seines Sohnes nur sehr wenig mit dem Schreiben zu tun hatte, sondern mit dem Gegensatz zwischen ihnen und mit seinem Gefühl, selbst nie so gut wie der Vater schreiben zu können. Alles, was ihn daran erinnerte, machte ihn wütend, selbst gutgemeinte Verbesserungen seines Vaters.

In einer anderen Szene des Rollenspiels reagierte der Sohn sehr negativ auf den Anblick eines der Bücher, die sein Vater geschrieben hatte. Der Vater begriff diese Reaktion schließlich und erkannte, daß der Junge durch den unbewußten Vergleich zwischen den paar Seiten seines Schulaufsatzes und dem ganzen Buch des Vaters erschlagen wurde, weil er ja aus eigener Erfahrung wußte, wie schwer es ist, auch nur eine einzige Seite zu schreiben.

Nach mehreren beratenden Sitzungen wurde dem Vater die Perspektive des Sohnes in bezug auf das Schreiben bewußt, und er erkannte das Ungleichgewicht zwischen dem Schreiben des Sohnes und dem Schreiben des Vaters in ihren jeweiligen Lebensphasen. Er nahm sich also die Zeit, um mit seinem Sohn geduldig daran zu arbeiten. Durch diese besondere Beachtung erkannte der Junge allmählich, daß er in seinem eigenen Kontext sehr gut war, d.h. im Vergleich mit seinen Schulkameraden (und nicht mit dem Vater). Und der Vater konnte ihm auch glaubhaft machen, er könne im Laufe seiner eigenen natürlichen Entwicklung irgendwann später einmal genauso gut schreiben wie er, falls er das wirklich wolle.

Ein wichtiger Faktor in diesen frühen Jahren ist der Einfluß, den der Sohn seinerseits auf seinen Vater und dessen unterschiedliche gesellschaftliche Rollen hat. Väter, die sorgfältig zuhören, können von ihren Söhnen viel lernen. Meine Untersuchungen sind in gewisser Weise eine Bestätigung des Dichters Wordsworth, der im Kind den Vater des Mannes sieht. Söhne haben starken Einfluß auf ihre Väter. Z.B. berichtet ein Psychologe: »Bei der Geburt meines Sohnes hatte ich schon meinen Doktor und arbeitete als Psychotherapeut, und ich bildete mir ein, eine Menge über den Sozialisationsprozeß und das menschliche Verhalten aus meiner intensiven Beschäftigung mit dem Thema zu wissen. Aber ich glaube, ich habe in den zehn Jahren, in denen ich die Entwicklung meines Sohnes beobachtet habe, mehr über menschliches Verhalten gelernt als je an der Universität. Daß Väter ihre Söhne beeinflussen, ist eine Binsenweisheit, aber mir ist immer bewußter geworden, welch enormen Einfluß Söhne auf das Leben ihrer Väter haben können.«

Kalte, ja sogar psychopathische Männer können durchaus mitfühlende und einfühlsame Väter werden. Das kann ihr Verhalten anderen gegenüber positiv beeinflussen, aber bei manchen Männern bleiben diese Gefühle ausschließlich auf die Söhne beschränkt; in der Verbindung mit der Außenwelt spielen sie ihre negative Rolle weiter.

Die Autobiographie von Geoffrey Wolff, im Grunde eine ausführliche Fallgeschichte einer Vater-Sohn-Beziehung, macht deutlich, daß der Vater des Autors paradoxerweise »ein schlechter Mann, aber ein guter Vater« war. Über den Tod seines Vaters heißt es:

»Ich fühlte mich von meinem Vater betrogen und wollte ihn betrügen. ... Er hatte mich nie zurückgewiesen oder in meinem Antlitz die Andeutung seiner eigenen Sterblichkeit gesehen. Er hatte mir nie das Gefühl gegeben, mich oder die Last meines Urteils loswerden zu wollen, selbst wenn ich ihn wegen seiner Geschichte gequält und an ihren Details wie ein Fußnotenkünstler, wie ein verdammter Rezensent herumkritisiert hatte! Er hat nicht versucht, mich nach seinem Bild zu formen. Wie konnte er auch? Welches Bild sollte er wählen? Er wollte, daß ich glücklicher würde als er, daß ich es besser machte. Er hat mir viel beigebracht; manches davon war wichtig, manches hat er wirklich gemeint, manches war wahr. Er hat mir gesagt, was man einem Sohn normalerweise sagen soll, und als ich begriff, daß die Wurzel dieser Worte die Unwahrheit war, hatten sie ihren Zweck bereits erfüllt. Ich hatte mich meinem Vater entfremdet, aus Angst vor der Meinung anderer und aus dem Zwang, mich von seinem Chaos und seinen Zerstörungen zu befreien. Ich hatte vergessen, daß ich ihn die meiste Zeit geliebt hatte, und jetzt vermißte ich ihn die meiste Zeit. Ich vermisse ihn.«[2]

Wolffs Vater war ein Gangster, der seine Familie und seinen Sohn häufig genug im Stich gelassen hatte. Praktisch alle Einzelheiten seiner Lebensgeschichte weisen ihn als eklatanten Psychopathen, pathologischen Lügner und Betrüger aus, aber auf seine Weise war er ein guter Vater. Wolff wußte, daß sein Vater, der sehr viel unterwegs war, irgendwie immer dann auftauchen würde, wenn er ihn brauchte. Er führt viele Beispiele an, daß sein Vater plötzlich erschienen war und ihm bei der Lösung schwieriger Probleme geholfen hatte. Sein Vater hatte ihm eine positive Botschaft mitgegeben und war für ihn da, wenn er ihn brauchte, obwohl er in allen anderen Lebensbereichen gescheitert war.

Bei einem bekannten Psychiater, den ich seit Jahren kenne, war es umgekehrt. Anders als Wolffs Vater war er kein Psychopath und Lügner, sondern ein brillanter Therapeut mit einem umfassenden Wissen über sämtliche Erziehungstheorien und ein wunderbarer Mann. Aber als Vater scheiterte er. Sein Sohn ist mißraten, er ist drogenabhängig und kriminell, und das liegt zum Teil daran, daß der Vater sein pädagogisches Wissen nicht adäquat zur Unterstützung des heranwachsenden Sohnes einsetzen konnte.

So wichtig Kenntnisse über den Prozeß der Vaterrolle und pädagogisches Geschick auch sind, so garantieren sie doch keineswegs positive Resultate in der Sozialisation und Entwicklung eines Sohnes, es sei denn, sie wären irgendwie in die Vater-Sohn-Beziehung integriert. Wolffs Vater sorgte trotz seiner ansonsten negativen Rollen für seinen Sohn und verhielt sich instinktiv richtig, während der Psychiater trotz seiner Ausbildung und all seines Wissens seinem Sohn kein guter Vater sein konnte.

Als Soziologe und Gruppentherapeut hielt ich mich für eine Art Experten in der Frage, wie die Persönlichkeit eines Kindes durch sein soziales Umfeld und seine Eltern geprägt wird. Aber ich mußte schnell feststellen, daß mein beruflicher Hintergrund für die Erziehung meines Sohnes nur sehr begrenzten Wert hatte.

Während der Schwangerschaft meiner Frau und besonders bei der Geburt meines Sohnes (4. März 1964) erlebte ich Gefühle, die mir absolut neu waren. Zum ersten Mal in meinem Leben spürte ich eine Liebe, die keine Grenzen kannte. Der Säugling, der von der Krankenschwester in der Nacht seiner Geburt zu mir gebracht wurde, hatte eindeutig ein Anrecht auf alles, was ich hatte. So fühlte ich. Die Liebe, die ich für ihn empfand, war anders als die Liebe, die ich je für jemand anderes empfunden hatte. Sie war grenzenlos, bedingungslos und voller Freude.

In der Euphorie der ersten sechs Monate trennte ich die Reaktionen auf meinen Sohn fast vollständig von meinen Fähigkeiten und Kenntnissen als Soziologe und Psychotherapeut. Seine Freude war meine Freude, sein Schmerz tat mir weh, sein Unbehagen war meins. Es war, als sei ich sein Doppel; praktisch waren seine Gefühle die meinen.

Seine Mutter war wie eine »Kollegin« beim Großziehen des Kindes, das zum Mittelpunkt unserer beider Leben wurde. Wir teilten die Arbeit nicht nach väterlicher oder mütterlicher, männlicher oder weiblicher ein. Seine Grundbedürfnisse waren auch die unsrigen, und gemeinsam gaben wir ihm die in unsren Augen für sein Gedeihen, sein Wachstum und seine Entwicklung so wichtige Fürsorge, Nahrung, Verspieltheit und Gefühle.

Als er zwei Jahre alt wurde, begannen gewisse objektive Realitäten meine idyllische und wunderschöne symbiotische Beziehung zu ihm zu stören. Ich wurde mir der Logik der Realität bewußt, derzufolge ich ihm mehr Raum geben mußte, damit er das Leben auf eigene Faust erkunden konnte, ohne daß ich ständig eingreifend anwesend war. Das Leben konfrontierte ihn jetzt auch mit bestimmten Gefahren, wie heißen Herdplatten, offenen Türen, Verkehr und gelegentlich unfreundlichen Fremden. Gleichaltrige reagierten auch nicht immer mit der Zuneigung auf ihn, die ihm die Eltern entgegenbrachten.

Ein Element von Furcht schlich sich in meine Beziehung zu ihm ein. Während seiner körperlichen Entwicklung bis zum Alter von ungefähr zehn Jahren konnte ich nicht länger allein über sein Wohlbefinden und seine Sicherheit wachen. Darüber hinaus wußte ich auch, daß er sich bestimmten Situationen stellen mußte, um reif zu werden und selbständig leben zu können. Mir wurde die fundamentale, logische Tatsache immer bewußter, daß ich ihm keinen Gefallen täte, wenn ich ihn weiterhin so liebevoll und vielleicht so erdrückend behandeln würde wie in der Zeit, als er noch klein war.

Ungefähr zu dieser Zeit begann ich, mehr über *ihn* nachzudenken als über *uns.* Offensichtlich mußte er sich mit manchen gesellschaftlichen Realitäten, Themen und Problemen selbst konfrontieren, wenn er dem Leben gewachsen sein sollte. Ein Großteil meiner Angst entsprang dem Wissen, daß er zunehmend auf sich selbst angewiesen sein würde und ich ihm ab einem bestimmten Punkt bei der Konfrontation mit Themen und Beziehungen, besonders potentiell schädlichen, nicht mehr helfen könnte. Irgendwann mußte er imstande sein, sich dem Leben energisch und effektiv selbst zu stellen.

Diese Tatsache stellt die Weichen für das ganz normale Tauziehen zwischen einem engagierten (vielleicht allzu engagierten) Vater und seinem Sohn. Wieviel Selbständigkeit wird dem Sohn zugestanden? Bis zu welchem Punkt läßt der Vater in Erfüllung der Vaterrolle den Sohn die Kämpfe mit Gleichaltrigen selbst austragen und wann greift er ein? Ab wann sollte der Sohn uneingeschränkt selbst für seine Hausaufgaben verantwortlich sein, wann sollte es an ihm selbst liegen, hier über Erfolg oder Mißerfolg zu entscheiden?

In einer gesunden Eltern-Kind-Beziehung wird dem Kind entsprechend seiner Fähigkeiten zunehmend größere Freiheit und Selbstständigkeit zugestanden. Erich Fromm hat in seinem Buch »Die Furcht vor der Freiheit« geschrieben, daß mit jedem Zuwachs an Freiheit ein entsprechender Zuwachs an Verantwortung einhergeht. Er ist davon überzeugt, daß manche Menschen nie mit der Freiheit umzugehen lernen und ihr Leben lang in symbiotischen Abhängigkeitsbeziehungen verharren.

In der Beziehung zu meinem Sohn hatte der Prozeß des Loslassens viele Meilensteile. Ich denke, daß zwischen dem Kleinkindalter und dem elften oder zwölften Lebensjahr ein sich langsam entfaltender Prozeß zunehmender Freiheit existiert, der sich am deutlichsten zeigt, wenn der Junge in das Jugendalter eintritt.

Das fast absurde Ausmaß, in dem ich in den frühen Jahren unserer Beziehung meinen Sohn gedoppelt habe - also das Ausmaß der Ichverschmelzung zwischen uns - wurde mir bewußt, als ich ihn einmal zu einem Meisterschaftsspiel fuhr. Während der Fahrt hatte ich mit meiner Müdigkeit zu kämpfen und mir schoß der Gedanke durch den Kopf, ich sei heute zu müde zum Spielen. Darauf schaltete sich der Verstand ein und sagte diesem idiotischen Doppel in mir: »*Du* spielst ja heute auch nicht - *er* spielt.« Diese Episode führte mir das fast krankhafte Überengagement in der Beziehung zu meinem Sohn vor Augen und machte mir klar, daß es Zeit wurde, die Verschmelzung unserer Personen sauber aufzulösen. Aber interessanterweise führte nicht ich diese Auflösung schließlich herbei, sondern mein Sohn.

Damals war er dreizehn und spielte schon seit fünf Jahren Fußball. Mitch war ein überdurchschnittlich guter Spieler, und ich hatte große Hoffnungen gehabt, er könne sich das Spiel und die Freude daran vielleicht noch bis nach der Schulzeit und länger bewahren, so wie ich es getan hatte. Aber mitten in der Saison wollte er aus für mich fadenscheinigen Gründen aus der Mannschaft aussteigen. Darüber kam es mehrfach zu heftigen Auseinandersetzungen, die damit endeten, daß er weinte und ich ihn anbrüllte, er solle nicht kneifen: »Du bist es deiner Mannschaft schuldig, nicht mitten in der Saison auszusteigen!« (Die wirkliche Botschaft an ihn sprach ich nicht aus: »Tu's für mich. Ich erlebe so gerne noch einmal die glücklichen Jahre, die ich in deinem Alter beim Fußball verbracht habe. Fußballspielen war das einzige, was mein Vater und ich gemeinsam hatten. Und es war der hauptsächliche Bereich, für den ich von ihm Beifall bekam. Bitte geh nicht aus der Mannschaft. Du kannst ein sehr viel besserer Spieler werden als ich. Vielleicht verwirklichst du ja den Traum von der Oberliga, der mir versagt geblieben ist. Du bist meine zweite Chance zum Fußballruhm.«)

Eine Schlüsselsituation zwischen uns fand vor einem Spiel statt. Er hatte sein Trikot angezogen, und wir stritten uns weiter darüber, ob er die Saison zu Ende bringen solle. Schließlich brüllte er mich lauthals vor all den Fans und Eltern an: »Es ist deine verdammte Liga, nicht meine!«

Damals war ich verletzt und wütend, erkannte aber später nach ruhiger Überlegung, in welchem Ausmaß ich dabei persönlich engagiert gewesen war, ihn gedoppelt und sein Leben bestimmt hatte wie früher in seiner Säuglings- und Kleinkindzeit. Er hatte die negative Symbiose zwischen uns deutlicher gesehen als ich und mir in dieser Situation sein normales jugendliches Bedürfnis klargemacht, sich von mir zu lösen und selbständig zu sein. Von seiner Seite war der Austritt aus der Mannschaft ein Schritt zur Befriedigung dieses Bedürfnisses.

Dieses kurze Beispiel macht verschiedene allgemeine Aspekte unserer damaligen Vater-Sohn-Beziehung klar: Erstens die Veränderung meines Konzepts vom »Wir« zu dem Konzept »Er und ich«, die für ihn nötig war, um den natürlichen Übergang von der Kindheit in die Teenagerjahre vollziehen zu können. Zweitens die Notwendigkeit, das erdrückende Muster zu korrigieren, in dem ich mir immer wieder »seine Mannschaft« - sprich: seine Probleme - zueigen machte. Diese Trennung zwischen unseren jeweiligen Identitäten war für uns beide von entscheidender Bedeutung für die Definition unserer Beziehung während seiner Teenagerjahre und die Entwicklung unserer tiefen Freundschaft seit seinem frühen Erwachsenenalter. Trotz aller normalen Konflikte war meine liebevolle Doppelgängerhaltung vor seiner Jugend effektiv und praktikabel gewesen. Aber dann stand sie weder in Einklang mit seinen noch mit meinen Bedürfnissen.

Die Mutter spielt bei der Erziehung eines Kindes immer noch die Hauptrolle, weil sie der vertrautere, nährendere Elternteil ist und ihre Gefühle offener zeigen kann. Mittlerweile übernehmen aber immer mehr Männer, vor allem junge, mindestens die Hälfte der vollen elterlichen Verantwortung. Die Geschlechtsrollen in der heutigen Gesellschaft werden weniger ausgeprägt, und es ist durchaus möglich, daß eines Tages die Rollen von Mutter und Vater in den ersten 10 Lebensjahren der Kinder völlig austauschbar werden.

Die Rolle des Vaters hat sich in diesem Jahrhundert drastisch verändert. Das liegt zum Teil an den sich verändernden Geschlechterrollen und zum Teil daran, daß ein Großteil der Bevölkerung statt des bäuerlichen ein städtisches, von Technologie geprägtes Leben führt. Im bäuerlichen Umfeld war die Rolle des Vaters die des eher distanzierten »Familienoberhaupts«, das sozial und ökonomisch den Familienverband leitete. Außerdem trugen in weniger komplexen Gesellschaften die Kinder und vor allem die Söhne entscheidend zum sozialen und wirtschaftlichen Leben der Familie bei.

In solch weniger komplexen Gesellschaften war die Vater-Sohn-Beziehung sachlicher als im gegenwärtigen städtisch-technologischem System. Der Vater spielte eine wichtigere Rolle, weil er für den Sohn das direkte Vorbild war. Er lehrte ihn bestimmte Techniken, mit denen er seinen Lebensunterhalt bestreiten konnte, und der Sohn konnte im Gegenzug ab einem bestimmten Zeitpunkt seinen Vater und seine Familie unterstützen. Es gibt eine Unmenge anthropologischer Fallstudien, die diese funktionale Vater-Sohn-Beziehung belegen. Die folgende stammt aus Neu-Guinea: »... als Marigum ein neues Kanu baute, durfte sich sein jüngster Sohn, Sabawaki, eine Axt nehmen und Späne aus dem Baumstamm schlagen. Auf meine Frage, ob ihn der Junge nicht bei der Arbeit störe, gab der Vater zu, daß er allein schneller vorankäme. 'Aber wenn ich den Jungen wegschicke', setzte er hinzu, 'wie kann ich dann erwarten, daß er etwas lernt? Jetzt steht er im Weg, aber ich zeige ihm, wie es geht, und wenn wir dann ein anderes Kanu bauen müssen, dann ist er wirklich nützlich.'«[3]

In unserer Gesellschaft gibt es bedauerlicherweise kaum noch reale Anlässe für eine so grundlegend sachliche Beziehung von Vätern und Söhnen. Der Wegfall kleiner Familienbetriebe und handwerklicher Ausbildung hat in dieser Beziehung ein Vakuum hinterlassen. Um dieses Vakuum zu füllen, konstruieren heutige Väter relativ künstliche Gelegenheiten, z.B. Ferienreisen, Camping und Sport. Auf einem gemeinsamen Campingausflug kann es zu wirklicher Kameradschaft und wichtigen Interaktionen kommen, aber verglichen mit dem bäuerlichen oder Stammesleben, als Vater und Sohn buchstäblich die Nahrung für die Familie erjagten, bleibt es eine eher künstliche Situation. Sicher konnten auch damals Jagdausflüge oder ähnliches erholsam sein, aber sie waren gleichzeitig auch lebenswichtig, und die gegenseitigen Beziehungen von Vater und Sohn wie die zur Familie waren dynamischer.

Die komplizierte Arbeitsteilung in unserer technologischen Gesellschaft führt in der Regel zu einer größeren Entfremdung zwischen Vätern und Söhnen und zu geringeren Gemeinsamkeiten im Alltag.

Diese entscheidenden Veränderungen machen es immer wichtiger, die emotionale Beziehung zwischen Vater und Sohn zu fördern. Väter müssen sich in der Vaterrolle von der gefühllosen Macho-Fassade lösen und zur Haltung des liebevollen Doppelgängers finden, die es ermöglicht, tiefe Gefühle offen zeigen, um den Verlust des natürlicheren Beziehungszusammenhangs der Vergangenheit zu kompensieren.

Abgesehen von all diesen Veränderungen hat in den letzten Jahren noch ein anderer Faktor die traditionellen Rollen von Vätern und Müttern beeinflußt: die Bewegung für die Gleichberechtigung der Frauen. Die Auswirkungen dieser Bewegung haben ihre Spuren in den Familien und in der gesamten Gesellschaft hinterlassen und dazu geführt, daß immer mehr Frauen Berufe ergreifen und Karrieren machen, die bis dahin das exklusive Vorrecht von Männern waren. Da immer mehr Frauen den häuslichen Bereich zugunsten des Berufslebens verlassen, sind die Väter gefordert und müssen dieses Vakuum ausfüllen, indem sie Rollen und Funktionen übernehmen, die vorher ihre Ehefrauen in der traditionellen Mutterrolle innehatten.

Diese traditionelle Mutterrolle hat sich durch die soziale Veränderung der Geschlechterrollen drastisch verändert. Die meisten Frauen, die auf dem Arbeitsmarkt erfolgreich sein wollen, haben weniger Zeit, die traditionelle Mutterrolle zu erfüllen. In den 80er Jahren ist ein Großteil der Prozesse intensiver emotionaler Zuwendung, die vorher praktisch das exklusive Gebiet der Mütter waren, zum Bestandteil der modernen Vaterrolle geworden.

In ihrem Buch »Wie meine Mutter« zeigt Nancy Friday treffend auf, daß tiefe Veränderungen in den Vater- und Mutterrollen stattfinden müssen, wenn die Frauenbewegung Erfolg haben soll:

> Wenn Frauen die Alternativen und Optionen, die für ihre Entwicklung in der heutigen komplexen Gesellschaft notwendig sind, ausprobieren wollen, dann müssen sie auch akzeptieren, daß nicht nur Frauen, sondern auch Männer den Wunsch und die Fähigkeit besitzen, kleine Kinder zu versorgen. ... Viele Menschen, auch viele Männer, kümmern sich gern um kleinere, abhängige Wesen. ... Nach meiner Überzeugung ist der sogenannte »Mutterinstinkt« nichts weiter als der schlichte Wunsch, kleinere Wesen zu »versorgen«. Manche Menschen kennen diesen Wunsch gar nicht. Es handelt sich auch nicht um einen biologischen Imperativ, dessen Nichterfüllung das Leben einer Frau beeinträchtigt oder gar ruiniert. ... Männer werden mit derselben Fähigkeit zur Versorgung von Kindern geboren wie Frauen, wenn man von den offensichtlichen biologischen Unterschieden einmal absieht. ... Frauen sollten einsehen, daß jeder Mensch ein kleines Kind adäquat versorgen kann. Wenn Frauen diese Art versorgender Vaterschaft akzeptieren und fördern, dann können sie sehr viel unbelasteter ihre anderen Fähigkeiten entwickeln.[4]

In den letzten zwanzig, dreißig Jahren haben sich die Rollen von Männern und Frauen, Vätern und Müttern ungeheuer verändert. Was in den letzten Jahren an die Oberfläche gekommen ist, ist das eindeutige Bedürfnis der Frauen, bislang traditionell männliche Rollen zu übernehmen und die Hausarbeit mit der Berufsarbeit zu vertauschen. (Über fünfzig Prozent der verheirateten Frauen sind heute berufstätig.) Diesem Trend entsprechend haben auch viele Männer ihre distanzierte Macho-Einstellung zur Vaterrolle aufgegeben, nach der sie nur für Nahrung, Kleidung und Schutz der Familie zuständig waren, und fangen an, ihre Kinder offen so zu lieben und zu versorgen, wie es traditionell der Mutter zugeschrieben wird. Es gibt immer mehr Beweise dafür, daß die liebevolle Doppelgängerhaltung der Väter genauso effektiv sein kann wie die Mutterrolle der Frauen.

Ein Mann, der die Grundversorgung von Säuglingen und Kindern übernimmt, erweitert seinen Horizont. Man lernt sehr viel mehr über das menschliche Leben, wenn man kleine Kinder füttert, ihre Windeln wechselt und für ihre emotionalen Belange sorgt. Wer sich so umfassend um seine Kinder kümmert, wird auch in anderen Beziehungen mitfühlender und menschlicher.

Vergleichende Kulturgeschichte, Geschichte, Medizin und Biologie haben gezeigt, daß Väter fähig sind, eine aktive Rolle in der Säuglingsversorgung zu übernehmen. Meine Untersuchungen haben bestätigt, daß immer mehr Väter diese traditionell mütterliche versorgende Rolle ernst nehmen und sich bei der Versorgung ihrer Kinder offen engagieren.

Eine Reihe beobachtender Untersuchungen der Vater-Kind-Interaktion in einem Krankenhaus hat gezeigt, daß Väter in ihren Interaktionen mit Neugeborenen genauso interessiert und engagiert sind wie Mütter. Zwar verbringen Mütter mehr Zeit als Väter mit dem Füttern und Versorgen des Säuglings, aber in ihrer Versorgungskompetenz unterscheiden sich Väter und Mütter nicht, wie die Untersuchung ihrer Sensibilität für die Hinweisreize des Säuglings beim Füttern gezeigt hat. Die folgenden Aussagen fassen die gegenwärtigen Forschungsergebnisse über die Rolle des Vaters in der Säuglingszeit des Kindes zusammen:

1. Väter sind an Neugeborenen interessiert; wenn man ihnen die Gelegenheit bietet, sind sie sehr engagiert.
2. Väter sind in ihren Interaktionen mit Neugeborenen genauso nährend wie Mütter.
3. Väter engagieren sich anscheinend weniger in der Versorgung, führen aber
4. fürsorgliche Aktivitäten kompetent aus, wenn sich ihnen die Gelegenheit dazu bietet.

Zusammenfassend läßt sich sagen, daß sich viele Frauen in der heutigen Gesellschaft, in der sich die Geschlechterrollen verändern, darum bemühen, die bisher der Mutterrolle gewidmete Zeit und Energie zugunsten von beruflichen und anderen, bislang exklusiv männlichen Bereichen zu verringern. Dadurch spielt der Vater für die Persönlichkeitsentwicklung eines männlichen Kindes eine immer wichtigere Rolle. Da die Mütter sich in zunehmendem Maße für den Beruf entscheiden, müssen sich die Väter darauf vorbereiten, das Vakuum auszufüllen, das ihre berufstätigen Ehefrauen hinterlassen. Die Forschung wie auch meine eigenen Interviews und Beobachtungen haben mir klar gemacht, daß die Veränderung der Geschlechterrollen bereits Väter geschaffen hat, die für ihre Kinder »Mütter«, und Mütter, die »Väter« sind. Tatsächlich sollten wir ein für allemal akzeptieren, daß Männer wie Frauen gleichmaßen die Fähigkeit zu mitfühlender Liebe und emotionaler Versorgung besitzen. Darüber hinaus sollte der Wunsch der Väter, sich stärker emotional bei Säuglingen zu engagieren, nicht als Gefährdung für den Status der Mütter interpretiert werden, sondern als Erleichterung, da sie dann nicht länger die volle und für viele auch beängstigende Verantwortung für die komplette Erziehung ihrer Kinder übernehmen müssen. Kindererziehung sollte als ein von beiden Partnern gemeinsam geleitetes Unternehmen verstanden werden. Außerdem stärkt es die Beziehung der Ehepartner, wenn die Eltern bei der Kindererziehung kooperieren und die Aufgaben gleichmäßig unter sich aufteilen.

Die Popularität und der Erfolg des mit einem Oscar ausgezeichneten Films »Kramer gegen Kramer« läßt sich vielleicht auch darauf zurückführen, daß hier einige Resultate der veränderten Vater- und Mutterrollen in der amerikanischen Gesellschaft vorgeführt werden. Die junge Mutter verläßt zu Anfang des Films ihren Mann und ihren Sohn, um »sich selbst zu finden«. Man erfährt, daß der Mann vor ihrer Abreise ein traditioneller Vater war, der finanziell für seine Familie sorgte, aber zielstrebig an seiner Karriere in einer Werbeagentur arbeitete und viel unterwegs war.

Nachdem seine Frau ihn verlassen hat, sieht man zunächst, wie er damit klarzukommen versucht, einerseits gezwungenermaßen gleichzeitig Vater und Mutter für seinen Sohn zu sein, andererseits seine aggressive berufliche Rolle beizubehalten. Er hat zunächst Schwierigkeiten, sich emotional auf seinen Sohn zu beziehen, aber in einer Reihe von Szenen wird treffend gezeigt, wie die liebevolle und mitfühlende Sorge um seinen Sohn die Oberhand gewinnt. In dem Maße, in dem sich seine Stärke als fürsorglicher Vater entwickelt, beherrscht und genießt er seine neue Rolle immer mehr. In der Gerichtsverhandlung über das Sorgerecht für das Kind formuliert der Vater in Zeugenstand das Schlüsselthema: Wer kann behaupten, eine Mutter könne besser für ein kleines Kind sorgen als ein Vater?

Die Botschaft

Polonius' Botschaft an seinen Sohn Laertes bei seiner Abreise nach
Frankreich:

»...da, mein Segen über dich,
Und präg dir die paar Regeln hier gut ein.
Leih deinen Meinungen nicht deine Zunge,
und mache schlecht Durchdachtes nicht zur Tat.
Vertraulich sei, doch nicht mit jedermann.
Die Freunde, deren Wahl du hast erprobt, die klammre an dein Herz
mit eh'rnen Reifen,
Doch stumpf die Fläche deiner Hand nicht ab
Durch die Begrüßung jedes neugeheckten,
Unflüggen Prahlers. Hüte dich vor Streit,
Doch wenn du drin bist, führ ihn, daß dein Gegner
Sich hüten mag vor dir. Dein Ohr leih jedem,
Doch wen'gen deine Stimme: hör von jedem
Die Meinung, doch das eigne Urteil spare.
Dein Anzug kostbar, wie du's kannst bezahlen,
Doch ja nicht geckenmäßig; reich, nicht üppig,
Denn oft verrät der Anzug schon den Mann,
Und die Franzosen höchsten Rangs und Adels,
Und zwar vom höchst erlesnen, geben darin
Das Beispiel. Sei kein Borger noch Verleiher;
Entschwindet mit dem Freund doch oft das Darlehn,
Und Borgen stumpft des Haushalts Schneide ab.
Vor allem sei dem eignen Selbst getreu,
Und folgen muß, so wie die Nacht dem Tage,
Du kannst nicht falsch sein gegen irgendwen.
Leb wohl - mein Segen - laß das an dir reifen.«

William Shakespeare, Hamlet, Akt 1, Szene III

In seiner Rolle als Vater übermittelt ein Mann seinem Sohn eine elementa-
re philosophische Botschaft. Diese Botschaft ist selten so formal oder genau
wie die von Polonius in seiner Rede an Laertes, aber während ihres Zusammenlebens wird der Sohn, wenn er zuhört, von seinem Vater eine Art

Leitmotiv mitbekommen, das die Tücken des Daseins und die Art, wie er leben soll, beinhaltet. Um diese eindeutig oder abstrakt vermittelten Botschaften kreisen wichtige Interaktionen zwischen Vater und Sohn. Die Söhne entziffern die Botschaften, die ihr weiteres Leben zum Guten oder Schlechten beeinflussen.

Manchmal steht das alltägliche Verhalten des Vaters zu seinen Botschaften im Widerspruch. »Tu das, was ich sage, und nicht das, was ich tue« lautet die Botschaft, aber Söhne achten und reagieren nicht nur auf die verbalen Botschaften, sondern auch auf das Verhalten des Vaters. Wenn ein Geschäftsmann seinem Sohn verbal vermittelt, er solle ehrlich sein, und der Sohn sieht, daß der Vater im Geschäftsleben betrügt, setzt sich die signifikantere Grundbotschaft durch.

Die Botschaft, die der Vater durch seine Rolle und sein Verhalten vermittelt, legt auf subtile Weise fest, welche Ambitionen der Sohn für sein eigenes Leben hegt. Ich werde nie eine Szene vergessen, die ich in einem Rehabilitationszentrum für Drogenabhängige erlebt habe. Ich interviewte einen Mann in den Vierzigern, der den Großteil seines Lebens heroinabhängig und in Gefängnissen verbracht hatte. Am Tag des Interviews war zufällig sein neunjähriger Sohn zu Besuch, und er hörte unserem Gespräch über die Lebensgeschichte des Vaters zu. Zwischendurch stellte mich der Vater seinem Sohn vor und sagte stolz, ich sei ein Universitätsprofessor. Der Junge fragte mich, was ein Universitätsprofessor sei und was er tue. Ich beantwortete seine Frage nach besten Kräften, worauf er zu seinem Vater sagte: »Wenn ich groß bin, gehe ich auch auf die Universität.« Der Vater lachte ihn aus und begann, ihm diese, seiner Meinung nach absolut lächerliche Vorstellung auszureden. Die Botschaft über die »absurden« Ambitionen war für den Sohn eindeutig negativ, nicht nur verbal, sondern auch durch Verhalten und Position des Vaters. Sie mußte die Zukunft des Kindes mit Sicherheit beeinflussen.

Väterliche Botschaften sind selten klar und eindeutig; allzuhäufig sind sie verschlüsselt oder doppeldeutig. Die tiefergehenden Erwartungen an den Sohn verstecken sich häufig hinter Platitüden wie der folgenden: »Ich will nur, daß der Junge glücklich wird. Es ist mir egal, welchen Beruf er ergreift; Hauptsache, er ist dabei glücklich.« Der Mann, der das sagte, war Arzt, und selbstverständlich war diese Aussage eine glatte Lüge. In der Psychodrama-Sitzung, in der wir versuchten, die wirkliche Botschaft an seinen 15jährigen Sohn aufzudecken, wurde deutlich, daß er schwer enttäuscht wäre, wenn der

Sohn nicht ebenfalls Arzt werden würde. Und im weiteren Verlauf der Arbeit zitierte er die Passage des hippokratischen Eides, in der es heißt: »Durch Belehrung und Unterricht werde ich meine Söhnen in der Heilkunst unterweisen ...«

Es gibt Söhne, die den psychischen Erfolg oder Mißerfolg ihrer Väter beurteilen und dementsprechend ihr eigenes Leben gestalten. Ein junger Mann z.b., den ich im Rahmen meiner Arbeit zur Alternativkultur (vgl. The Hippie Trip, Penguin 1969) interviewte, »sondierte« die Alternativszene, weil sein Vater in seinen Augen psychisch gescheitert war. Zwar war er äußerlich betrachtet erfolgreich, aber die Botschaft über seine Lebensqualität, die er seinem Sohn durch sein Verhalten vermittelte, war trübe.

Das Interview mit diesem jungen Mann, das in den späten sechziger Jahren an einer Straßenecke in San Francisco stattfand, zeigt das prototypische Vater-Sohn-Problem dieser Zeit, das für den »Ausstieg« so vieler Söhne verantwortlich war. Der Junge sah sehr hungrig aus, bettelte und schlief jede Nacht woanders. Im Gespräch zeigte sich, daß er aus einer reichen Familie kam; ein schlichtes R-Gespräch hätte genügt, um ihm das Geld für den Rückflug zu seinen wohlhabenden Eltern zu besorgen. Auf die Frage nach den Gründen für seinen Ausstieg sagte er: »Mein Alter ist ein sehr erfolgreicher Geschäftsmann. Er verdient um die 75.000 Dollar im Jahr, hat ein Haus, eine Frau, Kinder. Aber ich weiß nun mal, daß er ein elendes Leben hat und unglücklich ist. Er hat sich immer an die Regeln gehalten, die sein Vater - mein Großvater - aufgestellt hat. Willst du wissen, warum ich ausgestiegen bin? Ich will nicht dasselbe machen und so enden wie mein Alter. Es muß andere Lebensformen geben, und die versuche ich zu finden. *Ich will nicht wie mein Vater werden.*«

Ob die Botschaft eines Vaters den Sohn zu entsprechendem Erfolg motivieren kann, hängt direkt davon ab, wie weit der Sohn seinen Vater für wirklich glücklich hält. Alles verbale Drängen des Vaters, seinem Vorbild zu folgen, ist dann vergeblich, wenn sein Sohn ihn als Versager wahrnimmt. Wie in dem oben geschilderten Beispiel werden manche Väter für ihre Söhne zu negativen Vorbildern. Viele junge Männer rebellieren mit vollem Bewußtsein gegen das Vorbild eines Vaters, den sie als nicht wirklich glücklich wahrnehmen.

Über die väterlichen Botschaften an ihre Söhne gibt es viele Romane und Theaterstücke. Arthur Miller z.B. hat sich viel mit diesem Thema beschäftigt, vor allem in den autobiographischen Stücken »Alle meine Söhne« und

»Tod eines Handlungsreisenden«. In beiden Fällen geht es um die Konfrontation zwischen Vätern und Söhnen, die entsteht, wenn Söhne ihre zunächst idealisierten Väter bei schicksalhaften Fehlern oder heuchlerischen Doppelbotschaften ertappen. So macht in »Tod eines Handlungsreisenden« einer der Söhne, Biff, den geliebten Vater zu seinem Ideal. Er glaubt fest an seine Botschaft und an die vorgespiegelten Bilder des amerikanischen Traums vom Erfolg. Im Verlauf des Stückes sagt der Vater ihm immer wieder: »Sei beliebt, und alles andere macht sich von selbst.« Aber dann überrascht der Teenager seinen Vater in einem Hotel bei einer Prostituierten. Das führt zu Desillusionierung, Bitterkeit, Resignation und der Aufgabe all seiner Ziele. Gegen Ende des Stückes sagt ihm der Vater, er habe sein Leben ruiniert, um ihm damit eins auszuwischen. Ein Teil der Aussage des Stückes dreht sich um die beträchtliche Macht, die ein Vater über seinen Sohn gewinnt, wenn sie sich lieben. Der Sohn glaubt der Botschaft des Vaters, will so werden wie er und will die Träume des Vaters verwirklichen. Er entdeckt, daß die offene Botschaft ein Betrug war, wenn er die »tönernen Füße« des Vaters entdeckt, und schließt daraus, daß er seine eigenen Richtlinien für sein Leben aufstellen muß.

In meinen Untersuchungen habe ich festgestellt, daß dieses Drama nicht nur auf der Bühne, sondern auch in der Realität zwischen Vater und Sohn stattfindet.

Die meisten Söhne wünschen sich profunde Botschaften von ihren Vätern, Botschaften voller wertvoller Hinweise auf das Leben. Aber häufig zeigt sich zu ihrer großen Enttäuschung irgendwann, wie heuchlerisch die Väter wirklich leben. An diesem Punkt formt sich die Einsicht, daß sie eigene praktikable Leitlinien entwickeln und eigene Lebensbotschaften verinnerlichen müssen.

Die Botschaft des Vaters kann ein positives oder negatives Selbstbild beim Sohn enstehen lassen. Ein befreundeter Arzt sagte z.B. auf meine Frage nach den Botschaften seines Vaters zunächst, sein Vater habe ihm keine vermittelt, aber im Verlauf des Gesprächs sagte er plötzlich: »Jetzt hab ich's. Die Botschaft meines Vaters lautete eindeutig: Du bist ein Versager.«

Ich antwortete: »Ich finde es großartig, daß dich das so gar nicht beeinflußt hat.«

Der Arzt: »Wie meinst du das?«

»Na, du hast doch nicht versagt.«

»Was? Doch, ich habe versagt.«

Ich war ziemlich schockiert, als ich ihn das sagen hörte, weil er für mich ein sehr erfolgreicher Arzt war, der eine große Praxis besaß und oft genug bedürftige Menschen für wenig Geld behandelte. Aber aus seiner Perspektive hatte er die Prophezeiung des Vaters erfüllt, denn er war kein teurer Modearzt geworden, obwohl er zugab, daß er das hätte werden können, wenn er gewollt hätte.

Mein eigener Vater ist jetzt neunzig Jahre alt. Er hat in den mehr als fünfzig Jahren, die ich ihn kenne, wenig mehr zu mir gesagt als ein stereotypes: »Sei ein guter Junge, Lewie.« Den größten Teil seines Arbeitsleben hat er Wäsche ausgefahren, sechs Tage die Woche, zehn Stunden am Tag, in dem gewalttätigen Slumviertel von Newark in New Jersey. Mein Vater hat seine Botschaft nie in Worte gefaßt, aber die jahrzehntelange Beobachtung seines Verhaltens und intensive Selbstbeobachtung lassen mich annehmen, daß seine zentralen Botschaften an mich so lauten würden:

»Weißt du, Lew, ich bin ein Mann voller Angst. Ich habe einfach Glück gehabt, daß mich noch niemand umgebracht hat. Du weißt, wie schwer mein Leben ist und daß ich mich nie amüsiere. Ich leide immer. Das Leben ist hart.

Du mußt lächeln und zu allen Menschen nett sein, selbst wenn du sie haßt. Sonst kriegen sie dich.

Meine Arbeit ist schwer, aber das ist eben mein Schicksal. Seit ich ein kleiner Junge war, habe ich gearbeitet. Erst habe ich Zeitungen ausgetragen. Wir brauchten das Geld. Ich habe fünfzig Cent die Woche verdient und alles meinem Vater gegeben. Einmal habe ich einen Penny für Süßigkeiten behalten. Als mein Vater das erfuhr, hat er mich verprügelt. Nach seiner Überzeugung mußten wir alle alles geben, was wir hatten, damit die Familie überleben konnte.

Du brauchst eine Frau. Aber Frauen sind schrecklich. Sie nörgeln immer an dir herum. Erwarte nicht, daß sie dich sexuell lieben. Frauen mögen eigentlich keinen Sex. Wenn sie dich lassen, dann nur, um etwas aus dir herauszuholen. Wenn sie dich lassen, sollst du ihnen dankbar sein, weil sie dir einen Gefallen tun. Aber sie kochen, halten das Geld zusammen und erziehen die Kinder. Mit ihnen kannst du nicht leben, aber ohne sie auch nicht.

Spiele immer die Rolle des netten Kerls. Halte deine Wut verborgen und laß sie nie ausbrechen, denn sonst kriegst du Ärger.«

Da ich weiß, wie stark väterliche Botschaften wirken, habe ich viel Zeit investiert, um die Botschaft meines Vaters zu entschlüsseln und anders zu leben als er. Dadurch hat sich bei mir relativ früh der bewußte Entschluß festgesetzt, mich in keiner Weise mit der Rolle meines Vaters zu identifizieren.

Damit sich ein Sohn mit der Rolle des Vaters identifizieren und seine Botschaft annehmen kann, müssen bestimmte Voraussetzungen erfüllt sein:

1. Der Sohn muß seinen Vater wirklich gern haben.
2. Der Vater muß seine Botschaft aus einer Position des beruflichen, persönlichen und psychischen Erfolgs aus verkünden.
3. Es muß eine enge und intensive emotionale Beziehung zum Vater existieren.
4. Andere wichtige Personen (vor allem die Mutter) müssen ihn ermutigen, seinen Vater als Vorbild zu akzeptieren. Wenn all diese Voraussetzungen erfüllt sind, können die Söhne die Botschaft des Vaters eher akzeptieren; sein Einfluß auf ihr Leben ist größer.

Kognitive Landkarten: Träume, Hoffnungen und Realitäten

Väter entwickeln ihre Weltsicht früher als ihre Söhne. Die Söhne entziffern die väterlichen Lebensbotschaften, ob abstrakt oder konkret, und haben mehrere Reaktionsmöglichkeiten, von absoluter Zustimmung und der Entscheidung, den Vater als Rollenvorbild zu akzeptieren und in seine Fußstapfen zu treten, bis zu Rebellion und Ablehnung. Die *kognitive Landkarte* des Vaters bzw. sein Bild von den gewünschten Eigenschaften des Sohnes existiert bereits, bevor der Sohn einen eigenen Lebensplan entwikkeln kann. Diese beiden Perspektiven können kollidieren oder sich harmonisch verbinden.

Der Begriff der *kognitiven Landkarte* soll in diesem Rahmen definiert werden als Gesamtheit der Wahrnehmungen, Hoffnungen und Träume des Vater in bezug auf seinen Sohn bzw. der Erwartungen, die der Vater an seinen Sohn hat. Väter besetzen in der Regel berufliche und andere wichtige Entscheidungen der Söhne sehr stark emotional und haben meist *Traumkarten* (dream maps) darüber angelegt - und bei den meisten Söhnen rufen diese Lebensentwürfe ihrer Väter emotionale Reaktionen hervor.

Der Sohn eines Mannes, den ich interviewte, war in den späten sechziger Jahren von zu Hause weggelaufen und hatte sich einer Kommune angeschlossen. Der Vater litt sehr unter diesem Verrat und Aufstand, vor allem aber bereitete ihm eine Bemerkung seines Sohnes Kopfzerbrechen: »Vater, warum mußt unbedingt du bestimmen, was ich unter Erfolg zu verstehen habe?«

Mit dieser Schlüsselfrage sind Väter und Söhne immer konfrontiert. Warum hat ein Vater eine (oder keine) klare Vorstellung davon, was aus seinem Sohn werden soll? Und warum ist dieses Thema den meisten Vätern so wichtig? Es gibt Väter, die allem Anschein nach genau festgelegt haben, was ihre Söhne werden sollen, andere machen sich wohl über Ziele für ihre Söhne Gedanken, aber haben kaum feste Vorstellungen, was sie werden sollen.

Die Wirkung der *kognitiven Landkarte* des Vaters hängt von der realen Nähe, Liebe und Fürsorge zwischen ihm und seinem Sohn ab. Die Zuneigung für den Vater hat großen Einfluß darauf, wie der Sohn auf die väterlichen Traumkarten reagiert. So erzählte z.B. ein Mann, der seinen Vater sehr liebte, er hätte einmal gehört, wie sein Vater ganz nebenbei zu einem Freund sagte, er fände es schön, wenn sein Sohn Arzt würde. Der Sohn, der sich der Wünsche des Vaters nur allzu sehr bewußt war, studierte tatsächlich Medizin. Umgekehrt neigen Söhne, die ihren Vätern feindselig gegenüberstehen, zur Rebellion gegen alles, was ihre Väter für sie wünschen, und entscheiden sich häufig für das Gegenteil.

Väter, die ihre Söhne zu sehr lieben oder zu sehr für sie sorgen, stellen oft ihr ganzes Leben in den Dienst der Forderungen ihrer Kinder und opfern selbst ihre eigenen Träume für die Söhne, weil ihre Fürsorge so groß ist. Man kann also sagen, daß das Ausmaß der väterlichen Fürsorge die Qualität der Beziehung und den Grad der Verwirklichung der jeweiligen Träume wesentlich bestimmt. Zu Spannungen kommt es, wenn die Entscheidungen des Sohnes nicht den Plänen des Vaters entsprechen, also wenn er sich für einen Beruf entscheidet oder eine Heirat plant, der oder die für den Vater nicht akzeptabel ist. Je nach dem Grad der Zuneigung für den Vater entsteht dann unter Umständen eine Situation, in der die Valenz, d.h. die Intensität seines Wunsches stärker wird als die Liebe zum Vater. Ihre jeweiligen Träume kollidieren in einer dissonanten Situation offenen Konflikts.

In einer meiner Therapiegruppen fand ich dafür ein interessantes Beispiel. Der junge Mann, ein Jude, hatte sich in eine Nichtjüdin verliebt und wollte sie heiraten. Sein Vater war Rabbi; er lehnte eine solche Ehe für seinen Sohn entschieden ab, aber der junge Mann liebte seine Verlobte und ließ sich durch kein Argument davon abbringen. Der Vater wies ihn darauf hin, daß er herzkrank sei, und drohte ihm mit einem Herzanfall, wenn er das Mädchen heiraten würde. Der Sohn heiratete ohne die Einwilligung des Vaters, und ein paar Wochen später bekam der Vater einen Herzinfarkt. Es ließ sich unmöglich feststellen, ob es sich um reinen Zufall handelte oder ob der Herzinfarkt durch den Sohn verursacht worden war. In der Therapie zeigte sich bei dem jungen Mann ein ungeheuer zwiespältiger Rollenkonflikt zwischen der Liebe zu seiner Frau und zu seinem Vater. Er mußte seine Sorge um den Vater psychisch an die Anforderungen des väterlichen Traumplans einer jüdischen Ehe anpassen. Die Ablehnung des väterlichen Traums kann den Herzinfarkt des Vaters verursacht haben. Vater wie Sohn mußten ihre *kognitiven Landkarten* entsprechend der Ebene ihrer Zuneigung verändern.

Glücklicherweise erholte sich der Vater wieder. In mehreren beratenden Sitzungen erarbeiteten sie eine Lösung, in der beide ihre Positionen regulierten. Im Grunde liebte der Vater seinen Sohn; er akzeptierte schließlich die Tatsache, daß sein Sohn seine Frau liebte und erwartete nicht länger von ihm, eine jüdische Frau zu heiraten.

Viele Filme und Romane kreisen um dieses Thema der sich ausschließenden Träume. Der Film »The Jazz Singer« z.B. weist eine deutliche Parallele zu dem hier beschriebenen Fall auf. Im Film hat der Vater, ein Kantor, den Traum, sein Sohn würde wie er und wie sein Vater vor ihm denselben Beruf ergreifen, Aber der Sohn will Jazzsänger werden, und dieser Wunsch ist stärker als die Traumkarte des Vaters.

Der Konflikt zwischen den Träumen von Vater und Sohn ist als Motiv in fast allen Kulturen vorhanden. Ein dramatisches Beispiel zeigt der Film »Quartet« nach einer Kurzgeschichte von Somerset Maugham, der in England spielt. Ziemlich zu Beginn der Geschichte wird die innige Liebe zwischen Vater und Sohn deutlich gemacht. Der Vater ist ein sehr erfolgreicher Londoner Geschäftsmann und möchte, daß sein Sohn in sein Geschäft eintritt, aber der will Konzertpianist werden.

Der Konflikt eskaliert, als diese Träume aufeinander stoßen. Schließlich macht der Vater dem Sohn einen Vorschlag: er gibt ihm ein Jahr lang das Geld, um seinen Traum in Paris zu verwirklichen, und bezahlt ihm den Unterricht bei den besten Klavierlehrern. Stellt aber am Ende dieses Jahres ein Experte fest, daß ihm das notwendige Talent für seinen Traumberuf fehlt, soll er seine Träume aufgeben und im Geschäft des Vaters arbeiten. Der Sohn stimmt zu, weil er seinen Vater liebt und dessen Wünsche nicht total ablehnen will, aber auch weil er an seinem Talent nicht zweifelt.

Am Ende des Jahres kommt er nach London zurück. Jetzt soll entschieden werden, welcher Traum in Erfüllung geht, seiner oder der des Vaters. Er soll einer älteren, sehr bekannten Pianistin vorspielen, die als Koryphäe bei der Nachwuchsbeurteilung gilt. In einer dramatischen Szene kommt die Kritikerin ins Haus, hört gemeinsam mit den anderen Familienmitgliedern zu und gibt schließlich ihr Urteil ab: Der junge Mann sei zwar begabt, aber nicht begabt genug für die von ihm angestrebte Karriere.

Der Sohn ist zerstört, der Vater überschäumend glücklich. Weinend geht der Sohn in sein Zimmer. Als sich die Familie von der alten Dame verabschiedet, hören sie von oben einen Schuß: der junge Mann hat sich umgebracht.

Hier hat sich der Held des Filmes in einer Situation, in der er entweder seinen Lebenstraum aufgeben oder sich dem geliebten Vater widersetzen mußte, für den Selbstmord entschieden. Es läßt sich auch darüber spekulieren, ob es noch eine weitere Dimension gibt und der Selbstmord für den Sohn gleichzeitig als Racheakt, als eine Form der Bestrafung des Vaters gesehen werden kann.

Nicht immer verläuft die Vater-Sohn-Kommunikation über die jeweiligen Erwartungen offen und ehrlich. Folglich gibt es noch einen anderen Vektor in dem Konglomerat von Traumkarten und Zuneigung, und das sind die jeweiligen bewußten und unbewußten Motive.

Bei einem Teenager, den ich im Verlauf meiner Arbeit in einem Jugendgefängnis kennenlernte, spiegelt sich diese unbewußte Dynamik zwischen einem fürsorglichen Vater und seinem Sohn. Der Junge war ins Gefängnis gekommen, weil er ständig von zu Hause weggelaufen war, ein Muster, das natürlich zu Schwierigkeiten mit der Schule und den Jugendämtern geführt hatte. Nach ungefähr fünf intensiven Sitzungen konnte ich das folgende Bild der Vater-Sohn-Dynamik zusammensetzen:

Der Junge war kurz nachdem sein Vater, ein Fernfahrer, wegen eines Rückenleidens nicht mehr arbeiten konnte, zum ersten Mal von zu Hause weggelaufen. Es ergab sich folgendes Muster: Der Junge lief unter der Woche weg und trampte los, wobei er sich relativ genau an die Routen hielt, die sein Vater immer gefahren war. Am Wochenende kam er wieder. Der Vater schimpfte ihn zunächst aus, holte sich aber dann ein Bier aus dem Kühlschrank, und die beiden sprachen alle Einzelheiten seiner Abenteuer durch. Dabei machte der Vater Bemerkungen wie: »Hast du bei Annies Café in Cincy angehalten? Da gibt es einen phantastischen Chili!«

Kurz, der Sohn lebte die unbewußten Sehnsüchte seines Vaters aus und ersetzte ihn gewissermaßen auf der Landstraße.

Ein verstärkender Faktor für das Problem der unterschiedlichen Träume ist eine eingeschränkte Kommunikation zwischen Vater und Sohn und die Unfähigkeit zu begreifen, daß ihre Wahrnehmungen verschieden sind. Dadurch verfestigt sich ein Konflikt, der zu lebenslangen schweren Problemen führen kann.

Die wirkliche oder scheinbare Zerstörung der jeweiligen Träume führt zu Enttäuschung, Desillusionierung und Konflikten, ganz besonders dann, wenn sie sich ihre Unzufriedenheit nicht mitteilen können.

Es gibt Väter, die ihren Sohn für die Zerstörung ihres Traumes körperlich oder psychisch bestrafen. Manche Väter gehen sogar noch weiter und töten den Sohn, den Zerstörer ihres Traumes. Dann wird der Tod des Sohnes durch die Hand des Vaters zur endgültigen Bestrafung.

Mit diesem Thema beschäftigt sich ein Fernsehspiel mit dem Titel »Richie«, das auf realen Ereignissen basiert. Der Konflikt kreist um Richies Drogensucht, eine Krankheit, die die bürgerlichen Hoffnungen des Vaters für seinen Sohn in ungeheurem Maße zerstört. Wieder und wieder enttäuscht Richie seinen Vater, geht auf Entzug und wird wieder süchtig. In einer dramatischen Kampfszene setzt der Sohn dem Vater das Messer an die Kehle und reizt ihn, ihn zu töten, weil er die Träume seines Vaters doch nie erfüllen könne. Schießlich vollzieht der Vater die Todesstrafe an seinem Sohn und erschießt ihn in dieser letzten Begegnung. (Der wirkliche Vater wurde vom Gericht freigesprochen.)

Ein anderes Beispiel für diese Zerstörung des Traums und den Einsatz der Todesstrafe liefert der folgende Zeitungsbericht:

> »Eine langanhaltende Fehde zwischen Vater und Sohn endete jetzt mit einem Gewehrschuß und dem Tod des 22jährigen Larry G.«, sagen die Behörden.
> »Der Vater und sein zweitältester Sohn stritten sich seit Jahren, und das war jetzt der Tropfen, der das Faß zum Überlaufen brachte«, sagte der Sheriff.
> Der Junge war arbeitslos. Er hatte eine Stelle verloren. Davor war er aus der Marine entlassen worden. Der Vater war Schweißer, ein schwer arbeitender Mann, und er verstand seinen Sohn nicht mehr.
> Die Auseinandersetzungen wurden immer heftiger. Der Vater sagte

dem Jungen, er solle gehen. Er holte sein Gewehr, der Junge bedrohte ihn mit dem Messer. Der Vater zielte auf ihn. Der Junge sprang auf den Vater zu. Der schoß einmal, reflexartig. Er wußte nicht, wohin er gezielt hatte.[5]

Der Vater hatte seinen Sohn getötet. Zusätzliche Informationen über den Fall zeigen nur das Offensichtliche. Dieser hart arbeitende bürgerliche Vater war ungeheuer enttäuscht darüber, wie sich sein Sohn entwickelt hatte.

Die Geschichte kennt zahlreiche Fälle, in denen die Dissonanz der jeweiligen Träume mit dem Tode bestraft wird. Ein dramatisches Beispielt findet sich im Leben des Zaren Peter der Große von Rußland. In der Rekonstruktion dieses historischen Dramas zwischen Vater und Sohn wird deutlich, daß die Dissonanz der Träume zwischen dem Zaren, der ein bedeutender Mann war, und seinem Sohn eine ungeheure Tragödie auslöste. Der Zar wurde 1682 im Alter von 10 Jahren gekrönt und hat von diesem Augenblick an bis zum Ende seiner Regierungszeit die russische Geschichte entscheidend geprägt. Er hat das mittelalterliche Land, das er übernahm, in eine Nation verwandelt, die in der internationalen Politik eine wichtige Rolle spielen konnte.

Mit seinen fast 1,90 Metern überragte Peter seine Mitmenschen, so wie sein Land andere Länder überragte. Seine Leidenschaften waren extrem, seine Energie schien unerschöpflich. Alexis, sein Sohn, war eine große Enttäuschung für ihn, denn er besaß nichts von der Energie seines Vaters und war völlig anders veranlagt. Peter behandelte seinen Sohn mit Verachtung und demütigte ihn, wann immer sich die Gelegenheiten dazu bot. Die schäbige Behandlung durch seinen Vater trieb Alexis in die Flucht; er ging ins Ausland, und es entstand der - vielleicht berechtigte - Verdacht, daß er an Komplotten gegen den Vater beteiligt war. Peter erpreßte jedenfalls durch seine Palastgarde ein »Geständnis« von seinem Sohn und verurteilte ihn zum Tode. Verschiedenen historischen Berichten zufolge starb er noch vor der Exekution unter der Folter.

Aber in der Regel führt die Dissonanz der jeweiligen Träume nicht zum echten Mord, sondern zum »kleinen Mord« ständiger Auseinandersetzungen und Streitereien, wobei die Konflikte sich fast immer um die Tatsache drehen, daß beide Teile sehr verschiedene Vorstellungen von der Person des jeweils anderen haben.

Ein mittlerweile über 60jähriger Psychologe erzählte mir bei einem Interview von dem Grundkonflikt mit seinem Vater, den er nie vergessen hatte. Der Vater hatte dauernd auf ihm herumgehackt, weil er (wie der Sohn Peters des Großen) nicht seinem erträumten Bild entsprach. Der Psychologe war während der Nazizeit in Deutschland aufgewachsen, in der es für Juden oder »jüdisch« aussehende Menschen große Nachteile und Gefahren gab.

»Im Grunde war mein Vater mit meiner Größe und meinem Aussehen unzufrieden. Er wollte einen großen, 'arischen' Sohn, der seine Illusion stützen konnte, kein Jude zu sein. Tatsächlich war er Halbjude, und es war damals in Deutschland lebenswichtig, daß man überhaupt kein Jude war. Die realen Konsequenzen waren selbstverständlich gefährlich. Ich entsprach nicht der Vorstellung, die er sich von seinem Sohn gemacht hatte (also der *kognitiven Landkarte* des Vaters). Nichts, was ich tat, war gut genug. Ich sollte sportlich sein, aber ich war für die meisten Sportarten einfach zu klein. Nur im Schwimmverein wurde ich aufgenommen. Mein Vater war nur bei einem einzigen Wettkampf dabei, den ich zufällig auch gewann. Aber er hat mich für meinen Sieg nicht gelobt, sondern nur gesagt, wie schrecklich schlecht die anderen Schwimmer gewesen seien. Auf diese Weise entwertete er alle meine Leistungen.

Trotz solcher herabsetzenden Bemerkungen war mein Vater sehr großzügig in materiellen Dingen. Vielleicht wollte er mich so dafür entschädigen, daß er mir in allen anderen Bereichen seine Anerkennung verweigerte. Er verwöhnte mich, erlaubte mir, Alkohol zu trinken, mich zu amüsieren, als hätte er ein schlechtes Gewissen wegen seiner fehlenden emotionalen Zuwendung. Er hat mich nie für das anerkannt, was ich war.

Mein Vater wurde von dem Wunsch verzehrt, den oberen Klassen zugerechnet zu werden. Er hat meine Mutter geheiratet, weil sie Gräfin und weil sie keine Jüdin war. Mich hat er sein Leben lang abgelehnt, weil ich klein war und in seinen Augen »jüdisch« aussah. Wir haben über dieses Thema nie gesprochen. Erst jetzt, nach der psychologischen Ausbildung, kann ich mich diesem Bereich stellen. Es war immer mein schönster Wunschtraum, von ihm anerkannt zu werden, aber er ist nie in Erfüllung gegangen.«

Auch Söhne können unerfüllte Träume über ihre Väter hegen, die zum Desaster führen können. So erzählte mir ein fünfundzwanzigjähriger Mann die folgende Geschichte über seine Beziehung zu seinem Vater:

»Mein Vater ist ein bekannter und erfolgreicher Sänger, aber ein völliger Versager als Vater. Er hat meine Mutter und mich verlassen, als ich 10 Jahre alt war. Es gab für mich zwei Bilder davon, wie Väter sein können. Das eine war sehr schmerzlich. Ich hatte einen Freund, dessen Vater wunderbar war. Er war immer da, war freundlich und hatte Verständnis für alle Bedürfnisse meines Freundes. Ich habe mir immer gewünscht, daß dieser Mann mein Vater wäre.

Mein eigener Vater war ein Macho. Er hat mir beigebracht, nie zu weinen oder Gefühle zu zeigen. Die paar Mal, die ich mit ihm zusammen war, hatte er immer eine Hure bei sich, und ich meine das wörtlich.

Meine Mutter war von ihm besessen und haßte ihn. In den fünfzehn Jahren, nachdem er gegangen war, verging wohl kein Tag, an dem sie nicht eine bösartige Bemerkung über ihn machte. Und nach dieser jahrelangen Kampagne haßte ich ihn schließlich auch.

Deswegen fand ich es auch nicht besonders schockierend, daß ich letztes Jahr plötzlich mit seiner Pistole in der Hand vor ihm stand, nachdem wir zusammen in New York einen trinken waren und er besoffen und bewußtlos auf seinem Bett lag.

Ich war selber ein bißchen blau. Wir waren mit ein paar Flittchen unterwegs gewesen, und er hatte sich kaum um mich gekümmert. Ich hatte die ganze Nacht dabeigesessen und ihm zugesehen, wie er den netten Kerl spielte, wo ich doch wußte, was für ein Arsch er für meine Mutter und mich gewesen war, und das hatte mich verrückt gemacht.

Die Pistole gehörte ihm, er hatte sie immer bei sich. Ich zielte damit auf seinen Kopf und dachte in meinem betrunkenen Zustand, daß ich ihn jetzt für all das erschießen würde, was er mir als Vater versagt hatte. Glücklicherweise habe ich mich schließlich entschieden, ihn nicht zu töten. Ich wollte ihm zwar wirklich all das heimzahlen, was er als Vater an mir versäumt hatte, aber ich wollte mich dabei nicht selbst zerstören.«

Natürlich ist diese Reaktion extrem, und bei seiner Erwägung des Vatermords spielen noch andere Faktoren eine Rolle. Aber sein Grundproblem war doch die ungeheure Verschiedenheit zwischen seinem Traumvater und dem realen Vater, und sie war für das Ausmaß seiner Feindseligkeit verantwortlich.

Es gibt Fälle, in denen die Dissonanz der Träume auf einem grundlegenden, aber lösbaren Problem beruht. Im folgenden Beispiel konzentrierte sich der Konflikt auf einen Bereich, der in einer Gruppentherapiesitzung mit dem Vater bearbeitet werden konnte.

Der Vater, ein reicher Industrieller, eröffnete die Sitzung mit der Klage, sein einziger Sohn, den er sehr liebte, lehne ihn und seine Vorstellungen ab:

»Nie hört er sich meinen Rat an. Es ist so lächerlich - meine Angestellten, meine Geschäftspartner, alle fragen mich um Rat und sind dankbar, aber nicht mein Sohn. Er ignoriert mich. Mein Sohn liebt mich nicht. Ich kann nicht mal mit ihm reden. Ich kann nur mit ihm sprechen, wenn er in seinem Zimmer ist und die Tür abgeschlossen hat; ich stehe wie ein Bauer davor und spreche durch die geschlossene Tür mit ihm. Es ist ungeheuer demütigend. Aber er antwortet mir eben nur in diesen Situationen. Ich verstehe das nicht. Ich habe ihm alles gegeben, was ich habe. Er wird eines Tages das ganze Geschäft erben. Ich habe ihm gesagt, daß es ihm gehört. Ich habe das nicht verdient, daß er mich so behandelt. Es ist schrecklich.«

In einer späteren Gruppensitzung wurden die verborgenen Ansprüche des Vaters an seinen Sohn deutlich, sein Traum. Er war von seiner Firma besessen. Sie war seine Schöpfung und sein Schatz. Er hatte schwer gearbeitet, um diese Firma aufzubauen; sie war für ihn so etwas wie ein Heiligtum, das er an seinen Sohn übergeben wollte, ein ewiges Licht, zu dessen Hüter er den Sohn bestimmt hatte. Sein Traum war die Übernahme der Firma durch den Sohn, und er sah sich im Widerschein der Glorie seines Sohnes leben. Dann wäre sein Sohn seine Schöpfung, sein erweitertes Ich. Aber der Sohn zerschlug den väterlichen Traum, indem er jeden Anteil am Geschäft des Vaters ablehnte. Der Vater verstand das als Ablehnung seiner Person und seiner Leistung; im Grunde war es das auch, denn der junge Mann hatte andere Pläne für sein Leben.

Der Vater verbarg sein Bedürfnis nach Bestätigung von Wert und Gültigkeit seiner Arbeit durch den Sohn hinter der Rolle des selbstlosen Märtyrers: »Ich habe doch nur deshalb so hart gearbeitet, damit mein Sohn es besser hat. Ich wollte ihm eine Chance geben, den Luxus und Überfluß wirklich zu genießen, den ich geschaffen habe.« Aber in Wirklichkeit sollte der Sohn im Widerschein des väterlichen Ruhms zur größeren Ehre des Vaters die Tradition fortsetzen.

In einer Sitzung formulierte ich die zentrale Frage, die der Vater beantworten mußte: »Können Sie Ihre Fixierung auf den Traum aufgeben, daß Ihr Sohn Ihr Geschäft übernimmt, ohne dadurch Ihre Liebe zu Ihrem Sohn aufzugeben? In anderen Worten: Können Sie Ihren Sohn auch dann lieben, wenn er Ihre Träume nicht erfüllt?« Und die Gruppe wies ihn darauf hin, daß seine Liebe zu seinem Sohn davon abhängig sei, ob der sich der väterlichen Herrschaft und dem Plan zur Verwirklichung seiner Ambitionen unterwerfen würde. Bei der Auseinandersetzung mit dieser grundlegenden Frage begann er zu weinen. Ich glaube, er weinte, weil er seinen fixierten Traum über seinen Sohn und sich aufgeben mußte. Seine Tränen waren Tränen der Trauer um diesen Traum, der vergehen mußte, wenn er die Beziehung zu seinem Sohn bewahren wollte. Die Therapiesitzungen und seine Tränen erlaubten ihm, die kognitive Traumfixierung, die er aufgeben mußte, in Worte zu fassen und mitzuteilen. Und er mußte sich darüber hinaus der Tatsache stellen, daß die Liebe zu seinem Sohn nicht notwendig bedeutete, daß der Sohn vor seinem persönlichen Traum kapitulieren mußte.

In einem Gruppenpsychodrama diktierte er den folgenden Brief, den er später tatsächlich seinem Sohn ins College schickte:

»Lieber Sohn,

ich bin bestürzt über den Mangel an Kommunikation zwischen uns, für den ich meist Dich verantwortlich gemacht habe. Aber ich sehe ein, daß es Gründe für Dein Ausweichen gibt. Ich habe die Art der Komplikationen und Konflikte mit Dir in der Therapie untersucht. Ich weiß, daß wir dann miteinander reden konnten, wenn wir über Musik und Sport geredet haben. Zumindest konnten wir einander zuhören. (Deutung: Weder Vater noch Sohn wollten den Traum des anderen hören, weil das ihre eigenen Hoffnungen wesentlich gestört hätte. Sie haben die Konfrontation bei diesem emotional sehr besetzten Konfliktthema vermieden.)

Wie Du weißt, habe ich eine Therapie angefangen, weil ich so sehr unter unserer Beziehung gelitten habe. In der Therapie habe ich herausgefunden, daß Du zum Teil deshalb Theaterwissenschaften studieren willst, weil Du etwas tun willst, das mit meinen Interessen oder meinem Einfluß nichts zu tun hat. Ich sehe jetzt ein, daß Du eine eigene Person bist und eigene Träumen über Dein Leben hast. Ich gebe zu, daß ich Dich beherrscht und manipuliert habe, und das war falsch.

Ich werde nie mehr über Deine beruflichen Interessen oder meine früheren Hoffnungen über Deinen Einstieg in die Firma mit Dir diskutieren. Ich kann jetzt einsehen, daß ich Unrecht hatte, und ich möchte, daß Du mir vergibst. Es ging mir darum, durch Dich persönlichen Erfolg zu haben. (Deutung: Der Vater hatte erkannt, daß sein Sohn seine eigenen Erfolgsträume hatte; er mußte die bittere Pille schlucken und ihn aus seinem persönlichen Traum herausnehmen.)

Ich befreie Dich freiwillig von meinen Erwartungen an Dich, ohne Dir Schuldgefühle zu machen und ohne Strafen. Du wirst einen Anteil an dem

Gewinn meines Geschäfts bekommen, und ich habe mit Freude mein Testament gemacht, damit Du nach meinem Tod zusammen mit Deiner Mutter mein Vermögen erbst.

In Liebe,
Dein Vater.«

Als er diesen Brief bekam, rief der junge Mann seinen Vater an und dankte ihm für sein Verständnis. Bei ihrer nächsten Begegnung war die Kommunikation zwischen ihnen sehr viel besser geworden.

Väter bzw. Söhne, die die Hoffnung aufgegeben haben, daß der andere den eigenen Traum erfüllt, müssen neue Prioritäten setzen, und das kann ein sehr schmerzlicher Prozeß werden. Aber die dadurch verringerte Belastung ist für die Väter oft ein ungeheurer psychischer Gewinn. Für den hier vorgestellten Vater bedeutete die Aufgabe seines Traums eine große Entspannung; er stand nicht mehr unter dem Druck, seinen Sohn zu etwas drängen zu müssen, das dieser nicht wollte. Das Aufgeben des Traums beseitigte die Spannungen in der Beziehung. Vater und Sohn verstanden sich wieder und wurden Freunde.

Wenn man sich der Dissonanz der Träume bewußt wird, lassen sie sich dem geliebten Menschen entsprechend verändern. Psychisch gesunde Menschen sind in der Regel in der Lage, Feedback-Information zu akzeptieren und ihre kognitiven Traumkarten zu zerreißen oder zu überprüfen, wenn sie mit den Wünschen der geliebten Personen nicht in Einklang stehen. Wenn beide die Dissonanz ihrer Träume begreifen, lassen sich die Hoffnungen und die Realität leichter zur Deckung bringen. Wirkliche Kommunikation über die Situation kann die nötige Bewußtheit zur Konfliktlösung herstellen und beide Beteiligten emotional entlasten.

In einer pathologischen Vater-Sohn-Beziehung fehlt bei Konflikten und den damit zusammenhängenden Frustrationen diese Fähigkeit zu Kommunikation, Konfrontation, Durcharbeiten und Anpassen. Fehlende Kommunikation hat oft falsche Zugeständnisse zur Folge; bei beiden existierte eine latente Wut auf den anderen, die alle Lösungsmöglichkeiten behindert, schließlich zu emotionaler Erschöpfung und in vielen Fällen auch zu dem Wunsch führt, den anderen zu bestrafen.

In meiner therapeutischen Praxis habe ich viele Söhne beobachtet, die ihre Vätern durch Zugeständnisse zufriedenstellen wollen. Das führt zu einer roboterhaften, gefühllosen Persönlichkeit. Söhne, die sich um ihrer Väter willen kastrieren und ihre Träume verleugnen, entwickeln oft schwere Neurosen mit lebenslangem psychischen Leid für beide Teile. Ein Sohn kann psychisch in einem solchen Anpassungsprozeß zu einem leblosen Wesen werden, weil er sein Bedürfnis nach der Konfrontation mit seinen wahren Gefühlen zerstört, und ein Vater kann sich in eine unangenehm despotische Position seinem Sohn gegenüber bringen. Das Ergebnis ist ein leidvoller, lebenslanger Kampf zwischen Vater und Sohn.

In einer Psychodrama-Sitzung spielte ein Mann, der sein ganzes Leben lang Zugeständnisse an die Wünsche des Vaters gemacht und sich ihm angepaßt hatte und deshalb voller Wut und Feindseligkeit war, eine Szene, in der er im Krankenhaus, am Sterbebett des Vaters, seine wahren Gefühle mitzuteilen versuchte. Wie er sagte, war die Szene eine exakte Replik der Ereignisse, die sich damals abgespielt hatten. (Die Rolle des Vaters spielte ein Gruppenmitglied.)

Sohn: Vater, ich muß dir etwas sagen.

L.Y.: Moment mal. Bevor Sie Ihre Gefühle vor Ihrem Vater ausbreiten, sagen Sie uns, woran Sie denken, und bereiten Sie Ihre Rede vor.

Sohn: (zur Gruppe) Ich möchte meinem Vater sagen, in welches Elend er mich gestürzt hat, weil er mich gezwungen hat, mein Leben nach seinen Maßstäben zu leben. Ich bin Rechtsanwalt geworden, weil er es wollte. Ich wollte etwas ganz anderes werden. Mein ganzes Leben habe ich mich seinen Forderungen und Bedürfnisse angepaßt. Hier an seinem Sterbebett wollte ich ihm sagen, wie ich seine lebenslange Herrschaft wirklich empfunden habe, aber auch, daß ich ihn immer noch liebe, obwohl er ein Diktator war. Und schließlich wollte ich ihm zeigen, ein wie viel besserer Mensch ich bin, und ihm verzeihen.

L.Y.: Gut. Fangen Sie an und sagen Sie Ihrem Vater all das, was Sie in all den Jahren nicht gesagt haben.

Sohn: Vater, ich weiß, daß es zu Ende geht, und ich möchte dir etwas sagen.

Vater: Bevor du anfängst, Sohn, möchte ich dir etwas sagen. Ich verzeihe dir all dein schlechtes Benehmen.

Sohn (zur Gruppe): Genau das hat er gesagt. Er starb, bevor ich ihm alles sagen und ihm vergeben konnte, und ich war völlig frustriert.

In der Psychodrama-Sitzung bekam der Sohn die Gelegenheit, seinem Vater all seine lebenslang angestauten Beschwerden mitzuteilen. Außerdem untersuchte er, warum er die Bedürfnisse des Vaters über die eigenen gesetzt hatte. Er schlug auf ein Kissen ein, das die Person hielt, die den Vater spielte, während er seine Beschwerden vortrug, bis sich Wut und Frustration erschöpft hatten. Dann bekam er Zugang zu seiner verschütteten Liebe zum Vater und konnte ihr Ausdruck verleihen. Er umarmte den Schauspieler des Vaters und verzieh ihm. Nach der Sitzung spürte er, daß es ihm viel besser ging. Es wäre zwar befriedigender für ihn gewesen, wenn er das alles wirklich seinem Vater hätte sagen können, aber er konnte sich durch das Psychodrama doch von vielen negativen Gefühlen befreien. Darüber hinaus fand er die Erkenntnis hilfreich, daß die Ursache für den Konflikt zwischen ihm und seinem Vater in der Dissonanz ihrer Träume lag.

Diese Grundproblematik zwischen Vätern und Söhnen bleibt oft subtil und verborgen oder tritt nur periodisch, zu ganz bestimmten Zeiten in der Beziehung zu Tage. Wenn Väter, die ja älter und hoffentlich klüger als ihre Söhne sind, mehr über die Träume und Botschaften wissen, die sie in ihrer Vaterrolle vermitteln, und sie besser verstehen, lassen sich viele Probleme und Konflikte vermeiden.

2.

Vaterstile

Alle Männer sind Söhne, aber nicht alle Männer werden Väter. Die Verantwortung, die die Vaterrolle mit sich bringt, macht manchen Angst. Sie sind unzuverlässige Väter, die sich keine Gedanken darüber machen, was diese Rolle bedeutet und welchen Einfluß sie auf die Persönlichkeitsentwicklung ihrer Söhne haben.

Die Freude und das Engagement, mit denen ein Mann seine Vaterrolle angeht, unterliegt schwer bestimmbaren Variablen bei der Definition des Vaterstiles. Wirksame Verhütungsmethoden bis hin zur Vasektomie und die Befreiung viele Männer von soziokulturellen und religiösen Verpflichtungen zur Vaterschaft spielen eine zunehmend wichtigere Rolle. Männer und Frauen können heute sehr viel stärker als früher selbst bestimmen, ob sie Eltern werden wollen oder nicht; die Entscheidung für ein Kind kann also bewußter getroffen werden. Weil sich die Zeugung beeinflussen läßt, finden Männer, die heute Vater werden, diese Rolle in der Regel auch wünschenswert. Die Zahl unwilliger Eltern ist heute sehr viel geringer als zu den Zeiten, in denen sich Schwangerschaften nicht planen ließen.

Angst, Egoismus oder eine Protesthaltung gegen soziale Probleme wie Überbevölkerung sind Gründe für viele Männer, sich der Vaterrolle zu verweigern. Die Entscheidung gegen die Vaterschaft wird häufig nach ausführlichen Überlegungen und meist aus persönlichen Gründen getroffen. So sagte mir ein Mann ganz direkt: »Ich will mir mein Lebenswerk nicht dadurch vergiften lassen, daß ich Kinder ernähren und großziehen muß.« Es kann natürlich sein, daß sein Leben deshalb um manche Freuden ärmer wird, aber er erspart sich durch die Kinderlosigkeit eine Menge anstrengender Probleme und Verantwortlichkeiten und hat mehr Zeit für sich selbst. In unserer überbevölkerten und immer komplexer werdenden Welt wäre es nicht gut, wenn Männer automatisch und ohne Nachzudenken Väter würden.

Die meisten Väter sind emotional von der Empfängnis bis zur Geburt stark mit ihren Kindern beschäftigt, wie fundierte Forschungsergebnisse zeigen. In alten Hollywood-Filmen wird der Vater als Held gezeigt, der voller Freude auf die kryptische Ankündigung seiner Frau reagiert. Die Wirklichkeit sieht anders aus: Vielen Männer erlebe akute Ängste, sei es durch Erinnerungen an ihre eigene unglückliche Kindheit und Geschwisterrivalitäten, sei es, weil sie fürchten, mit dem Kind um die Liebe der Frau konkurrieren zu müssen, oder weil das Kind ihnen den Ausweg aus einer unglücklichen Ehe versperren könnte. Bei solch unsicheren Männern kommt es vor der Geburt eines Kindes zu schweren Depressionen, Appetitverlust, Schlaflosigkeit und Hypochondrie.

Ein erfahrener Gynäkologe und Geburtshelfer hat Männer nach ihren Reaktionen und Verhaltensweisen auf die Schwangerschaft ihrer Frauen in drei Kategorien eingeteilt: Die erste Gruppe besteht aus den zukünftigen Väter, die ihren schwangeren Frauen Anteilnahme und Verständnis entgegenbringen und an der Geburtsvorbereitung teilnehmen; die zweite aus Macho-Männern mit den Instinkten und Gefühlen von Stieren, die davon überzeugt sind, sie hätten ihren Anteil mit der Schwängerung erledigt und alles andere sei Sache der Frau. Sie interessieren sich kaum für die Entwicklung der Schwangerschaft und werden ärgerlich, wenn dadurch die Routine des häuslichen Lebens oder ihr persönliches Wohlbefinden gestört wird. Die dritte Gruppe bilden die »schwangeren Väter«, die sich übertrieben stark mit ihren Frauen identifizieren. Sie sind das genaue Gegenteil der Macho-Männer, machen sich viel zu viele Sorgen, versuchen krampfhaft, jedes neue physische Symptom zu deuten und sind über sämtliche Geburts-»Methoden« informiert.

Die Entscheidung zur Vaterschaft ist eine der wenigen unwiderruflichen Verpflichtungen, die ein Mann im Leben eingehen kann. Eine Ehe läßt sich heute scheiden, von den Eltern kann man wegziehen, aber die tiefe emotionale Bindung an ein Kind und die Verpflichtung zur Fürsorge, und sei es nur aufgrund kultureller und religiöser Zwänge, läßt sich nicht einfach aufgeben.

Einen Teil dieser Ängste kann man darauf zurückführen, daß die komplexe Gesellschaft, in der wir leben, Männer wenig oder gar nicht auf die Vaterrolle vorbereitet. In einem solchen Rahmen ohne besondere Gestaltung oder Merkmale, ohne jede Anleitung, fühlen sie sich buchstäblich zu »lebenslänglicher Vaterschaft« verurteilt. Kein Wunder, daß so viele Männer, die sich mit ihren persönlichen Unzulänglichkeiten auseinandersetzen, Angst davor haben, durch die Konfrontation mit dem eigenen Kind gleichzeitig mit ihrer eigenen schrecklichen Kindheit und ihrem mangelnden Erfolg in der Außenwelt konfrontiert zu werden, und vor der Vaterrolle mit ihren Verpflichtungen fliehen.

Der Vaterstil eines Mannes wird durch das dynamische Zusammenspiel einiger oder aller der folgenden Faktoren bestimmt: die Begeisterung, mit der er die Rolle übernimmt, das Rollenvorbild seines eigenen Vaters, das Vaterbild der Massenmedien, seine berufliche Rolle, seine soziale, rechtliche, kulturelle, ökonomische, klassenspezifische und religiöse Ausrichtung, seine Persönlichkeit, sein Charakter und Temperament (d.h., ist er erregt oder ruhig, gestreßt oder streßfrei, methodisch oder sprunghaft), die individuellen soziometrischen Strukturen und die Orientierungs- und Fortpflanzungsprobleme zu bestimmten Zeiten in der Familie sowie die Anzahl bereits vorhandener Kinder. (Ein Komiker hat einmal in einer Talkshow gesagt, er hätte vier Kinder. Davon sei »das erste das Wegwerfkind zum Ausprobieren« gewesen. Es ist klar, daß alle weiteren Kinder in einer anderen Familie aufwachsen als das erste.)

Den wohl stärksten Einfluß auf den Vaterstil eines Mannes hat der Stil des eigenen Vaters. Dieser Faktor ist bewußt wie unbewußt stets vorhanden, und sehr viele Männer erziehen, beraten und »lieben« ihre Söhne so, wie es ihr eigener Vater tat.

Ein Mann bekommt seine »Ausbildung« zum Vater durch das Rollenmodell, das ihm der eigene Vater vorlebt und das er beobachtet und nachahmt. War dieses Vaterbild negativ, kann das schreckliche Folgen haben. Es hat sich immer wieder gezeigt, daß Söhne von mißhandelnden, kriminellen und süchtigen Vätern deren Sünden bei ihren eigenen Kindern wiederholen. Das in sogenannten »kriminogenen Familien« existierende kriminelle soziale Erbe, das von einer Generation an die nächste weitergegeben wird, ist häufig Ergebnis kontinuierlich negativer Vaterbilder.

Die Rebellion eines Sohnes gegen das negative Vaterbild kann aber auch dazu führen, daß der Sohn zu einem ganz anderen Menschen als der Vater wird. So sagte ein Mann in einem Interview:»Mein Vater hat sich mir gegenüber so schrecklich benommen, daß ich bewußt daran gearbeitet habe, den Schaden rückgängig zu machen, den er angerichtet hat. Er war kalt und distanziert, und ich wußte, wie weh es tut, der Sohn eines solchen Mannes zu sein. Bei meinem eigenen Sohn habe ich das Gegenteil getan. Mein Vater hat mich kein einziges Mal umarmt - ich nehme meinen Sohn immer in den Arm und suche seine Nähe.«

Wenn man den Stil eines Vaters begreifen will, muß man den soziohistorischen Kontext kennen. Ein fünfzigjähriger Mann z.b. sagte in einem Interview, sein »liebevoller Vater« habe ihn erbarmungslos geschlagen, wenn er zu spät von der Schule nach Hause kam. Ohne Kenntnis des Kontexts und der Zeit wirkt diese Strafe eindeutig übertrieben. Aber der zeitliche Kontext dieser Vater-Sohn-Interaktion, der im weiteren Verlauf des Gesprächs klar wurde, läßt eine andere Bedeutung der harten Strafe erkennen: Der Mann ist während des Zweiten Weltkriegs in Rom aufgewachsen, als der Aufenthalt auf der Straße sehr gefährlich war, und in diesem Kontext macht die Strafaktion des Vaters Sinn. Er war wirklich ein liebevoller Vater, dem es darum ging, das Leben seines Sohnes zu schützen. Im kulturellen Umfeld der USA dagegen wäre der harte Strafstil des Vaters für den Sohn nur begrenzt nützlich.

Auch die Massenmedien reflektieren und beeinflussen bis zu einem gewissen Grad den Vaterstil, aber sie sind eine sehr fragwürdige Quelle für die Erziehung zur Vaterschaft, weil die meisten Vaterbilder im Fernsehen und in Spielfilmen die Phantasien kommerzieller Autoren wiedergeben. Vaterbilder im Kino oder im Fernsehen sind oft genug absurd und haben nur wenig Bezug zur Realität. Gibt es irgendwo wirklich einen so scharfsinnigen, geduldigen und klugen Vater wie Ozzie Nelson oder Robert Young in »Vater ist der beste«? Und wer kennt schon so liebevolle Väter wie den wunderbar menschenfreundlichen weißen Millionär aus einer anderen Fernsehserie, der zwei farbige Kinder adoptiert? Aber bei allen falschen Bildern der Massenmedien gibt es auch genaue und einsichtsreiche Portraits von Vätern und Söhnen in Film und Fernsehen. Dies schließt auch Filme wie »Ordinary People« und »Kramer gegen Kramer» ein.

Einer der Filme, die wirklich Einsichten in die Vater-Sohn-Beziehung vermitteln, ist»Der große Santini«. Der Film nach dem gleichnamigen Buch von Pat Conroy basiert auf realen Auseinandersetzungen des Autors mit seinem Vater und zeigt sehr eindrücklich, wie die berufliche Rolle des

Vaters, der Kampfflieger bei der Marine ist, auf seinen Stil als Vater zurückwirkt. In dieser Beziehung präsentieren Film und Buch eine sehr präzise und dramatische Vater-Sohn-Dynamik, die ich bei meinen Untersuchungen oft kennengelernt habe.

Bull Meechum, der Kampfflieger, ist ein überwiegend abwesender Vater, der nur seinen Urlaub zu Hause verbringt. Die langen Trennungen verleihen ihm in den Augen seines Sohnes und der anderen Familienmitglieder einen heroischen, distanzierten Anstrich. Der Sohn stellt sich positive, mutige und kühne Bilder des Vaters vor, den er so selten sieht, und die Mutter, die in diesem Fall ein positives Vaterbild vermittelt, verstärkt diese heroischen Phantasien noch.

Der Film beginnt mit der Rückkehr des Vaters in die Staaten nach einem beruflichen Aufenthalt in Europa. Wir sehen, wie glücklich die Familie über seine Rückkehr ist. Wir sehen den Stil des Vaters: ein autoritärer Offizier, der seine Familie nach exakten Regeln regiert. In seinem Beruf setzt er seine Macht über Menschen im militärischen Stil durch, und dieser Aspekt gewinnte auch bei der Ausübung seiner väterlichen Herrschaft über die Familie und den Sohn die Überhand.

In den Augen des Vaters hat sein Beruf als Marineoffizier in Friedenszeiten einen wesentlichen Mangel: was ihm fehlt, ist ein Krieg. Er rezitiert wiederholt Sprüche im Stil von General Patton, wie schwer es für einen Soldaten sei, ohne Krieg leben zu müssen.

Entsprechend dieser militärischen Macho-Einstellung ist für den Vater die Welt voller Feinde. Er versucht, seinen Sohn davon zu überzeugen, daß Härte ein grundlegender, ja sogar der einzige Charakterzug sei, den es zu entwickeln gilt. Eines Nachts beschuldigt er seine Frau, sie wolle aus dem Sohn einen Weichling machen. In seinen Augen ist ein Weichling so gut wie tot, was aus seiner Perspektive nicht unbedingt falsch ist, denn im Militärleben können mangelnde Härte und Wachsamkeit einen Mann tatsächlich umbringen.

Bei einem Basketballspiel um die Schulmeisterschaft, einer Schlüsselszene des Films, wird gezeigt, wie der Sohn, ein Top-Spieler, von einem anderen Spieler umgerannt wird. Der kriegerische Vater befiehlt von der Tribüne aus laut seinem Sohn, sich zu rächen, andernfalls werde er ihn nicht mehr ins Haus lassen. Sofort schlägt der Junge seinen Gegner brutal zu Boden und bricht ihm den Arm. Später bereut er es zutiefst, daß er dem brutalen Befehl des Vaters gehorcht hat. Der Vorfall zeigt, wie sehr der im Grunde liebenswürdige Junge zwischen seinen eigenen Gefühlen und seinem Wunsch, es dem Macho-Vater recht zu machen, hin und her gerissen ist. Brutalität und Paranoia sind für den Vater selbstverständlicher Bestandteil seines Berufs, aber der Sohn lehnt diese Haltung ab. Hier liegt der Grundkonflikt zwischen Vater und Sohn. Der Sohn kann die Anforderungen, die der Vater an ihn stellt, nur mit großen Schwierigkeiten erfüllen.

Auf dem Höhepunkt des Films hört der Sohn mitten in der Nacht, wie der Vater die Mutter schlägt. Er mischt sich ein und verteidigt die Mutter, indem er seinen Vater niederschlägt. Das führt zu einer Entfremdung zwischen Vater und Sohn. Später stirbt der Vater bei einem Flugzeugabsturz im Dienst. Weinend und voller Schuldgefühle gesteht der trauernde Sohn der Mutter, er hätte um den Tod des Vaters gebetet, damit er frei würde. Die Mutter sagt ihm, er hätte sich in der Nacht von der Tyrannei und der Herrschaft seines Vaters befreit, als er sie verteidigt und ihm die Stirn geboten hatte.

Das Grundthema dieser Geschichte ist der Prozeß, in dem der Sohn, der seinen Vater liebt, allmählich die Gründe für das Verhalten seines Vaters begreift und den Macho-Stil des Vaters zugunsten einer mitfühlenderen Rolle im Leben ablehnt.

Die berufliche Rolle eines Mannes kann also sehr wesentliche Auswirkungen auf seinen Stil als Vater haben. Sie ist nicht nur wichtig für das Bild, das sich ein Sohn von dem Vaterstil macht, den er übernehmen kann, sondern hat unter Umständen auch sehr reale Auswirkungen auf das soziale, emotionale und finanzielle Erbe, das sein Vater ihm hinterläßt.

In unserer heutigen hochkomplexen, technologischen Gesellschaft mit ihren extrem unterschiedlichen Berufsmöglichkeiten sind die Chancen gering, daß ein Sohn den Vater zum Rollenmodell für die eigene Berufswahl macht. Damit fehlt ein wichtiger Bindungsfaktor zwischen Vätern und Söhnen, von dem beide profitieren könnten. Wenn Väter und Söhne denselben Beruf haben, verbringen sie in der Regel mehr Zeit miteinander, haben eine zusätzliche Kommunikationsebene und ein besseres Verständnis für die jeweiligen Bedürfnisse, Probleme und Erfolge.

Ich selbst habe früher meinem Vater geholfen, Wäsche auszufahren, mit der Folge, daß mir jeder andere Beruf besser erschien als seiner. Wichtig war diese Erfahrung aber trotzdem, denn dadurch konnte ich die Auswirkungen seines Berufs auf den Stil meines Vaters besser verstehen.

Ich fuhr in regelmäßigen Abständen immer wieder die Route mit ihm ab, auf der er die Wäsche holte und brachte. Sein Arbeitsgebiet lag im ärmsten, gewalttätigsten Ghetto von Newark, New Jersey. Die gemeinsame Arbeit mit meinem Vater war für mich der wertvollste Bereich unserer Beziehung; hier konnten wir uns unsere Zuneigung zeigen und miteinander kommunizieren. (Die Konfrontation mit der Armut auf diesen Fahrten mit meinem Vater war wohl auch ein wesentliches Motiv für mein späteres Interesse an der Soziologie.)

Wenn wir gemeinsam auf dem Wäschewagen arbeiteten, sprachen wir über seinen Beruf mit all seinen Problemen und Freuden. Ich wußte, wie hart mein Vater arbeiten mußte, weil ich ihn bei seiner Arbeit beobachten konnte. Diese Beobachtung machte mir sofort klar, daß ich diese Arbeit später nicht tun wollte, und war eine unmittelbare Motivation für mich, mir einen Beruf zu suchen, der möglichst wenig Ähnlichkeiten mit dem meines Vaters haben sollte.

Diese Motivation verstärkte sich noch durch seine tiefe Depression, als sein Wagen einmal gestohlen wurde und mehr als eine Woche verschwunden blieb. Nicht die Polizei, sondern ich war es, der ihn schließlich wiederfand. Ich war den ganzen Tag mit dem Rad durch die Nachbarschaft gefahren und fand ihn auf einem verlassenen Gelände; alle Wäschebündel waren gestohlen.

Mein Vater war seit dem Diebstahl des Wagens so depressiv gewesen, daß er sich kaum noch bewegen konnte. Als ich ihn wiedergefunden hatte, brach er in Tränen aus, weil er nicht wußte, wie er seinen Kunden den Verlust ihrer Wäsche beibringen sollte. Wie in allen Krisenzeiten sprang meine Mutter in die Bresche und gab ihm den Mut, wieder anzufangen. Er ging zu all seinen Kunden und fragte sie, was er ihnen schuldig sei. Manche gaben viel zu hohe Summen an, andere nahmen aus Mitleid gar kein Geld und gaben ihm weiter Aufträge.

Ich erlebte also diese traumatische Situation im Leben meines Vaters mit und konnte ihm helfen, sie zu überleben. Wir waren damals sehr eng verbunden; ich kannte seinen Schmerz und litt mit ihm, wie ich auch später, als sich die Situation aufgelöst hatte, seine Erleichterung mitempfand. Damals, im Jugendalter, wurde mir klar, daß ich nie in eine solche Situation kommen wollte. Ich verknüpfte sein Leiden völlig zutreffend mit seinem schwierigen Beruf. Der Mann verdiente den recht dürftigen Lebensunterhalt für eine fünfköpfige Familie (zwischen 35 und 50 Dollar die Woche), schuftete sechs Tage in der Woche zehn Stunden täglich, und konnte durch ein einziges traumatisches Ereignis wie einen Diebstahl fast zerstört werden. Sein beruflicher Status hatte Auswirkungen auf seinen Stil als Vater, weil seine Position ihn zu einer freudlosen Person machte. Seine Arbeit war Mühsal und machte ihn mühselig, als Vater wie als Mann. Die Verzweiflung über den kurzzeitigen Verlust seines Geschäftes rief bei mir die dauernde Furcht hervor, ein einziges Mißgeschick könne mich ohne Beruf dastehen lassen. Diese Furcht hat mich bis heute nicht verlassen, obwohl ich weiß, daß sie rational völlig unbegründet ist. Es lag also größtenteils an seinem schwierigen Beruf, daß mein Vater für mich ein negatives Rollenmodell wurde.

Nicht nur Berufe mit geringem Status wirken sich auf den Stil des Vaters aus, auch Männer in sehr angesehenen Berufen haben ihre Probleme. Ein hoher sozioökonomischer Status führt in unserer vaterrechtlichen Gesellschaft zu komplexen Status-, Unterhalts- und Erbschaftsproblemen und zu Schwierigkeiten mit der Übertragung von Vermögen und Status an die Söhne. Väter mit hohem Sozialstatus und entsprechenden Berufen haben fast automatisch einen patriarchalen, autokratischen Vaterstil, denn Reichtum und Position müssen bewahrt und schließlich an den Sohn übergeben werden. Anders als bei Söhnen armer Väter erwartet Söhne reicher und angesehener Väter in der Regel irgendeine Art von Vermächtnis.

Ein solches Vermächtnis ist aber nicht unbedingt ein ungetrübtes Vergnügen. Mit dem berühmten Namen des Vaters, seiner finanziellen Position und der möglichen Vererbung einer besonderen Begabung wird unter Umständen auch eine irrationale Erfolgserwartung weitergegeben, die für den Sohn unerfüllbar ist.

Darüber hinaus steht der Stil eines hochangesehenen oder prominenten Vaters fast zwangsläufig unter dem Einfluß einer Vielzahl korrumpierender Faktoren. Öffentliches Image und private Persönlichkeit prominenter Väter klaffen fast immer auseinander. Permanenter Erfolg erfordert ein ungeheures Maß an persönlicher Energie und Zeit. Männer mit hohem Bekanntheitsgrad werden von ihrem Publikum belagert, was sowohl Auswirkungen auf ihre gemeinsam mit den Kindern verbrachte Zeit hat als auch die Orte einschränkt, an denen sie diese Zeit verbringen können.

So erzählt zum Beispiel ein solcher Sohn eines prominenten Vaters: »Jeder wollte ein Stück von ihm haben. Als ich ein Kind war, konnten wir nie zusammen nach Disneyland, ins Kino usw., selbst wenn er die Zeit dazu gehabt hätte. Bei den seltenen Ausflügen, die wir zusammen machten, stürzten sich die Leute auf ihn und stießen mich weg.«

Die Berühmtheit eines Mannes hat also tiefe Auswirkungen auf seinen Vaterstil, zum einen, weil seine öffentliche Rolle ihm nur wenig qualitative Zeit für seine Kinder läßt, zum anderen, weil die Kinder das öffentliche Image des Vaters von seinem privaten trennen müssen. Name und Status des Vaters können dem Sohn zwar Vorteile verschaffen, gleichzeitig werden seine Leistungen aber zwangsläufig mit denen des Vaters verglichen, besonders wenn er denselben Beruf ergreift.

Der Bericht eines einundzwanzigjährigen jungen Mannes, dessen Vater ein sehr bekannter Fernsehstar ist, faßt die Erfahrung aller Söhne prominenter Väter zusammen, die ich interviewt habe:

»Schon in der Grundschule wurde mir klar, daß mein Vater etwas Besonderes war, weil die Lehrer vor mir krochen. Auf dem Gymnasium bemühten sich dann nicht mehr nur die Lehrer um mich, sondern auch die Schulkameraden. Ich wußte nie, wer wirklich mein Freund war, weil viele mich nur besuchten, um meinen Vater zu sehen. Ich fühlte mich nur mit den Jungen wohl, deren Väter genauso bekannt waren wie meiner. Welche Botschaft mir mein Vater gab? Er hat nur wenig mit mir gesprochen, weil er selten zu Hause war. Ich habe ihn öfter im Fernsehen als zu Hause erlebt. Aber obwohl er nie etwas gesagt hat, hatte ich immer das Gefühl, selbst auch sehr erfolgreich werden zu müssen. Seine unausgesprochene Botschaft war: 'Sei erfolgreich. Aber so gut wie ich wirst du nie!'

Diese Last habe ich immer mit mir herumgeschleppt. Sie wissen ja, daß ich drogenabhängig und auch sonst ziemlich kaputt war. Ich habe durch die langjährige Therapie gelernt, daß ich nicht die Nummer Eins sein muß. Die Einsicht in diese schlichte Tatsache hat mir den Druck genommen, den mein Vater mir immer gemacht hat.

Ich bin heute viel lockerer. Ich gehe nicht ins Show-Business, denn da würde ich automatisch mit meinem Vater verglichen. Wenn ich mit dem College fertig bin, studiere ich Jura. Ich gehe meinen eigenen Weg.«

Dieser junge Mann hat viele Probleme umgangen, mit denen Söhne prominenter Männer zu kämpfen haben, weil er sich ein eigenes Gebiet gesucht hat und den ihm undeutlich vermittelten Erfolgszwang ablehnt.

Söhne prominenter Väter haben ein spezielles Problem, weil sie von der Gesellschaft Prestige und Belohnungen erhalten, die sie nicht selbst verdient haben. Viele Menschen schenken einem Franklin Roosevelt Jr., John Barrymore Jr. oder Winston Churchill Jr. besondere Beachtung, weil sie wissen, wer sein Vater war, nicht wegen seiner eigenen Leistungen. Solche unmittelbar positiven Reaktionen können dazu führen, daß sich die Söhne durch so viel unverdiente Aufmerksamkeit leer, unwürdig und auch schuldig fühlen. Sie können nie mit Sicherheit sagen, ob andere sie aufgrund ihrer eigenen Person und ihrer eigenen Fähigkeiten oder nur aufgrund des väterlichen Ruhms persönlich oder beruflich akzeptieren.

Kathy Cronkite hat Interviews mit 26 Kindern prominenter Eltern und ihre eigenen Erfahrungen zu einem Buch verarbeitet, in dem sie die positiven und negativen Auswirkungen prominenter Väter auf das Leben ihrer Kinder beschreibt. Sie beschreibt ihr eigenes Leben am Rande des Scheinwerferlichts. Gemeinsame Restaurantbesuche der Familie wurden häufig von Fans gestört, die an den Tisch kamen und ihren Vater um ein Autogramm baten. Und wenn Leute mit ihr sprachen, fragten sie meist zuerst, wie es ist, wenn man die Tochter von Walter Cronkite ist.

Die folgende Episode ist erhellend: »Ich weiß noch, wie ich einmal mit meinem Vater über etwas sehr Persönliches sprach, als ein Mann mich zur Seite stieß und ihn nach der Situation im Nahen Osten fragte. Dieser Mann hatte mich buchstäblich weggestoßen und aus dem Weg geräumt. Wenn man dreißig ist, kann man damit umgehen, aber wenn man sechs oder sechzehn ist, ist das sehr schwer zu akzeptieren.[1]«

Das Buch ist Paul Newmans Sohn Scott gewidmet, der 1978 an einer freiwilligen Überdosis starb. Kathy war mit ihm befreundet, seitdem sie nach Hollywood gekommen war, um Schauspielerin zu werden. Sie beschreibt ein Erlebnis mit ihm auf einer Party:

»Eines Abends hörte ich, wie Scott jemandem vorwarf, er sei nur wegen seines Vaters an ihm interessiert, obwohl der Betroffene gar nicht wußte, wer sein Vater war. Kurz danach schnauzte er jemand anderen aggressiv an: 'Weißt du nicht, wer mein Vater ist?'[2]«

Auch Scott Newman lebte »am Rande des Schweinwerferlichts«, und das war zum Teil für seine Tragödie verantwortlich. Er arbeitete sporadisch als Stuntman beim Film. Es gelang mir, ein Tiefeninterview mit einer seiner Schwestern zu machen, die die Probleme, die ihr Bruder durch seinen prominenten Vater hatte, aus eigener Erfahrung sehr gut kannte. Ihre Beschreibung der Beziehung zwischen Scott und Paul Newman zeigt, welche Probleme und Konsequenzen die Prominenz eines Vaters mit sich bringen kann:

»Eines Abends waren wir alle zum Abendessen in unserem Haus in Brentwood. Vater und Mutter und zwei meiner Schwestern waren da. Nach dem Essen ging ich nach hinten, um ein paar Sachen zu waschen, und da sah ich hinter dem verschlossenen Tor ein bebrilltes Gesicht. Zuerst hatte ich Angst, aber dann erkannte ich Scott. Es war ziemlich unheimlich, wie er da hinter dem großen Eisentor stand; es machte sichtbar, wie weit er sich selbst zum Außenstehenden und zum Zuschauer in der Familie gemacht hatte. Es war ungefähr ein Jahr, bevor er an einer Überdosis von Tabletten und Alkohol starb.

Wir haben in dieser Nacht lange da draußen beim Hintereingang geredet. Ich weiß noch genau, daß er erst sagte, er liebe mich, Vater und die ganze Familie sehr, er fände es schrecklich, wie alles gekommen sei, könne es aber irgendwie nicht auf die Reihe bringen. Und eine Minute später machte er ein kaltes und böses Gesicht und war beleidigend, fast gewalttätig. Er wurde in dieser Nacht sehr feindselig und verdammt laut. Mein Vater muß ihn gehört haben, denn er kam zur Hintertür und fragte: 'Was ist denn hier los.' Vater wollte wirklich mit ihm reden. Ich wußte, daß er ihn sehr liebte und ihm wirklich helfen wollte, aber irgendwie klappte es nicht. Damals sagte Scott, er wolle nicht mit ihm sprechen. Die ganzen Gespräche mit Vater und den Psychotherapeuten hätten nichts gebracht.

Vater tat, was er konnte. Als ich jünger war, haben sie viel zusammen unternommen und viel miteinander geredet. Aber natürlich war Vater immer ungeheuer beschäftigt. Und wenn er einen Film machte, war er für uns einfach nicht vorhanden. Ich bin sicher, daß Scott sehr viel öfter mit ihm zusammensein wollte, als er durfte. Wenn jemand, den man liebt und braucht, nur ab und zu mal ein paar Stunden Zeit für einen hat, dann liebt und haßt man ihn gleichzeitig. Wenn man jemanden wirklich liebt, so wie Scott Vater geliebt hat, dann haßt man die Tatsache, daß er nicht bei einem sein kann. Ich glaube, das ist der Grund, warum Scott so viel Wut in sich hatte.

Wir haben durch unsere Familie viele Vorteile gehabt. Es gab zum Beispiel immer eine helfende Hand oder ein Auffangnetz, wenn wir es brauchten. Wir hatten genug Geld, und wir hatten den Namen. Wir konnten immer bis zum Äußersten gehen, egal, was wir taten, weil wir wußten, der Name trägt uns. Vielleicht hat Scott geglaubt, jemand würde ihn in letzter Minute retten. Aber diesmal ist die helfende Hand nicht aufgetaucht.

Mein ganzes Leben lang habe ich geglaubt, ich müsse berühmt und erfolgreich werden. Scott ging es genauso, das weiß ich. Ich habe erst vor kurzem gelernt, daß ich nur dann berühmt werden muß, wenn ich es will. Das hat mich erleichtert und viel glücklicher gemacht. Vielleicht hat Scott das nie erfahren und ist bei dem Versuch gestorben, ein zweiter Paul Newman zu werden. Aber das konnte nicht klappen, denn mein Vater ist einfach einmalig.«

Scott Newman lebte im Schatten des öffentlichen Bildes seines Vaters, und das hatte zweifellos immer Auswirkungen auf ihre Beziehung. Paul Newman selbst sagt über die Auswirkungen seines Images: »Es gibt Menschen in meiner Verwandtschaft und näheren Bekanntschaft, die von meinem Namen profitieren können. Anderen, z.B. meinem Sohn, hat mein öffentliches Image vielleicht geschadet. Aber selbst wenn ich es könnte, würde ich das, was ich bin, nicht um der Menschen willen ändern, die ich liebe. Ich will, daß es ihnen gutgeht, aber ich kann ihnen nicht immer so helfen, wie sie möchten. Ich muß mein eigenes Leben leben, so gut ich kann, und ich kann meine Persönlichkeit nicht ändern.«

Dieser Kommentar trägt zum Verständnis der Vaterrolle prominenter Männer bei, gilt aber grundsätzlich für Männer in allen gesellschaftlichen Positionen. Allerdings wird der Stil eines prominenten Vaters meist von seinem öffentlichen Image und Erfolg beeinflußt. Es gibt nur sehr wenige Männer, die großer Erfolg und Ruhm kalt läßt. Berühmtheit fördert zwangsläufig eine Tendenz zur Egozentrik, und das beeinflußt unweigerlich den Vaterstil.

Wie der Status kann auch der kulturelle, ethnische oder religiöse Hintergrund eines Mannes seinen Vaterstil zutiefst beeinflussen. Amerikanische Männer irischer, italienischer, jüdischer oder Yankee-Herkunft entwickeln aus ihrem Familienkontext und seinen Strukturen sehr spezifische Vaterstile.

Dr. Paul Barrabee und Dr. Otto Von Mering von der Harvard University haben eine Untersuchung vorgelegt, die Aufschluß über die prototypischen Stile von Vätern in verschiedenen soziokulturellen und ethnisch-religiösen Milieus gibt. Die Autoren haben 69 amerikanische Familien irischen, italienischen, jüdischen und Yankee-Ursprungs untersucht.[3]

Danach steht der typisch irisch-amerikanische Vater seinem Sohn eher distanziert gegenüber, fühlt sich aber berechtigt, ihn in praktisch allen Bereichen zu überwachen. Er kritisiert, wie übrigens auch die Mutter, häufig das Aussehen und Verhalten des Sohnes, um seine untergeordnete Position zu unterstreichen. Für den Sohn ist das belastend und ärgerlich. Trotzdem gibt es bei irischen Söhne keine typischen negativen psychischen Reaktionen auf die Väter. Der Untersuchung zufolge akzeptiert der Sohn seine Unterordnung unter den Vater in der Regel ohne größere Konflikte, vor allem deshalb, weil die Mutter ihm seine Unterlegenheit weitaus häufiger vor Augen führt.

Die irisch-amerikanische Mutter trägt anscheinend die Hauptverantwortung für die Erziehung, auch wenn der Vater dem Haushalt vorsteht. In dem folgenden Interviewausschnitt beschreibt ein einundvierzigjähriger Mann aus einer solchen Familie den Stil seines Vaters und die erzieherische Situation in seinem Elternhaus:

»Mein Vater war ein Arbeiter, nicht gebildet, auf seine Art klug, ein gutmütiger Mann, der gern lachte. Er war sehr groß und sehr stark, aber ich kann mich nicht erinnern, daß er je bewußt einen Menschen oder ein Tier verletzt hätte. Er hat meinen Bruder und mich nie geschlagen. Seltsamerweise hatte ich am meisten Angst vor seiner verzweifelten Wut, wann immer einer von uns verletzt wurde.

So weiß ich z.B. noch, wie ich mir einmal beim Fußballspiel den Kopf aufgeschlagen habe und mit blutüberströmtem Gesicht nach Hause kam. Die Verletzung selbst machte mir weniger aus als der Gedanke an die Wut meines Vaters bei diesem Anblick (bzw. das, was mir wie Wut vorkam und auch als Wut durchging). Ich weiß mittlerweile, daß er nicht wütend auf uns war, sondern meinen Bruder und mich vor jeder Verletzung schützen wollte. Das war vielleicht keine besonders kluge Einstellung, aber bestimmt eine sehr liebevolle.

Als ich zwanzig war, litt ich unter Bauchschmerzen und nächtlicher Übelkeit, deren Ursache sich eine Weile jeder Diagnose entzog, bis es sich eines Nachts als Blinddarmentzündung erwies. In dieser Nacht waren die Schmerzen so groß, daß ich aufstand und ins Wohnzimmer ging. Mein Vater, der bei jedem ungewohnten Geräusch sofort aufwachte, kam, um nachzusehen, was los war. Man konnte in dieser einsamen Nachtstunde nicht viel tun. Keiner von uns dachte daran, den Notarzt zu rufen, weil der Hausarzt, vor dem wir Respekt hatten, versichert hatte, der Operationstermin in der folgenden Woche sei früh genug. Also blieb mein Vater bei mir und versuchte tatsächlich, mich auf den Schoß zu nehmen und auf diese mystische, irrationale Art und Weise den Schmerz ein wenig zu lindern. Es machte mich ziemlich verlegen, wie ein kleines Kind behandelt zu werden, aber getröstet hat es mich doch.

Als Kinder versorgte uns meine Mutter, wie es in der Gegend üblich war, sie erzog uns und bestrafte uns auch direkt. Sie drohte nur selten damit, dem Vater von unserem Ungehorsam zu berichten, wenn er von der

Arbeit kam, was ja bedeutet hätte, die notwendige Strafe aufzuschieben und diese unangenehme Pflicht dem Mann zu übertragen. Trotzdem war er der Haushaltsvorstand, d.h. er trug im wesentlichen die finanzielle Verantwortung und galt als grundsätzlicher Beschützer der Familienmitglieder. Wie er die Disziplin seiner Söhne garantierte? Ich weiß nicht, ob mein Bruder dasselbe empfunden hat, aber bevor ich etwas tat, was aus dem Rahmen des Üblichen fiel, habe ich mich oft gefragt, ob das meinen Vater verletzen könnte oder ob er sich meiner schämen würde, wenn es herauskäme.

Wir hatten ein Spiel, an dem wir alle beteiligt warem. Wenn mein Bruder und ich zur Schlafenszeit trotz aller Aufforderungen nicht ins Bett wollten, drohte meine Mutter, gleich käme mein Vater und würde uns mit dem langen Stiel der Bürste verhauen, mit der sie die Heizkörper sauber machte. Dann stürmte mein Vater in unser Schlafzimmer und schlug unbarmherzig auf das Fußende der Bettdecke ein, ohne daß wir auch nur einen Schlag abbekommen hätten, während mein Bruder und ich unter die Bettdecke krochen und kicherten. Wir drei, mein Vater, mein Bruder und ich, waren gemeinsame Verbündete gegen die Autorität meiner Mutter. Aber im Grunde wußten wir selbst damals ganz genau, auch wenn wir es noch nicht ausdrücken konnten, daß meine Mutter das Spiel von Anfang an durchschaute.

Auf jeden Fall hat es geklappt..«

In jüdisch-amerikanischen Familien gibt es häufig eine ganz spezifische Vater-Mutter-Sohn-Konstellation. Die Ergebnisse der Harvard-Untersuchung decken sich mit meinen eigenen Forschungsergebnissen über diese Familienkonstellation. Danach neigen die Mütter zu Überbehütung und offenen Zärtlichkeiten, sie erziehen mittels Liebesentzug und ähnlichen Methoden, die zu Schuldgefühlen führen.

Typische jüdisch-amerikanische Väter strafen wenig, sie ordnen sich genau wie die Söhne ihren Frauen unter. Weil die Macht der Väter in dieser Familienkonstellation begrenzt ist, stehen die Söhne ihren Vätern kaum negativ gegenüber, akzeptieren aber die Rollenmodelle der eher mitleiderregenden machtlosen Vaterfiguren auch seltener als Kinder aus anderen Familien.

Ich stamme aus einer jüdisch-amerikanischen Familie, und meine eigene Erfahrung bestätigt die Ergebnisse der Studie. Mein Vater wurde von meiner repressiven, strafenden Mutter beherrscht, und das hatte Auswirkungen auf die Familienstruktur und den väterlichen Erziehungsstil, der für viele jüdisch-amerikanische Väter typisch ist, wie meine Interviews gezeigt haben. Im Prinzip war meine Mutter für die Erziehung verantwortlich, aber gelegentlich forderte sie ihn streng auf, mich zu bestrafen, was er dann auch tat. Er selbst behauptete seine väterliche Autorität kaum.

Als ich ein Teenager war, hatten diese Strafen ein festes Muster. Er sagte: »Warum ägerst du deine Mutter? Du weißt doch, wie nervös sie ist. Willst du, daß sie verrückt wird wie deine Tante Minnie? Benimm dich doch anständig, um Gottes willen.« Diese Predigt, die mir Schuldgefühle machte und den Schwerpunkt von meinem schlechten Benehmen auf die Probleme meiner Mutter verschob, gipfelte dann in dem Appell an die Vernunft: »Schließlich ist sie in den Wechseljahren.«

Mit dieser Strafpredigt vermittelte er mir zum einen, daß mein schlechtes Benehmen nur deshalb zu bemängeln war, weil sich meine Mutter darüber ärgerte und diesen Ärger dann gegen ihn richtete; er selbst hatte keine Meinung dazu. Zum anderen beschwor er die Gefahr, mein Ungehorsam könne meine Mutter in den Wahnsinn treiben (»schließlich ist sie in den Wechseljahren«). Gleichzeitig machte uns dieser Prozeß zu Verbündeten gegen sie (»tu ja nichts, was zu 'Hitzewellen' führen oder sie aus der Fassung bringen könnte - bewahre den Frieden«). Wie die meisten schwachen jüdisch-amerikanischen Väter mit einer starken »jiddischen Mamme« als Ehefrau tat er aus eigenen Antrieb gar nichts. Im Erziehungsprozeß war er nichts als ihr Stellvertreter, der versuchte, sich vor ihrem ständig schwelenden Zorn zu schützen, der beim kleinsten Anlaß auflodern konnte.

Den größten Teil meines Lebens stand ich meiner tyrannischen Mutter feindselig gegenüber. Erst sehr spät (mit fast vierzig Jahren), sah ich allmählich ein, daß mein »jiddischer Papa« und sein furchtsamer, kein bißchen selbstbewußter Stil als Vater problematischer für mich war als meine Mutter mit ihrer offenen Haltung. Die Situation bei uns zu Hause wäre psychisch gesünder gewesen, wenn er ihr Paroli geboten und sich gegen sie durchgesetzt hätte. Seine eigenen Wurzeln in einer jüdischen Familie (also die Spiegelung seiner eigenen Eltern) führten bei ihm zu einem für diese Familienstruktur typischen schwachen Vaterstil.

Söhne aus italienisch-amerikanischen Familien werden, wie die Untersuchung von Barrabee und Von Mering gezeigt hat, von beiden Eltern aufgrund ihres Geschlechts bevorzugt behandelt. Offene Zärtlichkeit spielt keine große Rolle. Die Mütter sind in der Regel übertrieben besorgt um ihre Söhne, zum Teil wegen des überlegenen Status des Mannes und zum Teil aufgrund ihrer Sorge um ihr körperliches Wohlbefinden. Durch die Strenge der Väter, die in der Regel körperlich strafen, bekommen die Mütter eine Pufferfunktion zwischen den Söhnen und ihnen. Dadurch fühlen sich die Söhne verpflichtet, mütterliche Anweisungen ohne Zögern zu befolgen, und das verstärkt die emotionale Abhängigkeit von den Müttern noch. Zwar genießen die Söhne den Schutz der Mutter gegen den Vater, aber weder Vater noch Mutter zeigen Interesse für ihre persönlichen Probleme. Die extreme Strenge der Väter führt bei den Söhnen meist zu einer mit Furcht durchsetzten Achtung. Sie sind nicht imstande, das Rollenmodell der Väter abzulehnen.

Die typischen Yankee-Väter sind nicht besonders dominant und neigen kaum zu körperlichen Strafen. Als Rollenmodell werden sie häufig abgelehnt; die Intensität der Gefühle, die die Söhne ihren Müttern entgegenbringen, fehlt im Verhältnis zum Vater meist. Die Studie ergab, daß sich diese Söhne nur schwer mit bestimmten Verhaltensweisen des Vaters identifizieren können und praktisch ganz von der emotionalen Führung durch die Mutter abhängig sind, was sie sehr belastet. Die Mütter in Yankee-Familien wenden wohl am meisten das Mittel des Liebesentzugs ein, aber anders als die jüdisch-amerikanischen Mütter geht es ihnen nicht darum, daß die Verfehlung die eigenen Gefühle verletzt. Ihr Schwerpunkt liegt auf den moralischen und religiösen Verflechtungen der Verfehlung, die vage das gesamte Verhalten der Söhne durchziehen und eine schwere Belastung für sie darstellen, die dann zu starken und tiefgehenden Schuld- und Minderwertigkeitsgefühlen gegenüber ihren Mütter führen. Diese moralischen Verflechtungen ihres gesamten Verhaltens stellen eine große Belastung für die Söhne dar, die zutiefst emotional auf die Mütter reagieren, zu deren Gefühlswelt aber auch ein beträchtlicher Anteil von Schuld- und Minderwertigkeitsgefühlen gehört. Der Prototyp des Yankee-Vaters hat seinen Ursprung in dem starken patriarchalischen Bild des bäuerlichen Hausvaters, das dem Bild der Gründerväter des Landes entspricht, überlebensgroßen Figuren, die für die physischen und psychischen Bedürfnisse ihrer Familie sorgten und gleichzeitig aus der Wildnis eine Zivilisation schufen.

Diese Väter waren hart, aber liebevoll. Lorne Greene, der »König der Ponderosa« aus der Fernsehserie »Bonanza« spielt diesen Patriarchen, das Idealbild des bäuerlichen Vaters. Ein anderes positives Stereotyp, das die Massenmedien in die amerikanische Psyche eingeschrieben haben, war Richter Hardy (Lewis Stone), der Vater von Andy Hardy (Mickey Rooney).

In den dreißiger und vierziger Jahren hatten die Andy-Hardy-Filme ein breites Publikum. Die Betrachter fühlten sich bei der Darstellung dieser typisch amerikanischen Beziehung zwischen Richter Hardy und seinem »verrückten« Sohn Andy geborgen.

Echt amerikanische Söhne hatten damals keine Drogenprobleme und gingen bei einem Mädchen nie »bis zum letzten«. In einer Zeit ohne Pille und Verhütungsmittel war ein Kuß augenscheinlich der Schlußpunkt zwischen Teenagern. Trotzdem war Andy in den typischen Andy-Hardy-Filmen immer in irgendwelchen Schwierigkeiten, wenn sie auch nach heutigen Maßstäben kaum mehr als solche bezeichnet werden können. Aber wenn Mami dann ihren Sohn an seinen klugen und allwissenden alten Vater verwies, wurden die Probleme im klassischen amerikanischen Gespräch unter Männern unweigerlich gelöst. Natürlich handelte es sich dabei nicht um die komplizierten Probleme heutiger Teenager, die sich einen Tripper einfangen, mit Heroin vollpumpen, die romantische Freundin zusammenschlagen oder wegen bewaffneter Raubüberfalle in den Knast kommen. Diese früheren amerikanischen Wahrnehmungen und Bilder von Söhnen wie Andy und Vätern wie Richter Hardy gibt es noch in kleinen Orten im ländlichen Mittelwesten. Aber diese Stilelemente im Umgang von Vätern und Söhnen verschwinden aus der amerikanischen kulturellen Landschaft in dem Maße, in dem diese kleinen Gemeinden verstädtern und mit den sozialen Probleme der Großstadt konfrontiert werden.

Grundtypen des Vaterstils

Der ganz individuelle Vaterstil eines Mannes ist Resultat verschiedener Einflüsse: An erster Stelle die Auswirkungen der unterschiedlichen sozioökonomischen und kulturellen Faktoren, dann der Eindruck, den das Rollenmodell des eigenen Vaters hinterlassen hat, die individuelle Persönlichkeit und andere soziale Einflüsse. Meine Untersuchungen haben gezeigt, daß bestimmte Elemente der jeweils individuellen Väterstile grundlegend festlegen, wie ein Vater seine Rolle in der dynamischen Familienbeziehung agiert. Die meisten Väter, ob liebevoll oder kalt und distanziert, durchleben im Verhältnis zu ihren Söhnen Phasen von Haßliebe, auch wenn der Grundstil als Vater konstant bleibt, und selbst ein prinzipiell verständnisvoller Vater tritt in bestimmten Beziehungsphasen in Konkurrenz zu seinem Sohn. Trotzdem gibt es bei so gut wie allen Vätern eine Grundmodalität der Vaterrolle, die sich bei amerikanischen Männern einzeln oder in verschiedenen Zusammensetzungen in fünf Kategorien einordnen lassen.

1. Väter als mitfühlende und liebevolle Doppelgänger

Bei Vätern dieses Typs handelt es sich in der Regel um psychisch gesunde Männer, die die Bedürfnisse der Söhne vor die eigenen stellen, großzügig sein und dem Sohn eine zentrale Rolle einräumen können. In dieser Fähigkeit zeigt sich bei solchen Vätern das Ausmaß ihres Verständnisses und ihrer Liebe. Sie können für den Sohn ihre eigenen Bedürfnisse zurückstellen.

Außerdem können sie ihre Söhne »doppeln«. »Doppeln« bei einem Vater bedeutet, in den ersten Jahren so intensiv wie möglich eins mit den Gefühlen des Sohnes zu werden und sich auch danach immer wieder in die Person des Sohns zu versetzen. Durch diese Doppelgängerhaltung kann man Freude und Schmerz des Sohnes mitfühlen. Es handelt sich dabei also um eine intensiv einfühlende Form der Liebe, zu der die Fähigkeit gehört, sich in wichtigen emotionalen Situationen in die Rolle des Sohnes versetzen zu können.

Für diesen Vatertyp ist der Wunsch nach einem Sohn Bestandteil des Lebensplans. Seine Reaktionen auf die Geburt des Sohnes grenzen an Poesie. Er erlebt diese Geburt als die Erfüllung des eigenen Lebens oder zumindest als eine seiner herausragendsten Erfahrungen. Die doppelnden Eigenschaften solcher Väter werden in den folgenden, wörtlich wiedergegebenen Erinnerungen eines fünfzigjährigen Mannes an die ersten Lebensjahre seines Sohnes deutlich:

Die Nacht, als er geboren wurde - ein wunderschöner Herbstabend in einem kleinen Krankenhaus am Mittelmeer. Er war ein wunderschönes Baby, gut gebaut, mit klaren, sanften Zügen - nicht die typischen groben, verwischten Züge Neugeborener.
Ein Gang durch die Felder; ich hielt ihn in den Armen. Er war so leicht und gluckste und krähte unaufhörlich. Ein Spaziergang durch die Straßen mit dem Kinderwagen. Die Leute blieben stehen, um ihn anzusehen. Bemerkungen über seine Schönheit.
Er war ungefähr drei. Ich saß am Abend des vierten Juli auf dem Bürgersteig und hatte ihn auf dem Schoß. Er hatte seinen Schlafanzug

an. Er jauchzte vor Freude über die bunten Feuerwerksraketen. Als er sechs war, brachte ich ihn zur Schule. Er hatte einen kleinen Anzug an mit einer Fliege. Er war göttlich, und ich war voller Liebe, ein schmelzendes Gefühl der Freude, daß es ihn gab.

Wenn ein liebevoller Vater so starke Gefühle für seinen Sohn hegt, bleibt in der Regel eine fürsorgliche Haltung bestehen, die für beide von Gewinn ist. In den meisten Fällen entwickelt sich durch diese liebevolle Bindung beim Vater wie beim Sohn eine von Fürsorge geprägte Lebenshaltung. Aber trotz aller positiven Merkmale gibt es auch Einwände gegen diesen Vaterstil. Die Liebe überwindet eben doch nicht alles.

Kein Vater, wie liebevoll oder mitfühlend auch immer, kann seinen Sohn total beeinflussen. Kameraden, Mutter, Geschwister und soziales Umfeld können negative Einflüsse auf den Sozialisationsprozeß haben, und auch wenn ein liebevoller Vater viele Probleme seines Sohnes abblocken und lösen helfen kann, kann er doch nicht immer allen negativen Auswirkungen begegnen.

Mir ist aufgefallen, daß liebevolle Väter in ihrem Versuch, sämtliche negative Einflüsse zu verhindern, ihre Söhne manchmal in einer schützenden Abhängigkeit halten, wenn Liebe, Mitgefühl und Doppelgängerhaltung zu stark werden.

So hat es unter Umständen schädliche Auswirkungen, wenn solche Väter ihren Söhnen den Schmerz des Versagens auf Biegen und Brechen ersparen wollen, denn diese Erfahrung ist sehr wichtig für den Entwicklungsprozeß. Väter mit Doppelgängerhaltung können sich ein Versagen ihrer Söhne nur schwer eingestehen, weil sie damit gleichzeitig ihr eigenes Versagen zugeben müßten. Häufig versichern sie dem Sohn in solchen Fällen, es sei alles in Ordnung, auch wenn das nicht wahr ist. Jeder Mensch muß lernen, effektiv mit Versagen und Verlieren umzugehen. Wenn Väter mit ihrer Doppelgängerhaltung alle Schläge des Lebens für ihre Söhne abfangen, können sie damit verhindern, daß diese den Umgang mit normalen Erfahrungen lernen. In letzter Konsequenz schließt dieser gutgemeinte Vaterstil den Sohn in einen warmen, liebevollen, aber unrealistischen Kokon ein.

Ein Mann, den ich interviewt habe, liebte z.B. seinen Sohn so sehr, daß er auf all seine Fehlschläge mit totalem Mitgefühl und totaler Unterstützung reagierte. Als der Junge in der Schule sitzenblieb, zeigte er ihm, daß ihm das nicht wichtig war: »Ich weiß, wie intelligent du bist - der Lehrer ist ein Idiot.« Aus seiner überfürsorglichen Einstellung heraus überschüttete er den Sohn außerdem mit allen Luxusgütern, die Kinder und Jugendliche nur haben können: Fahrräder, Motorräder, Autos, Taschengeld etc. wurden ihm bedingungslos und ohne eigene Anstrengungen zur Verfügung gestellt. Der Junge schwamm in Überfluß und bedingungsloser Liebe - und wäre fast darin ertrunken. Wenn er mit den realistischeren Reaktionen der Außenwelt konfrontiert wurde, wurde er wütend auf die Leute, deren Spielregel lautete: »Du bekommst etwas, wenn du etwas gibst.« Durch die totale Akzeptanz seines Vaters war er nicht fähig, in der realen Welt zu bestehen.

Eine weitere negative Konsequenz des Vaterstils der mitfühlend-liebevollen Doppelgängerhaltung kann darin bestehen, daß diese Väter, ohne es zu wollen, ihren Söhnen unerreichbare Ziele setzen. Der Sohn, der vom Vater bedingungslos akzeptiert wird, liebt ihn und will ihm Freude machen. Deshalb sind ihm die freudigen oder schmerzlichen Reaktionen des Vaters auf seine Erfolge oder Mißerfolge in der Schule, beim Sport oder mit Freunden wichtiger als die Ereignisse selbst. Durch diese Überidentifikation stellt sich der Sohn dann um des Vaters willen unter einen ungeheuren Erfolgsdruck und programmiert letztlich damit den Mißerfolg.

Mir ist z.B. bei Sportveranstaltungen mit Kindern aufgefallen, daß die Wirkung von Macho-Vätern, die ihre ballspielenden Söhne bei Irrtümern oder Fehlern direkt anbrüllen, nicht so negativ ist wie die Wirkung der Reaktion des mitfühlend-liebevollen Vaters. Macho-Väter zeigen ihr Mißfallen offen; das gibt dem Kind die Möglichkeit, mit der Situation umgehen zu lernen. Aber Söhne von übertrieben liebevollen Vätern mit Doppelgängerhaltung, die bei all ihren Mißerfolgen für sie und mit ihnen leiden, können sich meist nur mit ihnen identifizieren.

Fehler oder Fehleinschätzungen bei Mannschaftsspielen lassen sich nur schwer rationalisieren, wenn die ganze Umgebung negativ darauf reagiert. Vater und Sohn verstricken sich in dem Wunsch, sich gegenseitig zufriedenzustellen. Der Vater leidet, weil sein Sohn einen Fehler gemacht hat, und der Sohn fühlt sich schuldig, weil er das Leid des Vaters verursacht hat. Er beginnt zu »drängeln«, sei es auf dem Spielfeld oder im Leben, weil er spürt, daß Fehler seinen Vater verletzen.

Wie die klassische »jiddische Mamme« kann auch die übertriebene Doppelgängerhaltung des Vaters den Sohn so überwältigen und ersticken, daß er durch diesen permanenten starken Druck schließlich versagt. Trotz all seiner Liebe erlaubt das erdrückende Verhalten des mitfühlend-liebevollen Vaters dem Sohn nicht, eine eigene Identität zu erarbeiten und den Umgang mit der Realität des Lebens zu lernen.

2. Kumpelväter

Viele Männer der ersten Gruppe sind ihren Söhnen eher Kameraden als Väter. Sie können den Vaterstatus nicht übernehmen, weil ihre Selbstwahrnehmung keinen Raum für Überlegenheit oder Macht über andere läßt. Unabhängig von ihrem Alter bleiben sie Jungen oder Sohn-Typen, die versuchen, sich zu ihren Söhnen wie »Kumpel« oder gleichaltrige Kameraden statt wie Väter zu verhalten. Psychisch sind sie Kinder geblieben; ihnen fehlt die nötige Reife für die Vaterrolle. Sie lieben ihren Sohn wie einen Bruder, aber ihr Kumpelverhalten flößt kaum Respekt ein und bietet auch kein Rollenideal, dem sich nacheifern ließe.

Kumpelväter haben meist viele Probleme mit sich und der Außenwelt und sind selten leistungsorientiert. Sie besprechen ihre Probleme gern mit ihren Söhnen, wodurch sie sie aber letztlich nur unnötig und vorzeitig belasten. Solche Väter bestrafen ihre Söhne selten, weil sie keine klaren Verhaltensregeln haben; wenn sie strafen, dann meist nur als ausführende Organe der Ehefrauen, die in der Familie im Verhältnis zum Mann wie in der Erziehung der Söhne dominieren.

Mein Vater gehörte in diese Kategorie. Er erzählte uns immer von seinen Problemen und belastete uns so mit einer düsteren, schicksalsgäubigen Weltsicht. Mein Vater hat mich nur bestraft, wenn meine Mutter ihm in den Ohren lag, er müsse »etwas« unternehmen. Dabei vermittelte er mir im Grunde, ihm sei mein schlechtes Benehmen (was immer es auch war) egal, aber es rege eben meine Mutter auf, und der Ärger meiner Mutter brachte wiederum ihn in die Schußlinie. Seine Aufforderung, ich solle mich »zusammenreißen und auf dem rechten Weg bleiben« beruhte also nicht auf seinen eigenen Verhaltensvorschriften, sondern auf den Schwierigkeiten, die ihm meine Mutter machte. In vieler Hinsicht war er keine Vaterfigur, sondern ein unterdrückter älterer Bruder, ein weiteres Kind meiner Mutter. Eine solche »Bruder«-Rolle verweigert die väterliche Überlegenheit.

Eine Bemerkung, die er in letzter Zeit einmal mir gegenüber fallenließ, machte mir dies noch einmal deutlich. Er sagte: »Du weißt das ja nicht mehr, Lewie, aber wenn deine Mutter dich oder einen der anderen Jungen schlagen wollte, habe ich oft gesagt: 'Bevor du sie schlägst, schlag zuerst mich.'«

Ein positives Merkmal von Kumpel-Vätern ist ihre Fähigkeit, mit ihren Söhnen zu spielen. Als »gute Brüder« bringen sie ein freundschaftliches Element in die Beziehung ein, das Söhnen von Konkurrenten oder Macho-Vätern versagt bleibt. Ich habe die gemeinsamen Ballspiele mit meinem Vater sehr positiv in Erinnerung behalten. Ich glaube, er hätte am liebsten mit mir zusammen in der Schulmannschaft gespielt, denn er hat selten ein Spiel verpaßt.

Ein Psychologe sagte in seinem Interview, sein Kumpel-Vater sei »nur ein kleiner Wichser. Er jammerte, winselte und beklagte sich ständig über alles. Meine Mutter beherrschte ihn total. Wenn er uns bestrafte, dann nur, weil sie es befohlen hatte. Er tat es halbherzig, weil er kein Interesse daran hatte, uns großzuziehen. Er war zu verbittert über sein eigenes Elend. Ich glaube, er war immer eifersüchtig auf mich, weil ich der Jüngste in der Familie war. Wahrscheinlich wäre er selbst gern der kleine Bruder gewesen, weil er dadurch automatisch mehr Zuneigung von unserer Mutter bekommen hätte. Das wäre bequemer für ihn gewesen, der Lebenskampf wäre ihm leichter gefallen. Er wäre lieber ein Sohn meiner Mutter gewesen statt Vater.«

3. Macho-Väter

Macho-Väter messen der Männlichkeit allzuviel Bedeutung bei. Für diesen Vatertyp ist der Sohn eine Erweiterung des eigenen Größen-Ichs; mitfühlende Sorge um die Ich-Entwicklung seines Sohnes kommt bei ihm kaum vor. Extreme Macho-Väter sind Männer, bei denen die eigene Männlichkeit und Identität an Leistungen ihrer Söhne gebunden sind, die mit den eigenen egozentrischen Bedürfnissen zu tun haben.

Auch wenn Macho-Väter nicht unbedingt körperlich mißhandelnde Väter sein müssen, fallen doch die meisten brutalen Väter in diese Kategorie. Häufig äußert sich ihre Brutalität nicht körperlich, sondern subtil, emotional und verbal. Sie dirigieren das Leben ihrer Söhne, die nur selten persönliche Autonomie entwickeln können, weil die Werturteile des Vaters, des »Supermanns«, allgegenwärtig sind.

So sagte z.B. ein bekannter Baseballspieler, daß fast alle Probleme, mit denen er sein Leben lang zu kämpfen hatte, im Konflikt mit seinem dominanten Macho-Vater wurzelten. Es war dem Vater gelungen, ihn zu einem Spitzenspieler zu machen, aber nur auf Kosten der psychischen Gesundheit seines Sohnes, dessen häufige Einweisungen in die Psychiatrie überwiegend auf die brutalen Anforderungen des ungeheuer erfolgsorientierten Vaters zurückzuführen waren.

Ein Macho-Vater erlaubt seinem Sohn selten, eine eigene Person zu werden. Er geht als Ich-Erweiterung und im Schatten des Vaters durchs Leben - zu dessen größerem Ruhm. Das Ich des Sohnes steht im Schatten der väterlichen Selbstverherrlichung.

Meinen Untersuchungen zufolge lassen sich bei Söhnen von Macho-Vätern drei Formen der Persönlichkeitsentwicklung unterscheiden:

1. Der Sohn wird zum Spiegelbild des Vaters; durch Nachahmung vollzieht er die totale Kapitulation.

2. Der Sohn rebelliert offen; er reagiert negativ auf alles, was der Vater repräsentiert und was er von ihm wünscht.

3. Der Sohn lebt in passiver Aggression; er gehorcht allen Befehlen, aber unter der Decke seines passiven Äußeren kocht er vor Wut.

Ein Zeitungsinterview mit George S. Patton Jr., dem Sohn von General Patton, zeigt, wie weit ihn die Identifikation mit dem Vater zu seinem Spiegelbild gemacht hat. Er beschreibt unter anderem eine Situation in einer Schlacht, in der er eine Vision hatte:

Als das Schrapnellfeuer der chinesischen Artillerie um mich herum den Boden aufriß, drückte ich meinen Körper gegen die koreanische Erde. Das Funkgerät, mit dem ich Munition für die Truppen anfordern konnte, war 20 Meter entfernt auf der anderen Straßenseite. Ich mußte einfach Munition beschaffen. Die Männer brüllten danach. Es war unglaublich ... ein stählerner Sturm ging über uns nieder. Ich zitterte wie Espenlaub. Ich sah zum Himmel auf und sagte:»Was zum Teufel soll ich tun?« Da sah ich ihn, ganz deutlich. Er sagte:»Geh über die Straße. Es ist deine Pflicht.« Ich stand auf und bekreuzigte mich ein paar Mal. Glauben sie mir, ich habe so etwas noch nicht erlebt, aber als ich mitten auf der Straße war, hörte das Artilleriefeuer auf. Nur für eine Sekunde. Das werde ich nie vergessen.

In dieser Vision, die ihm auf seine verängstigte Bitte hin erschienen war, erkannte der Sohn zweifelsfrei Bild und Stimme seines verstorbenen Vaters, des grandiosen und manchmal empörenden General Pattons, der im Zweiten Weltkriegs zum militärischen Volkshelden geworden war. Patton jr. erzählt in dem Interview, daß ihm sein Vater früher auf die Frage, wie er Feigheit vermeiden könnte, geantwortet hatte: »Dein Blut wird das nicht zulassen.«

»Wie sein Vater fand er sich bei einem Training in Deutschland an einem Ort, an dem Napoleon eine Schlacht geschlagen hatte. Wie seinen Vater überkam auch ihn das überwältigende Gefühl, dort schon einmal gekämpft zu haben. Sein Vater hatte von mehreren solchen Déjà-vu-Erfahrungen berichtet. Er war überzeugt, er hätte bereits als römischer Legionär und später als Ritter der Kreuzzüge in Frankreich gekämpft.[4]«

Patton jr. glaubt nicht, daß er »ganz der Vater« sei. Trotzdem gibt es über ihren gemeinsamen Glauben an Reinkarnation hinaus noch andere verblüffende Ähnlichkeiten zwischen Vater und Sohn. Beide haben die Militärakademie in West Point besucht. Beide sind in Mathematik durchgefallen und deshalb aus der Akademie geflogen. Beide haben für die Wiederaufnahmeprüfung gepaukt und sie bestanden. (Der Sohn besuchte West Point 38 Jahre später als sein Vater.) Beide waren Kommandeure der Zweiten Panzerdivision, übrigens der einzige Fall in der amerikanischen Geschichte, daß eine Division von Vater und Sohn kommandiert wurde.

Die Macht des Macho-Vaters Patton hat die Persönlichkeit seines Sohnes verschlungen. Es gab anscheinend nur zwei Möglichkeiten, auf eine so starke, klare und auf den Beruf fixierte Persönlichkeit zu reagieren: absolute Nachahmung oder absolute Rebellion. Das einzige Anzeichen für die Selbstbehauptung des Sohnes zeigt sich in seiner Entscheidung, sich nicht mehr George Patton IV, sondern George S. Patton Jr. zu nennen.

Die zweite Art der Reaktion auf Macho-Väter, die Rebellion, bedeutet, daß der Sohn, meist im späten Teenager- oder frühen Erwachsenenalter, auf allen Ebenen, auch der sozialen, ökonomischen und politischen, die Gegenposition des Vaters einnimmt. In den späten sechziger Jahren war diese Rebellion sehr weit verbreitet. Die Jugendlichen nutzten ihren historischen Augenblick: sie lehnten sich gegen ihre verklemmten Macho-Väter auf und wurden Hippies, liefen von zu Hause weg und lebten in Kalifornien in Billigunterkünften oder Kommunen.

Ich bin übrigens auch davon überzeugt, daß die homosexuellen Neigungen bei manchen dieser rebellierenden Söhne nichts als eine Reaktion auf ihre Super-Macho-Väter sind. In einem Interview mit einem dieser Väter zeigte sich, daß auch er davon überzeugt war: »Ich weiß, daß mein Sohn eine Tunte wurde, weil er weiß, wie sehr ich das verachte. Es war ein Akt reiner Bosheit, da bin ich ganz sicher.«

Natürlich ist Homosexualität komplexer, als diese simple Analyse vorgibt. Aber es gibt durchaus Fälle, in denen Homosexualität Ergebnis einer aus der Rebellion entstandenen Reaktionsbildung gegen die Forderungen des Macho-Vaters nach hypermännlichem Verhalten ist.

Die Hoffnungen eines Macho-Vaters auf einen übertrieben maskulinen Sohn führen manchmal in eine Sackgasse, in der keiner gewinnen kann. Denn wenn der Sohn den Ansprüchen des Vaters in dieser Beziehung nicht entspricht, ist der Vater enttäuscht, erfüllt er sie aber, ist er unter Umständen maskuliner als der Vater selbst, der sich dann auf seinem ureigensten Terrain geschlagen geben muß. In beiden Fällen erfüllen sich die Hoffnungen des Vaters nicht, er verliert immer.

Die dritte Reaktion auf einen Macho-Vater ist die passiv-aggressive Haltung. Der Sohn, der sich oberflächlich betrachtet der Herrschaft des Vaters unterwirft, kocht innerlich vor Rebellion und Feindseligkeit. So berichtet ein Mann von dem Einfluß seines Vaters, eines Bauarbeiters:

> Mein Vater hat nicht viel mit mir gesprochen, er schlug mich stattdessen oft und hart, wenn ich mich nicht 'wie ein richtiger Mann' verhalten hatte, wie er es ausdrückte. Ich habe oft seinen Tod gewünscht, damit er mich nicht mehr schlagen konnte. Er fand, Schläge seien gut für mich und würden mich abhärten. Sie würden einen Mann aus mir machen. Aber sie haben mich nur völlig eingeschüchtert. Ich war mein Leben lang ängstlich und unsicher. Ich habe solch ungeheure Angst vor Autoritätsfiguren, daß ich mehrere Jobs verloren habe. Jetzt versuche ich, meine Probleme in der Therapie zu lösen.

In meiner therapeutischen Praxis sind mir immer wieder Männer begegnet, die in dieser Weise zum Opfer ihrer herrschsüchtigen, tyrannischen Macho-Väter wurden, die aus ihnen »richtige Männer« machen wollten. Die folgende detaillierte Beschreibung einer Psychodrama-Sitzung zeigt exemplarisch die typische Reaktion eines Sohnes auf seinen Macho-Vater. (Ich beschreibe die Dynamik dieser Sitzung aus zwei Gründen so ausführlich. Zum einen will ich die passiv-aggressive Reaktion eines Sohnes auf seinen Vater darstellen, zum anderen möchte ich anhand dieses Sitzungsprotokolls einige Methoden des Psychodramas vorführen, da ich mich im folgenden immer wieder auf Psychodrama-Sitzungen beziehen werden.)[5]

An der Sitzung nahmen zehn Männer teil. Der Fokus dieser Sitzung lag auf der Vater-Sohn-Beziehung aus der Perspektive des Sohnes. Nach einem einleitenden Gespräch über verschiedene Vätertypen sprachen die Gruppenmitglieder über ihre eigenen Väter, über ihre Gefühle zu ihnen und die Einflüsse auf ihre Persönlichkeit. Ein schüchterner junger Mann sagte, er sei sich über seine Gefühle zu seinem Vater nicht sicher, glaube aber, sein Vater sei ein ausgesprochener Macho und habe seine Person und sein Leben negativ beeinflußt. Ich bat ihn, auf die »Bühne« zu kommen und sich der Gruppe detaillierter vorzustellen. (Diese Selbstdarstellung ist für fast jede Sitzung wichtig, damit sich die Gruppe und der Protagonist selbst in sein Selbstkonzept einstimmen können.) Er sagte: »Ich heiße Dan und bin 25 Jahre alt. Ich bin Büroangestellter. Ich habe das College abgebrochen; es war einfach zu schwer für mich. Ich lebe allein. Ich hätte gerne eine Freundin, aber ich bin zu schüchtern und zu unsicher. Für die meisten Frauen bin ich wohl nicht Manns genug. Solange ich denken kann, hat mein Vater mit allen Mitteln versucht, 'einen Mann' aus mir zu machen. Ich bin eine große Enttäuschung für ihn. Letztes Jahr bin ich von zu Hause ausgezogen, entgegen dem Wunsch meines Vaters. Ich konnte einfach nie mit ihm reden, er hat mir das Leben zur Hölle gemacht.«

Wir spielen die Szene, in der er das Elternhaus verläßt. Ein älteres Gruppenmitglied, ein Mann, der selbst einen Sohn in Dans Alter hat, erklärt sich bereit, die Rolle des Vaters zu spielen. Im Verlauf der Sitzung wird deutlich, daß Dans grundlegender Lebenskonflikt der Konflikt mit seinem Macho-Vater ist. Im weiteren Verlauf der Sitzung zeigt sich, daß er im Gespräch mit dem Mann, der seinen Vater spielt, sehr gehorsam ist und wiederholt »Jawohl, Vater« sagt, gleichzeitig aber so fest dabei die Fäuste ballt, daß die Knöchel weiß werden. Sein »Vater« tobt herum und sagt ihm im wesentlichen in unterschiedlichen Formulierungen nichts anderes als: »Du bist ein Säugling, ein Waschlappen. Ohne meine Unterstützung wirst du es nie schaffen. Also mußt du alles genau so machen, wie ich es dir sage.«

Dann schlage ich Dan vor, mit seinem »Vater« die Rollen zu tauschen.

L.Y.: Jetzt sind Sie Ihr Vater. Wie alt sind Sie?
Dan (als Vater): Vierundfünfzig.
L.Y.: Wie heißen Sie?
Dan (als Vater): Dan.

L.Y.: Nein, jetzt sind Sie Ihr Vater. Wie heißen Sie? (Es geht hier darum, ihn so weit wie möglich in die Rolle des Vaters zu bringen, um dessen Perspektive besser verstehen zu können.)

Dan (als Vater): Roy.

L.Y.: Möchte jemand in der Gruppe Roy eine Frage stellen?

Gruppenmitglied: Lieben Sie Ihren Sohn?

Dan (als Vater): Ich sage es immer, aber ich zeige es nie. Ich weiß nicht, wie man das macht. Mein Vater (Dans Großvater) hat mir auch nie seine Zuneigung gezeigt.

Gruppenmitglied: Warum lieben Sie Ihren Sohn nicht?

Dan (als Vater): Zunächst muß ich mal eins klarstellen. Ich habe den kleinen Bastard nie gewollt. Sie (Roys Frau) hat sich absichtlich schwängern lassen und mich damit zur Ehe gezwungen. Mein Sohn Dan ist ein armseliges Häufchen Dreck. Ich wollte einen athletischen Sohn, einen Kerl. Er ist ein Schwächling.

Jetzt lasse ich Dan wieder sich selbst spielen. Er ist sichtlich erschüttert durch die Äußerungen, die er als Vater über sich gemacht hat.

L.Y.: Gut, Dan. Hier ist wieder Ihr Vater. (Der ältere Mann kommt wieder und spielt die Rolle des Vaters.) Sagen Sie ihm, was Sie wirklich von ihm halten.

Dan (mit rotem Kopf, fast schluchzend): Ich kann nicht. Er ist doppelt so groß wie ich und er wird mich schlagen, wenn ich ein falsches Wort zu ihm sage. Ich habe immer Angst vor ihm gehabt.

Der Gruppe und mir als Leiter wird die Diskrepanz zwischen der Art, wie Dan seinen Vater wahrnimmt, und der Realität bewußt. Dan ist über 1,80 Meter groß, sieht aber seinen wirklichen Vater (der, wie sich später herausstellt, kleiner ist als er) aus der Perspektive des kleinen Jungen.

L.Y.: Ich werde Ihnen jetzt einen anderen Dan als Doppel an die Seite stellen, der Ihnen hilft, Ihren Vater zu konfrontieren.

Ich wähle einen sehr großen und schweren Mann aus der Gruppe, und sage ihm, er solle sich neben Dan stellen. Seine Aufgabe als Doppel besteht darin, Dan zu helfen, sich gegen den Vater zu behaupten. Die Unterhaltung dauert an; der Vater beschimpft Dan als »kleinen Danny«, als »Niete« und »Schwächling«. Dan und sein Doppel gehorchen ihm, so wie Dan seinem Vater auch in der Realität immer gehorcht hat. Der »Vater« äfft ihn nach und reizt ihn mit übertrieben gehorsam betonten »Jawohls«, was der wirkliche Dan mit rotem Kopf unterwürfig wiederholt. Dans geballte Fäuste und seine Körperhaltung strafen die Rolle des gehorsamen Sohnes Lügen, die er oberflächlich betrachtet spielt. Ganz offensichtlich kocht der wirkliche Dan unter der höflichen Oberfläche vor Wut auf den Vater.

An diesem Punkt bitte ich unbemerkt das Doppel, er solle versuchen, Dans feindselige Gefühle seinem Vater gegenüber ans Licht zu bringen. Das Doppel stößt also hervor: »Ich hasse dich, verdammt noch mal. Du Arschloch, ich kann dich nicht mehr sehen - du machst mich verrückt!«

Das entspricht offensichtlich Dans wirklichen Gefühlen, denn jetzt zeigt sich der wahre Dan und stürzt auf den Mann zu, der den Vater spielt. Tierische Laute und Schreie brechen aus ihm heraus. Er umklammert die Kehle seines »Vaters« (im Psychodrama ist die »Kehle« eine zusammengerollte Zeitung, die das Hilfs-Ich hochhält, das den Vater spielt). Jetzt erlebt Dan seine wirklichen Gefühle zum Vater, und er stöhnt und schluchzt minutenlang vor Schmerzen.

Ich gebe dem Mann, der Dans Vater spielt, ein Kissen, das er vor sich hält, und sage zu Dan:

L.Y.: Jetzt können Sie ihn schlagen.

Dan: Ich kann meinen Vater nicht schlagen. Ich habe Angst vor ihm.

L.Y.: Erstens ist das nicht Ihr wirklicher Vater, also können Sie ihm auch nicht wehtun. Außerdem kann ich dafür garantieren, daß der Mann, der Ihren Vater spielt, nicht zurückschlägt. Im Psychodrama bestimmen wir Ausmaß und Form Ihrer Feindseligkeit. Sie haben diese unausgedrückten feindseligen Gefühle Ihrem Vater gegenüber Ihr ganzes Leben lang mit sich herumgeschleppt. Jetzt haben Sie die Gelegenheit, die Intensität dieser negativen Gefühle zu Ihrem Vater zu spüren. Wir alle wollen Ihnen helfen. (Die Gruppe bekundet ihre Anteilnahme und ihren Wunsch zu helfen.)

Zunächst schlägt Dan fürchterlich auf das Kissen ein, das der »Vater« ihm hinhält. Er fängt an zu weinen, agiert aber weiter seine Wut physisch aus und beginnt fast schon, es zu genießen. Als er seine jahrelang aufgestaute Wut auf seinen Vater ausgetobt hat, lächelt er und sagt: »Eigentlich möchte ich den Bastard erwürgen.« Dann erdrosselt er das Kissen, das sein Hilfs-Ich in der Rolle des Vaters ihm immer noch hinhält.

Jetzt, wo der Großteil seiner Wut ausgetrieben ist, versuche ich, Dans Sitzung so zu fokussieren, daß er von seiner feindseligen Selbstbefreiung zu persönlichen Einsichten kommt.

L.Y.: Schlagen Sie jetzt das Kissen wieder so, als wäre es Ihr Vater. Aber diesmal sagen Sie bei jedem Schlag, warum Sie ihn schlagen.
(Dan schlägt hart zu)
L.Y.: Wofür ist das?
Dan: Dafür, daß du mich nie als Sohn gewollt hast.
(Ein neuer Schlag)
L.Y.: Wofür ist das?
Dan: Dafür, daß du dich über mich lustig gemacht hast, als ich klein war, und mich einen Schwächling genannt hast.
(Ein neuer Schlag)
L.Y.: Wofür ist das?
Dan: Für all die Male, als du betrunken warst und meine Mutter schlugst.
(Dan hat jetzt mehr Kontrolle über seine Gefühle, während er methodisch die wesentlichen Gründe für seine Feindseligkeit gegenüber dem Vater betrachtet.)
(Ein neuer Schlag)
L.Y.: Wofür ist das?
Dan: Dafür, daß du dich für mich geschämt hast und mich nie irgendwohin mitgenommen hast.
(Das geht weiter, und verschiedene vorher verdrängte Klagen kommen an die Oberfläche. Jetzt, wo sich seine Wut und seine Feindseligkeit erschöpft haben, ermutige ich ihn, einige seiner positiven Einstellungen zu seinem Vater auszudrücken.)
L.Y.: (zu dem Mann, der Dans Vater spielt) Umarmen Sie Ihren Sohn.
Dan: Das will ich nicht.
L.Y.: Aber ja. Beobachten Sie mal, wie sich das anfühlt.
(Der Mann, der Dans Vater spielt, nimmt ihn in den Arm, und Dan bricht in den Armen seines Psyochodrama-»Vaters« wieder in Tränen aus.)
Dan: Genau das habe ich immer gewollt, Vater, daß du mich einfach lieb hast und mir sagst, daß du mich so magst, wie ich bin. Du hast mich nie so in den Arm genommen.

»Vater«: Ich habe dich immer geliebt, mein Sohn, aber ich habe nie gelernt, wie man das ausdrückt. Kannst du mir verzeihen?

Dan: Das weiß ich nicht.

L.Y. und die Gruppe: Warum vergeben Sie ihm nicht?

Dan: Ich will's versuchen, aber ich weiß nicht, ob ich's kann.

L.Y.: Wenn Sie ihm wirklich vergeben können, dann bekommen sie auch den Haufen Feindseligkeit aus dem Bauch, der sich durch Ihren jahrelangen Haß dort abgelagert hat. Dann sind Sie Ihre Wut los, die Sie gefangen hält. Sie akzeptieren die Selbstzweifel und die Minderwertigkeitsgefühle, die Ihnen Ihr Vater eingeredet hat. Er hat Ihr ganzes Leben lang aufgrund seiner eigenen Bedürfnisse und Probleme eine falsche Propagandakampagne gegen Sie geführt und Sie als Schwächling definiert, weil Sie nicht das getan haben, was er wollte. Für uns sind Sie ein feiner Kerl, der von seinem autoritären Vater gequält wurde. Wenn Sie begreifen, wie Ihr Großvater Ihrem Vater beigebracht hat, daß er seine Lebensrolle in diesem harten Macho-Stil spielen müsse, dann stehen Sie über dem Problem. Wenn Sie dieses negative Familienmuster begreifen, können sie die Kette durchbrechen und Ihrem eigenen Sohn später ein liebevoller, mitfühlender Vater sein.

Mehrere andere junge Männer kamen auf die Bühne und brachten ihre Gefühle zu den Vätern zum Ausdruck, wobei andere Gruppenmitglieder die Väterrolle spielten. Sie konnten Dans Erfahrung nutzen und schnell zum Zentrum ihrer Vaterbeziehung kommen. Dieser Teil der Sitzung ist ungeheuer wichtig, weil er den anderen Gruppenmitgliedern die Gelegenheit zum Ausdruck ihrer Gefühle gibt. Dan kann die Ähnlichkeiten mit seiner eigenen Sitzung erkennen und begreift, daß er mit seinen Problemen nicht allein ist, was für ihn ebenfalls wichtig ist.

Todd, der in Dans Sitzung sein Doppel war, wirkt so, als sei er für eine eigene »Mini-Sitzung« aufgewärmt. Todd war deshalb ein so gutes Doppel für Dan, weil er dessen Gefühle aus seiner eigenen Lebenssituation gut nachvollziehen konnte. Ich arrangiere ihm eine Bühne mit mehreren Personen als Hilfs-Ich, damit er alles, was er an Frustration, Wut und Schmerz über seinen Macho-Vater aufgestaut hat, körperlich ausagieren kann. An diesem Punkt gebe ich ihm eine Battoca (die weiche Waffe, mit der in Gruppensitzungen Wut ausgedrückt werden kann), damit er sich die Wut auf seinen Vater, die er nie hat ausdrücken können, aus dem Leib schlagen kann. Todd nimmt die Battoca an, benutzt sie aber nicht. Er erklärt dem Mann, der seinen Vater spielt, was er fühlt:

»Ich war nur ein Kind. Warum mußtest du mich immer schlagen? Ich habe nie etwas Böses getan. Und du hast auch meine Mutter geschlagen, ohne Grund. Du warst immer betrunken und gemein, und wenn meine Mutter nicht gewesen wäre, hätten wir nie etwas zu essen im Haus gehabt. Ich wollte immer nur alt und groß genug werden, um dich so zusammenzuschlagen, wie du es mit uns gemacht hast, und da bist du krank geworden. Wie kann ich so wütend auf dich sein, wenn du mir doch leid tust? Du bist ein kranker Mann, der nicht mehr aufstehen kann.« Todd wandte sich an die Gruppe und fährt fort: »Ich kann doch einem herzkranken Mann keine gemeinen oder wütenden Sachen sagen. Er schreit andauernd nach meiner Mutter, die ihm dies bringen oder jenes machen soll, und dann beschimpft er sie. Er greift uns persönlich an, beschimpft uns, wir seien häßlich und zu nichts nutze. Er war voller Bitterkeit, und die hat er an uns ausgelassen. Aber meine Mutter hat sich immer schützend vor ihn gestellt, und wir durften nichts gegen ihn sagen, denn das könnte sein Leben verkürzen und würde uns später leid tun. Ich kann ihn nicht schlagen und anbrüllen, selbst hier und jetzt nicht. Ich habe zu viele Schuldgefühle, zu viel Mitleid mit ihm. Das ist es zumindest, was uns meine Mutter eingetrichtert hat. Alles dreht sich jetzt um den ‹armen Vater›, und ich sitze da mit meiner Wut und weiß nicht, wohin damit.«

Dan sagt ihm, wie gut es ihm getan hätte, seine Wut gegen den Vater in der Sitzung auszuagieren. Mit der Unterstützung von Dan, der Gruppe und mir schlägt Todd mit der Battoca auf seinen psychodramatischen Vater ein. Er läßt sich wirklich darauf ein und kann einen Großteil der Wut und des Giftes ausdrücken, das sich in ihm aufgestaut hat. Er schließt damit, daß er der Gruppe mitteilt, daß es ihm jetzt besser geht, nachdem er seine Wut ausgetobt hat.

Dan, der erste Protagonist, hat offensichtlich in der Gruppe viele negative Gefühle zu den Vätern wachgerufen. Einige Gruppenmitglieder machten aber natürlich auch deutlich, daß ihre Väter liebevoll und fürsorglich gewesen seien und daß sie keine solchen Probleme mit ihnen hatten.

An diesem Punkt war die Gruppe bereit für eine allgemeinere Analyse der Sitzung, und ich entwarf die folgenden Punkte für den Umgang mit feindseligen Gefühlen gegen Macho-Väter.

Dan durchlief vier typische Phasen, die in den Sitzungen immer wieder auftauchen, in denen ein Sohn den Durchbruch schafft, alles an Feindseligkeit und Schmerz auszudrücken, was sich in ihm angesammelt hat, weil er seine wahren Gefühle für seinen Vater unterdrücken mußte:

Phase I: die Erkenntnis von Ausmaß und Form der Feindseligkeit;

Phase II: selbstreinigendes Ausagieren der Feindseligkeit gegenüber dem leidbringenden Elternobjekt;

Phase III: Ausdruck des Urschmerzes (nonverbales Stöhnen und Weinen); in gewissem Sinne die Trauer über das erlebte Fehlen der ersehnten elterlichen Liebe;

Phase IV: Vergebung und möglicher Ausdruck von Liebe.

In der ersten Phase lokalisiert der Protagonist (der »Hauptdarsteller«) seine aufgestaute Feindseligkeit und erkennt das Ausmaß seines alten Grolls. Für die Gruppe und für den Leiter des Psychodramas ist es häufig nötig, den Groll des Protagonisten mit Hilfe eines Doppels zu klären.

Im Anschluß daran sollte dem Protagonisten in der zweiten Phase die Möglichkeit gegeben werden, seine ganz spezielle Wut über die vielen leidvollen Jahre auszudrücken. In der Regel drückt der Protagonist seine Feindseligkeit in einem Wutschwall aus, indem er auf ein Kissen einschlägt, sich der Battoca bedient, tritt oder andere Ausdrucksformen für seine Bitterkeit findet. Interessanterweise gibt es bei jedem ein individuelles Muster für den Ausdruck der Wut. Die meisten sind mit Kissen oder der Battoca zufrieden, aber manche brauchen »Gift«, »Pistolen« oder andere Zerstörungsformen.

In dieser Ausdrucksphase ist es wichtig, daß der Protagonist seine Beschwerden genau benennt, so wie Dan bei jedem Schlag sagte: »Das ist, weil du mich nicht gewollt hast, das, weil du nie etwas gut gefunden hast, was ich tat ...« etc. Dieser Prozeß hilft dem Protagonisten, zu begreifen, welche Unzulänglichkeiten auf ihn projiziert wurden, und er versteht das Ausmaß, in dem er diese Projektionen übernommen hat, was dann in Selbsthaß und Minderwertigkeitsgefühlen resultiert.

An diesem Punkt beginnt die dritte Phase; der Protagonist bekommt Kontakt zu seinem tiefen Schmerz, weint und stöhnt. Man muß ihn diesen Schmerz unbedingt erleben lassen und nicht vorzeitig tröstend eingreifen. Er muß soviel Zeit für diese Phase bekommen, wie er braucht. Der Vater (das Hilfs-Ich) ist dabei anwesend.

Der Ausdruck von Liebe und Vergebung in der vierten Phase ist meist nicht so ohne weiteres möglich wie der Ausdruck feindseliger Gefühle. Nach meiner Erfahrung lassen sich Vergebung und Zuneigung meist erst dann wirklich (und nicht nur oberflächlich) ausdrücken, wenn der Protagonist zuvor seine ganzen Feindseligkeitsgefühle gegen seinen Vater ausgedrückt hat. Danach ist er zur Vergebung bereit und kann versuchen zu vergessen. Als Psychodramaleiter betone ich immer, daß die symbolisch und manchmal real ausgedrückte Vergebung nicht dem Vater zugute kommen soll, sondern den Protagonisten entlastet. Denn die Vergebung macht es ihm möglich, die Last seiner Wut abzuwerfen und einen Rachefeldzug aufzugeben, der selbstzerstörerische Verhaltensmuster mit sich bringt und seinem Glücklichsein unzuträglich ist.

Es kommt nur selten vor, daß in einer Sitzung alle vier Phasen durchlebt werden; meist sind mehrere Psychodrama-Erfahrungen nötig (die mit Einzelsitzungen kombiniert sein können). In der Regel ist es notwendig, daß der Klient mindestens in einer Sitzung der zentrale Protagonist ist, um dieses selbstbefreiende Muster zu erfahren. Trotzdem können Gruppenteilnehmer einige (gelegentlich sogar alle) Facetten dieser Erfahrung durchleben, wenn sie sich auf tiefer Ebene mit dem Protagonisten des Prozesses identifizieren. Deshalb ist das Psychodrama nicht nur für den Protagonisten selbst, sondern für alle aktiv teilnehmenden Gruppenmitglieder ein Gewinn.

Die Sitzung, die ich hier ausführlich beschrieben habe, zeigt detailliert, wie komplex die Wut ist, die Macho-Väter in den Söhnen auslösen, die sie beherrschen. Die unterschiedlichen Vaterstile haben ihre je eigenen Auswirkungen auf die Persönlichkeit des Sohnes. Im folgenden geht es um den Vaterstil, der für die Söhne noch problematischer ist als der Macho-Stil:

4. Psychopathische Väter

Das charakteristische Persönlichkeitsmerkmal des psychopathischen Vaters ist sein grundlegender Mangel an Mitgefühl. Es ist sehr bedauerlich, wenn psychopathische Männer Kinder bekommen, denn sie können ihre Kinder nicht zu wirklichen Menschen erziehen. Sie bilden den extremen Gegenpol zu den mitfühlenden, liebevoll-doppelnden Vätern.

Die psychopathische Persönlichkeit weist per definitionem ein durchgängiges Verhaltensmuster auf, dessen Charakteristikum eine fast vollständige Mißachtung der Rechte und Gefühle anderer ist. Die folgenden Persönlichkeits- und Verhaltensmerkmale sind einzeln oder zusammen Kennzeichen für die psychopathische Persönlichkeit: 1. ein eingeschränktes soziales Gewissen, 2. eine Egozentrik, die fast die gesamte Interaktion dominiert und andere zum eigenen Vorteil instrumentell manipuliert (anstatt sich wirklich auf andere zu beziehen), 3. die Unfähigkeit, zugunsten zukünftiger Ziele unmittelbare Freuden aufzugeben, und 4. die Angewohnheit, um persönlicher Vorteile wegen pathologisch zu lügen.

Die psychopathische Persönlichkeit wird von dem beherrscht, was als »moralischer Schwachsinn« oder auch »Charakterstörung« bezeichnet worden ist. Solche Menschen mögen zwar wissen, was richtig und was falsch ist, unterscheiden aber in ihrem Verhalten nicht kohärent zwischen Recht und Unrecht. Kurz, diese Unterscheidung interessiert den Psychopathen eigentlich nicht; er ist moralisch oder charakterlich gestört. Man könnte den Psychopathen am einfachsten als einen Menschen mit einer psychischen Abnormität definieren, bei der es weder offene Anzeichen von Neurose noch Psychose gibt, sondern nur eine chronisch anormale Reaktion auf seine Umgebung. Ein Psychopath besitzt keine Sensibilität für soziale Notwendigkeiten; er verweigert die soziale Kooperation oder ist nicht fähig dazu. Psychopathen sind unzuverlässig, impulsiv und sorglos. Sie besitzen kaum Urteilsfähigkeit, ihre Emotionen sind flach, und sie können nicht begreifen, warum andere negativ auf ihr Verhalten reagieren.

Ein grundlegender Persönlichkeitsdefekt bei Psychopathen ist ihr begrenztes soziales Gewissen in fast allen Beziehungen zu anderen, einschließlich der zu ihren Söhnen. Dieser Defekt zeigt sich am deutlichsten in einem Mangel an echtem Mitgefühl für andere Menschen und an Reue für den Schaden, den er ihnen zufügt.

Ein dominanter Charakterzug beim psychopathischen Vater ist das Fehlen eines echten Interesses an Wachstum und Entwicklung seines Sohnes, selbst wenn er dieses Interesse vortäuscht. In einem Interview mit mir beschrieb ein Mann seinen Vater so:

> Mein Vater sieht gut aus, er hat ein bißchen Ähnlichkeit mit Clark Gable. Er war ein begabter Schauspieler, Schriftsteller und Regisseur und hat in New York bei verschiedenen kleineren Bühnen als Schauspieler und Regisseur gearbeitet und auch Schauspielunterricht gegeben. Im Moment dreht er Pornofilme. Er hat seine eigene Gesellschaft, ist sein eigener Drehbuchschreiber, Produzent, Regisseur und Schauspieler.
> Mit fällt nichts Positives zu meinem Vater ein. An negativem erinnere ich mich an seine Gewalttätigkeit gegen meine Mutter. Er hat sie zusammengeschlagen - es war traumatisch. Sie ging nach Europa,

und kurz danach sah ich meinen Vater mit einer anderen Frau. Das machte mir viel aus und ich war sehr wütend. Damals war ich dreizehn.

Mein Verhältnis zu meiner Mutter war sehr viel enger als das zu meinem Vater. Die ersten zwölf Jahre meines Lebens hatte ich nicht viel mit ihm zu tun. Meine Beziehung zu ihm ging den Bach hinunter, als er sich mit anderen Frauen einließ. Mein Vater kann keine positiven Gefühle zeigen, nur gewalttätige. Er hat mir immer gesagt, ich sei ein Versager. Seine Strafen bestanden in Schlägen mit seinem Gürtel oder mit der Faust.

Mein Vater hat nie Zeit für mich gehabt, weder quantitativ noch qualitativ. Er war total auf sich bezogen. Als meine Mutter ihn verließ und nach Europa ging, lebte ich bei ihm. Ich blieb allein, ohne Aufsicht, weil er so viel am Theater arbeitete. Den Anforderungen der Vaterrolle entsprach er überhaupt nicht, weil er so egoistisch war, und er hat mich auch oft belogen. Er war unfähig, für jemanden zu sorgen oder Zuneigung zu zeigen. Ich wünschte, er hätte mehr Zeit für mich gehabt. Er hatte nie Geld für mich, selbst dann nicht, wenn ich etwas brauchte, nur für sich selbst. Er war in jeder Beziehung der Prototyp eines absolut selbstbezogenen Menschen. Ich wollte immer ganz anders werden als er, aber ich weiß mittlerweile, daß ich ihm in vieler Hinsicht ähnlich bin.

Eines der Merkmale psychopathischer Väter ist ihre Neigung zu schweren, oft unberechenbaren Strafen. Ein junger Mann beschrieb mir die Bestrafungen durch seinen Vater so:

Mir fällt kein besonderes Erlebnis mit meinem Vater ein, das positiv gewesen wäre. Es gibt nur negative, und sie haben alle mit Bestrafung zu tun. Mein Vater bestrafte körperlich und brutal. Ich werde nie vergessen, wie ich einen Dollar verlor, als ich fünf Jahre alt war. Mein Vater tat so, als wäre es eine Million gewesen; er brüllte eine Stunde lang wegen meiner Dummheit und Verantwortungslosigkeit herum und schlug mir schließlich ein Brett ins Gesicht!

Die Lebensauffassung meines Vaters kreiste nur um ihn selbst. Ich habe mir immer einen Vater gewünscht, der mich führt und anleitet, jemanden, der jeden Tag von der Arbeit nach Hause kommt und erzählt, was er erlebt hatte, mich fragt, was es Neues gibt, für mich sorgt. Ich wäre von meinem Vater gerne wie ein Freund behandelt worden, nicht wie ein Gegenstand. Mein Vater hat mir nie den richtigen Weg gezeigt. Sein Rat war nie freundlich oder liebevoll. Es gab keinen Zweifel an seinem Desinteresse und seiner Selbstbezogenheit. Er hatte mit meinem Alltagsleben nichts zu tun. Emotionalen Beistand habe ich nur sehr selten von ihm bekommen.

Viele junge Männer mit solch psychopathischen Vätern suchen nach Ersatzvätern. Manche haben Glück und finden einen Lehrer, Stiefvater, Trainer oder Chef, der ihnen ein mitfühlenderes und konsequenteres Rollenmodell bietet. Söhne psychopathischer Väter sind empfänglich für den Einfluß psychopathischer Väter mit »positivem Image«. In diese Kategorie gehören z.B. Sektenführer. Sie predigen eine positive Lehre und wirken dadurch wie »gute« Väter, sind aber im Grunde ebenso selbstzentrierte Psychopathen. Der Welt präsentieren sie das Bild des humanitären, fürsorglichen Vaters, ein Bild, das Söhne erkennbarerer Psychopathen unwiderstehlich anzieht.

Die meisten Menschen haben positive Gründe für ihre Hinwendung zu Gott, aber für manche Söhne psychopathischer Väter wird Gott zum Ersatzvater. Diesen Prozeß zeigt der folgende Ausschnitt aus einem Interview:

Mein Vater war extrem desinteressiert und hatte so gut wie nie Zeit für mich. Wenn wir etwas zusammen machten, dann konkurrierte er mit mir. Ich hätte es ungeheuer toll gefunden, wenn er bei den Wettbewerben im Skispringen und Gymnastik zugeschaut hätte, an denen ich teilnahm, aber niemand ist gekommen, um mir zuzusehen. Mein Vater war wichtig für mich, denn er hat mir ein Vorbild geboten, dem ich nicht nacheifern will. Ich möchte nicht so enden wie er. Ich hätte bestimmt mehr mit Drogen experimentiert, wenn ich nicht Angst davor gehabt hätte, so abhängig und schwach zu werden wie mein Vater, der Alkoholiker wurde. Als negatives Modell war er sehr gut. Der einzige Vater, den ich verehre, ist Gott. Ich nenne Gott »Vater«. Gott ist mein Vater. Und der Geistliche J.F. ist auch mein geistiger Gott. Er hat eine Kirche in Los Angeles. Als Kind war ich überhaupt nicht religiös, meine Eltern auch nicht. Aber jetzt habe ich einen Vater, den Vater.

5. Egozentrische Väter

Meinen Untersuchungen zufolge lassen sich zwei Typen des psychopathischen Vaterstils feststellen. Beim ersten ist, wie oben beschrieben, die Persönlichkeit des Vaters eine psychopathische. Solche Männer sind faszinierend, oft charismatisch, aber immer egozentrisch. Genau so spielen sie auch ihre Vaterrolle; sie sind einfach so, und ihr Verhalten spiegelt nur ihre psychopathische Persönlichkeit.

Aber auch Männer mit relativ normaler Persönlichkeit können situationsbedingt psychopathische Väter sein und ihre Söhne kalt und ohne Mitgefühl behandeln. Das psychopathische Verhalten egozentrischer Väter ist eher eine Reaktion auf die Lebensbedingungen in einer von Konkurrenz geprägten Gesellschaft als Ausdruck einer grundlegend psychopathischen Persönlichkeit.

In früheren Zeiten waren Söhne funktional und wirtschaftlich ein Gewinn für ihre Väter. Sie bewahrten den Familiennamen und den Familienbetrieb und unterstützten ihre Väter im Alter. Aber in der heutigen Gesellschaft müssen Väter Geld und Zeit für ihre Kinder in einer Phase ihrer beruflichen Laufbahn aufbringen, in der sie beides eigentlich für den eigenen Erfolg einsetzen müßten.

Durch diese gesellschaftliche Situation können Söhne zum Hindernis für das Erfolgsstreben der Väter werden. Egozentrische Väter lernen im Berufsleben schnell, andere Menschen als Objekte wahrzunehmen, die sich zugunsten des eigenen Erfolgs manipulieren lassen. Aber die manipulativen Techniken, die im Berufsleben kultiviert werden, lassen sich nicht einfach abschütteln, wenn man nach Hause kommt. Eine Einstellung, die ohne jedes Mitgefühl in anderen Menschen Objekte auf dem Markt des Lebens sieht, prägt auch die Familienbeziehungen. In diesem Kontext wird dann der Sohn als Hindernis für den Erfolg des Vaters betrachtet. Für egozentrische Männer sind selbst die Ehefrauen nichts weiter als fördernde oder hemmende Bestandteile auf ihrem Pilgerpfad zum Erfolg.

Ein egozentrischer Vater muß nicht notwendig ein kalter Mensch sein; ihm scheint eine konkurrente Einstellung zur Welt überlebenswichtig in der Gesellschaft, in der er lebt. Er orientiert sich an Maximen wie »Herrschen durch Einschüchterung« - »nach oben kriechen, nach unten treten« - »der Zweck heiligt die Mittel«.

Männer mit dieser Einstellung verhalten sich zu ihren Söhnen nicht anders als zu ihrer Umwelt. Zeit und Bedürfnisse der Söhne konkurrieren mit der

Zeit und Energie, die sie für Erfolg, Reichtum und Macht im eigenen Leben benötigen. In dieser sozialen Struktur gilt: »Zeit ist Geld«, und die Zeit, die sie mit ihren Söhnen verbringen, können sie nicht für ihr egozentrisches Erfolgsstreben nutzbar machen.

Die skizzierte Ausgangssituation produziert bei diesem Vater-Typ immer wieder grundlegende Rollenkonflikte. Einerseits kann und will er unter Umständen die Rolle des liebevollen Vaters spielen und für seinen Sohn sorgen. Das bedeutet aber andererseits, daß er weniger Zeit in seine berufliche, erfolgsorientierte Rolle investieren kann. Welche Rolle setzt sich durch? Egozentrische Väter können ihr Erfolgsstreben immer damit rationalisieren, daß ihr eigener Erfolg auf lange Sicht gesehen ja dem Sohn zugute kommt. Und selbst wenn sich der Vater in diesem Konflikt dafür entscheidet, das eigene Leben oder die eigene Zeit dem Sohn zu widmen, macht er dem Jungen oft Schuldgefühle, weil er ihn wissen läßt, daß er um seinetwillen »wichtigere Dinge« zurückstellt, und korrumpiert so die Qualität der gemeinsam verbrachten Zeit. Für die meisten Väter kommt irgendwann der Zeitpunkt, an dem sie diesen Rollenkonflikt lösen müssen, nicht nur in einer konkreten Situation, sondern in der gesamten Beziehung zu ihrem Sohn.

Diese sozioökonomische Einflüsse führen zu einer gewissen Zwiespältigkeit im Verhältnis von Vater und Sohn: Einerseits liebt der Vater den Sohn, weiß aber andererseits, daß das Objekt dieser Liebe den Weg zum Erfolg versperren kann. Diese Zwiespältigkeit kann bei egozentrischen Vätern zum Beispiel zu einer übertriebenen Kritik an ihren Söhnen führen, was ihr Selbstbild und ihre Persönlichkeitsentwicklung meist negativ beeinflußt. Dieses negative Verhalten läuft oft verdeckt ab; der egozentrische Vater kultiviert äußerlich ein liebevolles Vaterbild, obwohl er sich von einem Sohn, der seine beruflichen Ziele stört, belästigt fühlt.

Man kann also sagen, daß die westliche, erfolgsorientierte Gesellschaft viele Männer zu konkurrenten Ausbeutern macht, die andere nur als Objekte, als Mittel zum Zweck bei ihrem Aufstieg wahrnehmen können. Diese gefühllose, kaltblütige, manipulative Einstellung schlägt sich auch in der Familie nieder und produziert im Endeffekt egozentrische Väter.

Solche Tendenzen zeigen sich besonders bei Prominenten. Die ungeheure Verehrung der Öffentlichkeit macht sie fast immer zu Egozentrikern, selbst wenn sie es zu Anfang ihrer Laufbahn noch nicht gewesen sein sollten. Der Zeitdruck, unter dem sie stehen, verursacht mehr oder weniger starke Schuldgefühle, weil ihnen ihr vollgestopfter Terminkalender so wenig wirk-

Im Verlauf meiner Untersuchungen habe ich viele wohlmeinende Väter interviewt, die ihren Söhnen die eigenen Werte und Verhaltensregeln mit Schlägen einbläuen wollten. Übertriebene körperliche Strafen führen aber in den meisten Fällen nicht zu positiven Verhaltensänderungen und haben einen negativen Einfluß auf das Selbstbild des Sohnes. Wer ständig geschlagen wird, kann kaum Selbstachtung entwickeln, und unter geringer Selbstachtung hat man sein Leben lang zu leiden.

Bei jeder erzieherischen Maßnahme, die auf Änderung oder Kontrolle des Verhaltens oder auf Persönlichkeitsentwicklung zielt, werden zwei Grundelemente wirksam. Das eine ist das Ich oder das Selbstkonzept des Sohnes, das andere ist sein Verhalten. Väter können und sollten ihren Söhnen bei allen Strafen klarmachen, daß sie sie als Person immer lieben und respektieren, auch wenn sie ihr momentanes Verhalten aus tiefstem Herzen ablehnen.

Aussagen wie »Du bist unausstehlich« werfen die Frage auf, wer oder was gemeint ist: die Person des Sohnes oder sein Verhalten. Im Idealfall sollte der Vater ausschließlich das Verhalten des Sohnes als negativ kennzeichnen, aber ihn als Person weiterhin wertschätzen. Verurteilt werden darf nur das Verhalten, nie die Person.

Ich habe mich einmal intensiv mit einem Vater beschäftigt, der seinen jugendlichen Sohn häufig schlug, meist nur deshalb, weil er eigene Probleme hatte. Das hatte fürchterliche Auswirkungen auf Welt- und Selbstbild des Sohnes. Er fühlte sich absolut wertlos. Für seinen Vater war er nichts anderes als ein Punchingball, das Objekt, auf das sich Negativität und Feindseligkeit konzentrierten. Es ist anzunehmen, daß dieses negative Selbstbild, das der Vater ihm als Teenager vermittelt hat, beide ihr Leben lang belasten wird.

Dagegen lehnte ein anderer Vater, den ich interviewte, das negative Verhalten seines Sohnes ab, weil er ihn im Grunde für einen wunderbaren Menschen hielt, für den kein Hindernis unüberwindlich war. Seine Botschaft lautete stets: »Du bist toll, aber du benimmst dich schlecht.« Das sehr positive Selbstbild, das dieser junge Mann entwickelt hat, wird ihm sein Leben lang zugute kommen.

Beim ersten Beispiel verletzt der Vater durch sein brutales Verhalten das Selbstwertgefühl seines Sohnes und beeinflußt sein Verhalten negativ. Im zweiten Beispiel greift der Vater die Ichstruktur des Sohnes nicht an, die positive Einstellung zu seinem Sohn als Person ist ihm heilig. Seine Kritik oder Strafen drehen sich darum, wie ein eigentlich feiner Kerl sich zum eigenen Nachteil negativ verhält.

Nicht jede Strafe besteht aus gradliniger Kritik oder einer direkten Tracht Prügel. Häufig genug geht es um Liebesentzug, und das macht die Strafe im Grunde zu einem Akt der Ablehnung. In einem der Interviews hat ein fünfundvierzigjähriger Arzt von der permanenten Entwertung durch seinen Vater erzählt: »Als ich noch ein kleiner Junge war, hat er schon auf allem herumgehackt, was ich tat. Ich konnte ihm nie etwas recht machen. Mein Gott, was habe ich mich nach seinem Lob gesehnt! In meiner Therapie habe ich gelernt, daß er entweder gar nicht wußte, wie man jemanden lobt, oder glaubte, so müßte man sich als Vater eben verhalten. Er ist seit über 10 Jahren tot, aber in meinem Kopf läuft immer noch sein Kritikprogramm wie ein Tonband ab, und bei allem, was ich tue, suche ich die Zustimmung anderer. Eigentlich bin ich ein Schwein, aber ich spiele immer den netten Kerl, weil ich auf Biegen und Brechen von allen Menschen geliebt werden will. Deshalb bin ich wahrscheinlich auch Arzt geworden, weil einem die Patienten soviel positive Streicheleinheiten geben. Ich bin mir sicher, alles hängt damit zusammenhängt, daß mein Vater mir das Lob, das ich brauchte, nicht geben konnte.« Vielen Söhnen, deren Väter ebenfalls Liebe und Lob aus pädagogischen Gründen zurückgehalten haben, geht es ähnlich.

Auch fehlende Erziehungsmaßnahmen können zu Problemen zwischen Vater und Sohn führen. So sagte ein Sechzehnjähriger, der Mitglied in einer Jugendbande war und wegen Mordes im Gefängnis saß: »Ich bin stocksauer auf meinen Vater. Er hätte sich darum kümmern sollen. In der Woche, bevor wir diesen Kerl umgebracht haben, hat er die Knarre in meinem Zimmer gefunden. Ich weiß, daß er sie gesehen hat, aber er hat nichts dazu gesagt, nur, daß ich genauso wäre wie mein älterer Bruder, der im Knast sitzt. Das hat er mir immer wieder erzählt. Da habe ich schließlich gedacht, Scheiß drauf, wenn er das glaubt, dann werde ich eben so wie er. Mir war alles egal. Es ist mir egal, daß ich den Kerl erschossen habe. Mein Alter hätte sie mir wegnehmen sollen.«

Beide, der Arzt und der Mörder, projizieren die Schuld auf ihre Väter. Und trotz aller anderen Persönlichkeitsfaktoren, die bei beiden hinzukommen, ist ihre nachträgliche Analyse richtig, daß die Erziehungsmethoden der Väter entscheidend zu ihrem Verhalten beigetragen haben.

Der jeweilige Vaterstil beeinflußt den Erziehungsstil. Bei meiner Stichprobe hat in 80% der Fälle der Stil des Vaters den grundlegenden Erziehungsansatz bestimmt. Macho-Väter arbeiteten meist mit harten, »männlichen« körperlichen Strafen. Der (begrenzte) Einsatz solcher Strafen war dann effektiv, wenn sie dabei konsequent vorgingen (d.h. nicht in hysterischen Ausbrüchen straften). Sie waren fair genug, die Gründe für die Bestrafung klar darzulegen. Ein befreundeter Psychiater, der mehrere Jahre auf einem Armeestützpunkt lebte und dort eine Untersuchung durchführte, bestätigte, daß die der Armee angehörenden Macho-Väter mit dieser Art Erziehung gute Resultate erzielten.

Psychopathische oder egozentrische Väter sind in dieser Beziehung die schlimmsten. Sie vermitteln ihren Söhnen keinerlei rationales Gefühl für Recht und Unrecht, weil sie in der Regel unterschiedslos strafen. Ihr irrationaler, emotionaler Erziehungsansatz provoziert Rebellion und Feindseligkeit; lernen können die Söhne von ihnen nur wenig. Sie gewöhnen sich daran, auf die emotionalen Ausbrüche der Väter zu reagieren, und entwickeln keine eigenen inneren Kontrollmechanismen. Sie haben meist ein beschädigtes Selbstwertgefühl, das ihr Verhalten negativ beeinflußt.

Väter, die ihre Söhne allzusehr verwöhnen, ersticken sie mit ihrem Lob und strafen selten. Die Folge ist ein aufgeblähtes Selbstwertgefühl und eine übertriebene Vorstellung von der eigenen Bedeutung, was zwar in der unmittelbaren Familiensituation nicht unbedingt zu Schwierigkeiten führen muß, aber die Chancen des Sohnes in der Außenwelt mindert. Denn die von der Familie geförderte übertriebene Selbsteinschätzung kann im Kontakt mit Menschen, die diese Sicht nicht teilen, zu Problemen führen. Wenn diese Söhne mit den kalten Regeln der Wirklichkeit konfrontiert werden, fühlen sie sich schnell ungerecht behandelt und agieren das durch selbstdestruktives, rebellisches Verhalten aus.

Übertriebenes Verwöhnen hemmt den Antrieb zur eigenständigen Entwicklung. Reaktionen auf Fehlverhalten, die rationales Lernen und Persönlichkeitsentwicklung des Sohnes nicht fördern, erdrücken ihn. Solche Väter arbeiten nicht selten mit Schuldgefühlen, um die Herrschaft über ihre Söhne aufrechtzuhalten. Sie strafen mit verletzten, mißbilligenden Blicken, die zu fragen scheinen, wie jemand zu so guten und freigebigen Menschen wie ihnen böse sein könne, was zwangsläufig Schuldgefühle auslöst.

Übertrieben verwöhnende Väter perpetuieren die Probleme ihrer Söhne oft auch durch eine Art Helfer-Syndrom. Sie geben die Ich-Verschmelzung der ersten Phase in der Jugend ihrer Söhne nicht auf und sind so überidentifiziert, daß sie die Doppelgängerhaltung solange einnehmen, bis das »schlechte Benehmen« oder das Problem der Söhne zum Problem der Väter wird. Dieser Prozeß versperrt den Söhnen den Weg zur Konfrontation ihrer Handlungen und hindert sie im Grunde daran, sich der wirklichen Welt und den Konsequenzen ihres Verhaltens zu stellen. Übertriebenes Verwöhnen ist trotz aller Liebe nichts anderes als eine Manipulation der Realität zu Gunsten der Söhne und verhindert, daß die Jugendlichen eigene Ich-Stärke entwickeln, mit denen sie sich den Mißgeschicken des Lebens stellen könnten. Die symbiotische Beziehung, die in der ersten Phase angemessen ist, ist in der zweiten Phase für beide selbstzerstörerisch.

Ein Beispiel dafür habe ich in einer meiner Therapiegruppen erlebt. Der Vater gehörte offensichtlich in die Gruppe der oben beschriebenen Väter. Er hatte einen jugendlichen Sohn, der ihn beherrschte und ständig Schwierigkeiten in der Schule hatte. Nach mehreren Sitzungen wurde deutlich, daß der Sohn sich von den Lehrern ungerecht behandelt fühlte. Aber in Wirklichkeit ließen die Lehrer einfach nicht zu, daß der arrogante junge Mann sie behandelte wie seinen Vater. Für den Jungen waren ihre Ansprüche an normales zivilisiertes Benehmen und Respekt ungerecht, also reagierte er feindselig darauf. In der Therapie verstanden Vater und Sohn allmählich die Dynamik der Situation besser; das Verhalten des Sohnes verbesserte sich. Er brachte seinem Vater mehr Achtung entgegen, was sich allmählich auch in seinem Verhalten anderen Erwachsenen und damit auch den Lehrern gegenüber niederschlug.

Sehr tolerante Väter, die Rebellion, Abweichungen und neurotisches Verhalten in der zweiten Phase total akzeptieren, erweisen ihren Söhnen keinen guten Dienst. Denn in deren Augen sind sie Schwächlinge, die Verhaltensmuster akzeptieren, die die Söhne selbst nicht wirklich gut finden. Teenager verachten die Väter, die Gedanken oder Verhaltensweisen bedingungslos akzeptieren, die sie selbst durchaus in Frage stellen. So sagte ein Fünfzehnjähriger: »Mein Vater ist ein totaler Schlappschwanz. Meine Mutter hat ihn unter dem Daumen, und alles, was ich tue, ist auch in Ordnung. Manchmal wünsche ich, er würde die Zügel in die Hand nehmen, denn ich muß zugeben, ich weiß einfach nicht immer, was richtig ist.«

Physische Stärke

Eine weitere Schwierigkeit in der zweiten Phase der Vater-Sohn-Beziehung ist die Veränderung im Bereich der körperlichen Stärke. Die physischen Unterschiede und ihre Konsequenzen unterscheiden sich in den jeweiligen Phasen der Beziehung sehr stark, auch wenn die Ungleichzeitigkeit im Lebensalter das gesamte Leben hindurch konstant bleibt. So ist in der ersten

Phase der Abstand im Bereich körperlicher Fähigkeiten weit größer als in der zweiten. Der Gegensatz zwischen dem Vater und seinem herangewachsenen Sohn ist der zwischen einem Menschen, der auf den Höhepunkt seiner körperlichen Stärke zusteuert, und dem, der sie verliert. Ein Mittvierziger ist seinem jugendlichen Sohn körperlich unterlegen.

Diese Veränderung hat Folgen, die parallel zu den Veränderungen in der Attraktivät der Mutter-Tochter-Beziehung verlaufen, wo egozentrische Mütter, die ihr Selbstbewußtsein aus ihrer erotischen Anziehungskraft beziehen, auf die Schönheit ihrer Teenagertöchter eifersüchtig werden und damit unbewußte Konflikte auslösen.

In dem Alter, in dem die körperliche Kraft der Väter nachzulassen beginnt, erreicht die der Söhne den Höhepunkt. In dieser Phase können liebevolle und spielerische körperliche Auseinandersetzungen auch ernst werden. Mein Sohn liebt mich, aber er ringt mich auch ausgesprochen gerne liebevoll zu Boden und ignoriert dabei in aller Regel meine nicht immer nur spielerischen Proteste. Er genießt diese Demonstration des veränderten Gleichgewichts in der körperlichen Stärke.

Bei Macho-Vätern und ihren Söhnen führt diese Veränderung oft zu sehr großen Konflikten und negativer Konkurrenz. Aber ein angemessener Umgang mit dieser Kräfteverschiebung erfordert es, sie zu akzeptieren, statt sie zum Schauplatz ernsthafter Auseinandersetzungen zu machen.

Macho-Väter verdrängen diese normale Veränderung oft, indem sie dafür sorgen, daß sie auch weiterhin stärker als ihre Söhne sind und in Auseinandersetzungen dieser Art Sieger bleiben. Aber ein Jugendlicher, dem der Vater immer wieder seine körperliche Überlegenheit beweist, verschiebt seine Aggressionen auf andere, was unter Umständen zu gewalttätigem Verhalten bei Auseinandersetzungen mit Gleichaltrigen führen kann.

So ergab z.B. ein Gespräch, das ich mit einem sehr kampflustigen und problembeladenen Jugendlichen führte, daß sein gewalttätiges Verhalten ursächlich mit der Beziehung zu seinem Macho-Vater zusammenhing. Ich hatte ihn bei einer meiner täglichen Gesprächssitzungen mit seiner Gruppe gefragt: »Warum fängst du immer Streit an?« (Er war in durchschnittlich vier bis fünf Kämpfe pro Woche verwickelt.)

»Ich kämpfe immer gegen meinen alten Herrn.« (Gelächter.) »Wir kämpfen wirklich. Manchmal stoßen wir alle Sachen vom Tisch, rollen auf dem Boden herum und so. Er besiegt mich immer, aber ich wachse noch!«

Bei seinem Macho-Vater, der diese Bestätigung seiner körperlichen Überlegenheit anscheinend brauchte, war er der Unterlegene, aber bei fast allen Straßenkämpfen blieb er Sieger. Ich habe seine Kämpfe eine Woche lang mitgezählt und festgestellt, daß es eine eindeutige Beziehung gab zwischen den Auseinandersetzungen mit seinem Vater, in denen er verlor, und denen, die er gegen seine Kameraden auf den Straßen New Yorks gewann.

Fast alle Männer, die ich interviewte, haben den Augenblick in der Beziehung zu ihrem Vater erwähnt, in dem sich die Balance der körperlichen Kraft veränderte. Ein Beispiel für den negativen Umgang mit dieser Umstellung ist ein junger Mann, der zu seinem Macho-Vater, der ihn immer mißhandelt hatte, sagte: »Wenn du mich noch einmal anrührst, schlage ich dich zusammen!« Beide waren sich der Wahrheit dieser Aussage bewußt, und sie hat ihre Beziehung drastisch verändert. Der Vater hat seinen Sohn nie wieder geschlagen. Es gibt aber auch Väter, die in solchen Fällen auf andere Machtbereiche ausweichen, um ihre Herrschaft über die Söhne aufrechtzuerhalten.

Väter, die zum Zeitpunkt dieser Wachablösung ein positiveres Verhältnis zu ihren Söhnen haben, begrüßen die Veränderung. Ich kenne z.B. einen tennisfanatischen Mann, der seinen Sohn ebenfalls zu einem guten Spieler erzogen hat. Zunächst war natürlich der Vater überlegen und gewann immer, aber je älter der Junge wurde, desto mehr verringerte sich der Abstand zwischen ihnen, bis er schließlich eindeutig besser war. Der Vater war ein sehr konkurrierender Spieler, konnte sich aber in diesem Fall mit seinem Sohn über diesen Rollenwechsel freuen. Selbstsichere Männer beobachten mit großer Freude, wie ihre Söhne in allen Lebensbereichen tüchtiger werden, sie konkurrieren nicht mit ihnen und versuchen auch nicht, ihre Entwicklung in irgendeinem Bereich zu behindern.

Wertkonflikte: Idealismus und Realität

Ich kann mich noch gut an eine Psychodramasitzung in meinen ersten Berufsjahren als Therapeut erinnern, in der es um einen Wertkonflikt zwischen Vater und Sohn ging. Die Sitzung fand auf Long Island mit einer Gruppe reicher jüdisch-amerikanischer Ehepaare statt, die aus dem Streß von Manhattan in diese Umgebung geflüchtet waren.

In der Aufwärmphase der Sitzung betrat ein geschniegelter und teuer gekleideter Mann mit einem bleistiftdünnen Schnurrbart die Bühne und stellte seine Schwierigkeiten mit seinem 12jährigen Sohn vor. Er litt sichtlich darunter. Wie üblich bat ich ihn, sein Problem darzustellen, bevor wir ins Rollenspiel dazu einstiegen.

»Meine Eltern waren orthodoxe Juden. Ich bin im jüdischen Ghetto an der Lower East Side aufgewachsen. Ich habe mich in langen Jahren aus dieser tödlichen sozialen Umgebung herausgearbeitet. Ich habe viel erreicht im Leben, ich habe eine schöne Frau, ein eigenes Geschäft und mein Sohn ist ein guter Junge. Nein, das muß ich korrigieren: er war ein guter Junge. Die letzten sechs Monate waren für uns beide die Hölle. Wir diskutieren ohne Pause, und er hat damit gedroht, von zu Hause wegzulaufen.«

Die Gruppe und ich warteten gespannt auf die Ursache für den Konflikt. Schließlich stieß er schluchzend hervor: »Und jetzt, nach all den Jahren, in denen ich so hart dafür gearbeitet habe, nach oben zu kommen, kommt mein Sohn daher und will in die jüdische Glaubensgemeinschaft aufgenommen werden! Ich hab ihm gesagt, das hätte keinen Zweck - wir sind Atheisten - aber er hört nicht auf damit.«

Ich traute zuerst meinen Ohren nicht und glaubte, er hätte die Geschichte erfunden, aber seine Tränen waren echt, er litt wirklich. In der folgenden zweistündigen Sitzung zeigte sich, daß er geglaubt hatte, er wäre seinen verleugneten religiösen und kulturellen Wurzeln entkommen, aber durch seinen einzigen Sohn wieder damit konfrontiert worden war. Der Junge benutzte die jüdische Religion sicher auch als Waffe für seine Rebellion des Jugendalters, aber er wollte gleichzeitig auch wirklich Jude werden, auch wenn das gegen die Wünsche und Werte des Vaters verstieß.

Die Vater-Sohn-Konflikte in der zweiten Phase der Beziehung finden nicht nur auf der physischen Ebene statt. Die Auseinandersetzungen drehen sich auch um generationsbedingte Wertunterschiede. In früheren Kulturen und Gesellschaften waren diese Wertkonflikte zwischen den Generationen sehr viel seltener, weil es genauere und stabilere Definitionen der Beziehungen gab und die Wege vom Jugend- ins Mannesalter klarer waren. Jugendliche mußten damals ihre Väter nicht bekämpfen, um Autonomie zu erreichen, weil sie ihnen gewährt wurde, wenn sie sich an festgelegte Gebräuche und die für diesen Prozeß festgelegten *Rites de Passage* hielten.

Bedingt durch die sich heute schnell verändernden sozialen Gegebenheiten sind die Erwartungen der Jugendlichen weniger präzise; generationsbedingte Wertkonflikte treten häufig auf. Die gesellschaftlichen Normen verändern sich so schnell, daß es für einen Vater immer schwieriger wird, seinem Sohn klare Lebensregeln zu vermitteln.

In meiner eigenen Jugend z.B. rauchten wahrscheinlich weniger als ein Prozent der Jugendlichen Marihuana. Heute haben es mehr als die Hälfte aller Jugendlichen ausprobiert. Meine Standards in Bezug auf Drogen stehen in scharfem Gegensatz zu denen der Gesellschaft, in der mein Sohn lebt. Meine Schulzeit war völlig anders als seine.

Andere Beispiele für die großen Veränderungen zwischen den Generationen sind das Unterhaltungsangebot und die Einstellung zu Fragen wie Gewalt in den Medien. Die Filme, die ich in meiner Kindheit gesehen habe, erzählten schlichte Geschichten, Gewaltszenen kamen kaum vor. Filme heute sind voll von Verstümmelungen, grauenhaften Morden und entsetzlichen Horrordarstellungen.

Mein Sohn ist ein begeisterter Anhänger dieser modernen Horrorfilme, die ich verabscheue. Für mich sind es krasse Beispiele für die typischen banalen, beschränkten Vorstellungen Hollywoods, er findet sie witzig und spannend. Er sieht sie sich alle an, ich sehe nur einige wenige, und auch die nur aus rein soziologischem Interesse an der Entwicklung des zeitgenössischen Geschmacks.

In diesem Kontext hatte mein Sohn kürzlich ein Erlebnis, das für mich eine entsetzliche emotionale Erfahrung gewesen wäre. Seine Reaktion wirft ein Licht auf die unterschiedlichen Wahrnehmungen der Generationen. Während des Sommers hatte er sich mit einem 25jährigen jungen Mann angefreundet - ich will ihn Jim nennen - der aber eher wie 16 wirkte, also so alt wie mein Sohn damals. Dieser »Mann« war sehr unreif, er war der typische Hollywood-Streuner, der versucht, in das Film- und Musikgeschäft einzusteigen. Zur Verwirklichung seiner glorifizierten astronomischen Ziele, tat er alles, kam aber nicht auf den Gedanken, dafür zu arbeiten. Da sein reicher Vater ihm genügend Geld schickte, hatte er das auch nicht nötig. Mitch erzählte mir viel von den Eskapaden seines Freundes, seinen Erlebnissen mit Drogen und Prostituierten.

Auf Jims komplizierte Geschichte will ich nicht weiter eingehen, wichtig ist hier nur, daß er eines Tages (in Anwesenheit meines Sohnes) in eine Auseinandersetzung mit einem Mann geriet, dem er anscheinend Geld schuldete (wahrscheinlich für Drogen), das er nicht zurückzahlen wollte. Der Mann griff ihn an. Jim ging in sein Appartment, holte einen Revolver, den er gerade gekauft hatte, und tötete ihn mit einem Schuß in den Kopf.

Mein Sohn war Augenzeuge dieses schrecklichen Ereignisses. Die Polizei verhörte ihn stundenlang. Da ich etwas über die Wirkung solch bizarrer emotionaler Ereignisse weiß, drängte ich ihn nach dem Verhör, sich zu öffen und über seine Gefühle bei dieser schrecklichen Erfahrung freimütig zu sprechen. Er erzählte den Ablauf und als ich ihn immer wieder fragte, wie es denn auf ihn persönlich gewirkt hätte, sagte er schließlich genervt: »Ich weiß, worauf du hinauswillst, Vater. Aber du mußt das verstehen. Wenn dir so was passiert wäre, als du jung warst, wärst du wirklich fertig gewesen, das weiß ich. Aber mir macht das einfach nicht so viel aus. Ich habe so oft im Fernsehen und im Kino gesehen, wie jemand umgebracht wird. Es ist wirklich in Ordnung. Du brauchst dir keine Sorgen um mich zu machen.« Sein Tonfall machte mir klar, daß er die Wahrheit sagte.

Mein Sohn ist wie die anderen aus seiner Generation nicht nur mit Horror-Filmen, sondern auch mit Gewalt im Fernsehen aufgewachsen. Die Wissenschaft hat nachgewiesen, daß diese Generation nicht eindeutig zwischen realer Gewalt, z.B. in Kriegsberichten in den Nachrichten, und fiktiver Gewalt unterscheidet.

Ich bin ganz sicher, daß es auch bei der Wahrnehmung von Untaten wie dem Holocaust einen Generationsunterschied gibt. Väter, die alt genug waren, um die schreckliche Realität des Zweiten Weltkriegs bewußt zu erleben, nehmen die grotesken Bilder der hochaufgetürmten Leichen in den Vernichtungslagern zweifellos anders wahr als ihre jugendlichen Söhne. Für Väter, die diese historische Epoche durchlebten, sind Bilder des Holocausts entsetzlich. Für Heranwachsende, die die absolut idiotische Fernsehserie »Hogan's Heroes« sehen (bei der es sich, ob man es glaubt oder nicht, um eine Komödie aus einem Kriegsgefangenenlagers der Nazis handelt!), hat der Holocaust nur eine begrenzte Realität. Solche Wertkonflikte oder unterschiedliche Wahrnehmungen desselben Materials sind bedeutsame Vektoren im Konflikt zwischen Vater und Sohn.

Wertunterschiede gibt es heute auch im Bereich der Sexualität und der Beziehungen zum anderen Geschlecht. Die Unterschiede zwischen einer Generation von Vätern, für die Frauen Sexualobjekte und potentielle Hausfrauen waren, und der Generation ihrer Söhne sind enorm. Für männliche Jugendliche heute sind Frauen Freunde, gleichberechtigte Partner in der Sexualität und potentielle Konkurrentinnen um früher exklusiv männliche Arbeitsplätze. Diese ganz andere Situation führt naturgemäß zu Konflikten zwischen Vätern und Söhnen und macht die Väter meist zu schlechten Beratern in diesen Bereichen.

Jugendliche sind heute meist optimistischer und idealistischer als ihre Väter. Die meisten Väter haben im oft harten Lebenskampf erfahren, daß die idealistischen Hoffnungen ihrer Jugend der brutalen Realität des Lebens nicht standgehalten haben. In der Lebensmitte haben die meisten Männer die poetischen Ideale und Hoffnungen ihrer Jugendjahre auf eine neue gesellschaftliche Ordnung verraten und sich stattdessen an die pragmatischen gesellschaftlichen Vorstellungen angepaßt. Väter stellen sich mit sehr viel größerer Wahrscheinlichkeit als ihre Söhne den Realitäten und passen sich ihnen an.

Dazu kommt das Allmachtsgefühl vieler Jugendlicher, der Glaube, sie seien unverletzlich. Wenn ich mit meinem Sohn Auto fahre, spüre ich seinen Optimismus: er ist sich sicher, daß man ihm Platz macht und ein Unfall gar nicht möglich ist. Auf ältere, konservativere Fahrer reagiert er mit großer Ungeduld, weil sie ihn seiner Meinung nach behindern. Bei der Arroganz, mit der er einer gefährlich wirkenden Gruppe in einem anderen Wagen, der ihm im Weg steht, »den Finger zeigt«, ducke ich mich unwillkürlich. Ich fürchte mich vor der Vergeltung gewisser aggressiver Menschen, weil ich mehr als einmal mit dem Wagenheber bedroht worden bin. Wir reagieren völlig anders auf dieselbe Situation. Meine Reaktion ist eine Furcht vor gefährlichen Möglichkeiten, seine ist eher arrogant, allmächtig und selbstgerecht.

Väter im mittleren Lebensalter finden sich immer stärker mit den Unwägbarkeiten und Ungerechtigkeiten des Lebens ab. Der »normale« Konflikt zwischen Idealismus und Realismus zwischen Vater und Sohn ist noch nie so stark und so bösartig eskaliert wie in den späten sechziger Jahren. In den landesweiten Auseinandersetzungen, vor allem an den Universitäten, spiegelten sich die Kämpfe zwischen den »nicht vertrauenswürdigen« Menschen über dreißig und ihren Söhnen. Die Söhne hielten alle Arten sozialer Veränderung für möglich; für die meisten Väter dagegen war innerhalb des Systems nur wenig Raum für wirkliche Veränderung. Die Auseinandersetzung tobte zwischen Professoren und Studenten, Vätern und Söhnen, dem »Establishment« und den Jugendlichen. Die Konflikte, die aus dem Bemühen resultierten, soziale Veränderungen zu erreichen und den Krieg zu beenden, sind zum Teil gelöst worden. Aber der Zusammenstoß von konservativer Realität und radikalem Idealismus reicht tief. Er spiegelt auf der sozialen Ebene den Zusammenstoß zwischen Vätern und Söhnen zu Hause.

Während dieser sogenannten »Hippie-Zeit« stiegen viele junge Männer aus der Welt ihrer Väter aus und ließen sie verwirrt, depressiv und mit Zweifeln am Sinn ihres Lebens zurück. Die Väter begriffen den Ausstieg ihrer Söhne meist als direkten Angriff auf die Lebensweise, die sie geschaffen und den Söhnen angeboten hatten. Der Wertkonflikt in dieser Zeit führte dazu, daß sich viele Söhne auf die Suche nach besseren Lebensumständen machten. Zahlreiche Hippie-»Gurus« wurden in den Kommunen dieser Tage zum Ersatz für die eigenen »verklemmten«, »spießigen« Väter. Hier fanden viele Jugendliche »selbstlose« demokratische Führer, mit denen sie über ihre idealistische Weltsicht und ihre Vorschläge zur Weltverbesserung sprechen konnten, wenn alle gut zugekifft waren.

In den siebziger und achtziger Jahre haben die faschistoiden Sekten, die mit Gehirnwäsche arbeiten, die Kommunen der sechziger ersetzt. Heute suchen viele Jugendliche bei Wertkonflikten das Nirwana in den zahlreichen quasireligiösen Sekten. Sektenführer-Väter wie Jim Jones ziehen »jugendliche« Menschen jeden Alters magnetisch an, die von ihren biologischen Vätern und deren beschränktem Wertsystem enttäuscht sind. Die Sektenväter scheinen in ihren Augen das Nirwana zu bieten, das im Angebotsrepertoire der unsicheren Väter fehlt; sie halten an dem idealistischen Versprechen fest, ihre Bewegung könne »die Welt retten«. Solch extravaganter Idealismus, dessen Realisierungschancen in Wirklichkeit minimal sind, ist für viele jugendliche Gemüter sehr attraktiv.

Anders als die Guru-Väter der sechziger mit ihren Parolen wie »Befreie dich selbst« und »Tu, was du willst« stehen Herrschaft und Disziplin bei den heutigen Sektenführern außer Frage. Sie fordern absoluten Gehorsam, und heranwachsende Menschen lassen sich von diesen Ersatzvätern freiwillig unterdrücken.

Sektenführer sind heute häufig kaltblütige Diktatoren im Gewand des religiösen Erlösers. Die extremen disziplinarischen Macho-Methoden verstecken sich meist hinter der psychotischen Chiffre eines pseudo-soziopsychologischen Jargons. Ein Sektenführer beschrieb in einem Interview seine Methode zur sozialen Kontrolle in seiner selbstdefinierten »religiösen« Organisation als »totale Kapitulation vor unseren Regeln und Vorschriften. Unsere Gebote stammen von Gott. Und wenn unsere Kinder dem Willen Gottes nicht gehorchen, dann müssen sie bestraft werden.« Das Leben in solchen Sekten wird meist zu einem Labyrinth konditionierter Reaktionen, durch die der Sektenführer bzw. Ersatzvater mit seinen Schülern das Leben der Anhänger kontrolliert. Dieser Kontext entspricht dem des psychopathischen Macho-Vaterstils, d.h. die Söhne können ihre eigenen inneren Kontrollmechanismen nicht adäquat entwickeln. Genau das aber ist für Autonomie und Reife eines erwachsenen Menschen notwendig. Sektenführer wollen genausowenig wie psychopathische Macho-Väter, daß ihre Kinder erwachsen werden, weil sie dann die Macht über sie verlieren würden.

Der Preis, den Jugendliche (jeden Alters) in autokratischen Sekten zahlen, besteht in der Aufgabe ihres Selbst zugunsten der »Sache«. Der Sektenvater erwartet, fordert und bekommt totale Kapitulation vor seiner »idealistischen« Weltsicht. Eigenständige Gedanken können nicht geduldet werden. Und genau darin besteht der Köder der Sektenführer und ihrer schlichten, unzweideutigen Regeln. Der einzelne muß nicht länger kämpfen und sich Gedanken machen. Er gibt den Versuch der Kommunikation mit seinem eigenen Vater und der komplexen Welt auf, mit der er konfrontiert ist, und begibt sich in eine Situation, in der scheinbar für all seine Bedürfnisse auf allumfassende Weise gesorgt wird. Er führt keine Auseinandersetzung mit seinem Sektenführer. Er muß nur eine einzige Entscheidung treffen, und das ist die des totalen Gehorsams gegenüber den Regeln, den Diktaten und der Macht des »Vaters«.

Kluge Sektenführer sind keine platten Diktatoren. Sie vermitteln dem Jugendlichen das Gefühl, er sei unabhängig und frei, obwohl er in Wirklichkeit ein Gefangener ist. Diese vorgetäuschte Unabhängigkeit ist charakteristisch für Sekten. Aber die Wirklichkeit sieht anders aus: jeder Konflikt mit dem Sektenvater (entsprechend dem psychopathischen Macho-Vater) wird als Akt der Auflehnung betrachtet, der umgehend unterdrückt werden muß. Abweichungen von dieser extremistischen Vater-Norm werden nicht toleriert. Der Jugendliche, der seinem psychopathischen Macho-Vater »entkommen ist«, endet schließlich nach einer Gehirnwäsche als Gefangener im wahnhaften System des gütig-despotischen Sektenvaters. Er ist sprichwörtlich vom Regen in die Traufe gekommen.

Zusammenfassend läßt sich also festhalten, daß die zweite Phase der Vater-Sohn-Beziehung, das Jugendalter des Sohnes, viele dornenreiche Probleme und Konflikte enthält. In diesen turbulenten Jahren wimmelt es von Fallen, die für beide zu Tragödien führen können, wenn sie sich ihrer nicht bewußt sind und mit den Problemen nicht richtig umgehen. Die folgenden Entwicklungsschritte sind nötig, damit Vater und Sohn diese Phase erfolgreich durchleben können:

Die erste Phase der Vater-Sohn-Beziehung sollte von einer gesunden Ich-Verschmelzung und Doppelung charakterisiert sein. In der zweiten Phase, die beginnt, wenn der Sohn ungefähr 13 Jahre alt ist, muß sich der Sohn allmählich von seinem Vater zu lösen beginnen, was eine normale Rebellion mit sich bringt. Gute Väter lassen dann allmählich los, sollten aber zur Verfügung stehen, um sie auch weiterhin nach positiven Prinzipien führen zu können. Ein vernünftiger Vater sollte zugestehen, daß sein Sohn seine Schule, sein Team, seine Freunde hat.

Ein schlechter Vater versucht mit allen Mitteln, die Macht, die er in den frühen Jahren über seinen Sohn hatte, auch jetzt noch in derselben Form aufrechtzuerhalten. Das führt zu direkten Zusammenstößen und Auseinandersetzungen und kann damit enden, daß der Wille des Sohns gebrochen wird, er ordnet sich unter und bleibt unter Umständen sein Leben lang dem Vater gegenüber in der Position des Kindes. Manche Söhne brechen mit dem Vater, der sie nicht gehen lassen will, werden aufsässig und kriminell oder verlassen gar den »schlechten Vater«, um sich einem diktatorischen Sektenvater anzuschließen.

Für mich war das rechtzeitige Loslassen meines Sohnes eine traumatische, aber doch wertvolle Erfahrung. Bis zu seinem zweiten Jahr im Gymnasium war ich allzusehr mit seiner körperlichen und psychischen Gesundheit, seinen Freunde und seinen Aktivitäten und besonders mit der Schule beschäftigt. Diese Beschäftigung empfand ich als sehr fordernde, belastende, aber notwendige Verantwortung, wie ich glaubte.

Als er 14 war, wurde die Beziehung sehr schwierig, es gab viele traumatische Vorfälle. In meinem eifrigen Bemühen, ihn und sein Leben richtig zu kontrollieren, nahm ich bei seltenen Gelegenheiten auch zu körperlichen Strafen Zuflucht, d.h. zu einem Schlag auf den Hintern. Aber mit vierzehn drohte er damit, zurückzuschlagen, sollte ich ihn jemals wieder schlagen. Er hat die Drohung nie ausgeführt, zum Teil, weil ich mich zurückhielt, zum Teil aber auch, weil er mich mochte.

Bei den seltenen Gelegenheiten, bei denen ich ihn schlug, packte mich sofort die Reue, weil ich etwas getan hatte, das ich persönlich verabscheue und ablehne. Ich tat es nur, wenn er mir trotzte und ich die Beherrschung verlor, aber solche direkten Konfrontationen waren in seinem 14. Lebensjahr nicht selten.

Ein Kollege, mit dem ich über das Problem sprach, hat mir an diesem Punkt ungeheuer geholfen. Er sagte mir im wesentlichen: laß ihn los. Selbst sein Schulberater sagte eines Tages: »Ziehen Sie sich zurück. Er muß jetzt allein schwimmen oder untergehen.« Das alles waren sehr gute Ratschläge. Der Zeitpunkt war zweifellos gekommen (und überschritten), an dem ich aufhören mußte, meinen Sohn zu doppeln und mit ihm zu verschmelzen.

Das Ergebnis dieses Rückzugs war eindeutig positiv. Mit 15 Jahren verbesserten sich seine Schulleistungen, weil es jetzt *seine* Schule war. Er fing an, sich mit bestimmten Realitäten der Berufswahl zu beschäftigen, mit denen er allein fertig werden mußte.

Dieser Rückzug war aber auch für mich ein großer Gewinn. Ich hörte auf, mir Tag für Tag Sorgen um ihn und seine Fortschritte zu machen. Ich hatte das Gefühl, meinen Sohn großgezogen zu haben, zumindest zur Hälfte. Ich war viel freier für meine eigene Arbeit und konnte mich mehr mit meinen eigenen persönlichen und beruflichen Problemen beschäftigen. Es war eine sehr befreiende Erfahrung.

Der Rückzug eines Vaters hat viele Vorteile für ihn selbst. Streßreduktion ist für das Leben jedes Mannes ungeheuer wichtig und manchmal auch unumgänglich. Väter sollten zu diesem Zeitpunkt um ihrer selbst und nicht nur um der Individuation der Söhne willen im therapeutischen Sinne egozentrisch werden. Kurz, ein Rückzug zu diesem Zeitpunkt ist für beide Teile ein vorteilhafter Akt der Vaterschaft.

Meine Beziehung zu meinem Sohn hat sich ungeheuer gebessert, als ich ihm nicht länger »im Nacken saß«. Jetzt konnte er seine Probleme mit mir besprechen. Ich war für ihn kein Unterdrücker mehr, sondern wurde zu einer Hilfsquelle. Wir gingen viel entspannter miteinander um, und mein eigenes Leben verlief gesünder und glücklicher.

War ich vorher immer »über ihn hergefallen«, so kam allmählich jetzt er zu mir. Sobald ich mich entfernt hatte, wurde ihm mein Rat wichtig, und während er vorher nur widerwillig mit mir gesprochen hatte, war er jetzt gern in meiner Gesellschaft und nahm ernst, was ich sagte. Wir entwickelten allmählich eine gleichwertige Beziehung, aus der eine wirkliche Freundschaft entstand. Und ab und zu kam es vor, daß er mir einen nützlichen Rat gab. Als mein Sohn siebzehn Jahre alt war, waren wir bereits auf dem Weg zu der so wünschenswerten Männerfreundschaft zwischen Vater und Sohn, die die dritte Phase ihrer Beziehung bildet.

Phase III: Männerfreundschaft

Wer mit der Ich-Verschmelzung der ersten Jahre und den Auseinandersetzungen der Jugendzeit adäquat umgegangen ist, der kann als Belohnung allmählich erleben, wie die gegenseitige Liebe und Achtung mit zunehmendem Alter des Sohnes wächst und eine enge Männerfreundschaft entsteht. In der dritten Phase einer gesunden Vater-Sohn-Beziehung, die nicht durch negative Reste aus der zweiten Phase vergiftet ist, stehen Vater und Sohn als eigenständige Individuen da, als liebevolle Freunde; die Narben ihres Konflikts in der zweiten Phase sind geheilt. Sie sind gleichberechtigt und respektieren einander, haben gemeinsame Erfahrungen bei der Lösung von Problemen gemacht und kommen jetzt in den Genuß einer produktiven Freundschaft.

Aber nicht alle Väter und Söhne können diese ausgesprochen lohnende Beziehung aufbauen. Leider ist die Beziehung nur allzuhäufig durch die Kämpfe der Vergangenheit unwiderruflich beschädigt oder in einer ungelösten Entwicklungsphase steckengeblieben. Viele Faktoren aus den früheren Beziehungsphasen können die Männerfreundschaft zwischen Vater und Sohn verhindern, z.B. wenn die Väter aufgrund eigener Bedürfnisse oder kultureller Bedingungen nicht zugelassen haben, daß ihre Söhne Männer werden. Sie können ihre »kleinen Jungen« nur schwer gehen lassen. Das kann daran liegen, daß in einer komplizierten Welt, in der sie nur eine untergeordnete Rolle spielen, das »Kind« die einzige Person ist, über die sie Macht haben. Der erwachsene Sohn bleibt dann in Gegenwart des Vaters unterwürfig, selbst wenn er Reife in anderen Lebensbereichen erworben hat. Meist sind es unsichere Männer, die ihre Söhne in der alten Rollenabhängigkeit halten wollen.

Diese Vater-Sohn-Konstellation artikulierte sich in einer intensiven Psychodrama-Sitzung mit einem 25jährigen. Frank war ursprünglich in die Gruppe gekommen, weil er Probleme mit seiner Frau hatte, die an der Gruppe ebenfalls teilnahm. Wie sich herausstellte, erreichten seine Schwierigkeiten den kritischen Punkt nach einem Besuch bei seinem herrschsüchtigen, dominanten Vater, von dem er sich psychisch nicht gelöst hatte. Frank verhielt sich wie ein kleiner Junge, wenn er seinem Vater begegnete. Seiner Frau war aufgefallen, daß in Anwesenheit des Vaters selbst seine Stimme brüchig wurde, wie die eines Teenagers. Er wurde dann stets zum schuldigen kleinen Jungen, der keine eigene Meinung hatte und den Ansichten seines

Vaters zustimmte. Die Beziehung zum Vater war nicht gleichberechtigt, sie steckte immer noch in der zweiten Phase fest. Der Vater ließ ihn nicht gehen, und Frank wußte nicht, wie er sich aus seinem Zugriff befreien konnte.

Nach einem Besuch bei seinem Vater kam nach Aussage seiner Frau »Sex tagelang nicht in Frage, denn Frank verhält sich wie ein nörgelndes Baby. Er ist deprimiert, fühlt sich schuldig und läßt die Wut an mir aus, die er gegen sich selbst verspürt.«

Obwohl Frank schon Mitte zwanzig war, entließ ihn sein Vater nicht aus seiner Teenager-Phase. Das belastete seine Ehe und seine berufliche Rolle als Bewährungshelfer in einer Jugendeinrichtung, wo er sich zu seinen Schützlingen mehr wie ein Kumpel verhielt (also als Sohn-Typ) als wie eine Autoritätsfigur. Im Grunde verstärkte er die rebellische Haltung seiner Schützlinge gegen die Autoritätsfiguren in der Institution. Dieses Doppeln mit seinen rebellischen Schutzbefohlenen gegen seine Vorgesetzten, die »Väter«, die die Einrichtung leiteten, hatte gewisse psychische Vorteile für ihn. (Viele Revolutionäre und Rebellen tragen durch den Kampf gegen das Gesellschaftssystem allgemein in einer Art verschobener Aggression ihren Kampf mit den eigenen Vätern aus, von denen sie sich nicht haben befreien können.)

Als Frank die komplexe Dynamik begriffen hatte, in der er den ungebrochenen Einfluß seines Vaters selbst mit aufrecht erhielt, übte er in vielen Rollenspiel-Sitzungen, sich gegen den Vater zu behaupten, und probte den Umgang mit ihm. In den Sitzungen lernte er, sich ihm gegenüber durchzusetzen und sich als gleichberechtigter Mann zu verhalten, mit dem Ergebnis, daß sich seine Beziehung zu seiner Frau und seine berufliche Leistung wesentlich verbesserten.

Als Frank seine Rollenspiel-Erfahrung konkret umzusetzen begann, war der Vater zunächst sehr verstört. Frank erzählte der Gruppe, wie sich die Beziehung veränderte: »Zuerst rastete mein Vater aus, als ich seinen üblichen diktatorischen Anweisungen über mein Leben und sogar das meiner Familie nicht Folge leistete. Ich fing an, ihm Paroli zu bieten, wie in den Sitzungen. Ich unterwarf mich ihm nicht, aber ich rebellierte auch nicht und bekam keine Wutausbrüche, weil das in der Vergangenheit immer ineffektiv und selbstzerstörerisch gewesen war. Ich versuchte, mit ihm zu reden, und ich war erstaunt darüber, wie vernünftig meine Argumente waren. Und das Tolle ist, daß er mir zur Abwechslung mal zuhörte und mich nicht wie einen ungezogenen Halbwüchsigen behandelte. Wir haben

gelernt, von Mann zu Mann miteinander zu reden, und wir haben jetzt eine ausgezeichnete Beziehung.«

Wenn Väter und Söhne aus den Kämpfen der zweiten Phase als Freunde hervorgehen können, arbeiten sie oft auch beruflich zusammen und helfen einander, wenn es Probleme gibt.

Für einen Vater ist es oft bemerkenswert und immer erfreulich, wenn ihm sein Sohn später aus Liebe und Achtung hilft. Der folgende Zeitungsartikel führt den paradoxen Erfolg einer solchen vertrauensvollen Männer-Beziehung zwischen Vater und Sohn vor Augen:

Tony Brooklier vertrat in einem Prozeß, in dem es um Leben und Tod ging, seinen eigenen Vater. Man könnte ihn als Sohn des Paten bezeichnen. Tony Brooklier mußte zusehen, wie sein Vater, der 66jährige Dominic, mit vier anderen Männern in einem Mafia-Prozeß vor Gericht kam, in dem die Anklage von Pornographie, Erpressung und Verschwörung bis zum Mord reichte.

Man könnte versucht sein, die Bindung zwischen Dominic und Tony Brooklier mit der Beziehung zwischen Don Corleone und seinem Sohn Michael im »Paten« oder der von Joe »Bananas« Bonnano und seinem Sohn Bill zu vergleichen.

Nur war Michael Corleone nichts als ein Gangster, und Bill Bonnano ist ein Knacki unter vielen. Keiner von beiden konnte dem Vater das Wasser reichen. Aber Tony Brooklier ist anders. Er ist nicht einfach Dominics Sprößling, er ist auch sein Anwalt - und das im zugegebenermaßen gefährlichsten Augenblick im Leben des als Mafia-Boss angeklagten Dominic Brooklier. »Wie viele Väter in Dominics Position«, sagte jemand, der mit dem Fall zu tun hat, »würden ihren Söhnen zutrauen, sie vor dem Gefängnis zu bewahren? Legal, wohlgemerkt!«

Als die Verhandlung diese Woche begann, mußte Tony Brooklier im vollbesetzten Gerichtssaal zuhören, wie der Richter, Terry J. Hatter Jr., vor den zukünftigen Geschworenen die umfangreiche Anklageschrift gegen seinen Vater verlas.

Tony Brooklier, der äußerlich viel Ähnlichkeit mit Sylvester Stallone hat, aber nicht so überheblich grinst, sah das Gericht nicht an. Seine Hände spielten mit dem Füller, und er starrte die ganze Zeit auf seinen dicken Aktenstapel.

Tony Brooklier schien sich um die Kaltblütigkeit bemühen zu müssen, die seinem Vater zur zweiten Natur geworden war.

Dominic Brooklier, ein gutaussehender, eleganter Mann mit silberweißem Haar, saß während der Verlesung der Anklageschrift vorgebeugt in seinem grünen Lederstuhl und hörte angespannt zu. Er verzog keine Miene. Warum sollte er auch? Kaum jemand kennt seinen 34jährigen Sohn so gut wie er. Anthony ist der älteste von drei Söhnen, und wenn Dominic einen Sohn erzogen, auf ein Elitecollege und die beste juristische Fakultät des Landes geschickt hat, dann wird er jetzt wohl kaum an seinem eigenen Fleisch und Blut zweifeln ... Wie die Freunde des Vaters wissen, ist Tony Brooklier eben Dominics Sprößling ...

Einer von ihnen sagte: »Tony ist der Sohn, von dem jeder Vater träumt, aber den wenige Väter je bekommen.«[4]

Wie die Brookliers werden fast alle Väter und Söhne, die die dritte Beziehungsphase erreichen, Freunde, die in Krisenzeiten zueinander stehen. Aber es gibt auch eine andere Art der Männerbeziehung, vor allem, wenn der Vater (aus welchen psychodynamischen oder sozialen Gründen auch immer) ein konkurrierender Mensch ist.

Wenn ein Vater in seinem Sohn eine Bedrohung für seine Macht sieht oder ein reifer gewordener Sohn mit entwickelten Fähigkeiten sich für gewisse Kränkungen aus der zweiten Phase rächen will, dann entsteht in der dritten Phase eine konkurrente Beziehung.

Solche gegenseitigen Konkurrenzen können durchaus paradoxe Formen annehmen, zum Beispiel, wenn ein Vater die Konkurrenz seines Sohnes geradezu erwartet. Ich weiß noch, wie ein erfolgreicher Geschäftsmann in einer Therapiesitzung begeistert und ein wenig neidisch von seinem 25jährigen Sohn sagte: »Wissen Sie, der kleine Bastard hat schon seine erste Million gemacht. Bei diesem Tempo wird er schnell reicher sein als ich.«

Viele Söhne gehen sehr gewundene Wege, um die unvermeidliche Konkurrenz und die Vergleiche mit dem Vater zu vermeiden. Ein Psychologe, der sich als Gruppentherapeut einen Namen machte, sagte: »Mein Sohn ist ein guter Therapeut. Aber er hat mir vor kurzem gesagt, daß er ausschließlich Einzelklienten behandelt und nie mit Gruppen arbeitet. Er vermeidet alle Vergleiche mit mir wie die Pest. Er weiß, daß er nie so gut wie ich werden wird.«

Ein interessantes Beispiel für die Liebe und Freundschaft in der dritten Phase der Vater-Sohn-Beziehung sind Darryl und Richard Zanuck. Bedauerlicherweise führte der konkurrente Charakter von Darryl, dem Vater, später zu einem dramatischen Machtkampf um ihr Film-Imperium, der weltweit durch die Presse ging.

Der Hintergrund der Auseinandersetzung zwischen den international berühmten Filmproduzenten Darryl und Richard Zanuck beleuchtet den in der ersten und vor allem in der zweiten Phase überwiegend positiven Charakter ihrer Vater-Sohn-Beziehung, die sich aber in der dritten Phase zeitweise durch die ungeheuer konkurrenten Ich-Bedürfnisse des Vaters verschlechterte.

Darryl F. Zanuck, einer der Pioniere der Filmindustrie, gründete die 20th Century Fox in der Blütezeit Hollywoods. Er produzierte Hunderte von klassischen Filmen, u.a. »Grapes of Wrath«, »The Longest Day«, »All about Eve« und »The sun also rises«. Besonders der letzte Titel wurde von den meisten Reportern immer wieder zur Beschreibung ihrer Beziehung zitiert. Mel Gussow, der Darryl Zanucks Biographie schrieb, benutzte als Titel für sein Buch einen der Lieblingssätze von Zanuck: "Stimm' mir nicht zu, bevor ich fertig bin" ("Don't say yes until I finished talking", Doubleday, 1971), ein Satz, der gleichzeitig seine Persönlichkeit charakterisiert.

Sein Sohn Richard wurde sein Nachfolger, ohne daß dabei familiäre Begünstigung eine Rolle gespielt hätte. Sein Aufstieg zum Präsidenten der Fox, deren Aufsichtsratsvorsitzender der Vater war, verdankte er allein seiner Begabung und der frühen, konstruktiven Förderung seiner Karriere durch seinen Vater. Anders als viele andere Söhne berühmter Väter hatte sich Richard seinen Erfolg selbst erarbeitet, was unter anderem an dem Geschick lag, mit dem Darryl seine Vaterrolle spielte.

Die Dynamik ihrer Vater-Sohn-Beziehung und ihrer Auseinandersetzungen unterscheiden sich kaum von der phasenspezifischen Entwicklung anderer Väter und Söhne, die nicht im Scheinwerferlicht der Öffentlichkeit stehen. Richard Zanuck hat mir die Beziehung, Interaktionen und Konflikte mit seinem Vater in einer Reihe ausführlicher Interviews geschildert:

»Als ich klein war, hatte ich vor allem Angst vor meinem Vater. Er war ein sehr konkurrierender und extravaganter Mann, sehr leicht zu reizen, wenn ihm jemand in den Weg kam oder anderer Meinung war. Das soll nicht heißen, daß er nicht zu großer Liebe fähig gewesen wäre, aber er explodierte eben leicht, wenn nicht alles so lief, wie er wollte.

Ich glaube, ich hatte als Kind dieselben Schwierigkeiten mit ihm wie seine Angestellten und Untergebenen. Es war nicht so, daß er überflüssigerweise auf mir herumhackte, übrigens genausowenig wie auf seinen Mitarbeitern. Sein Temperament entsprach seiner ungeheuren Begeisterungsfähigkeit. Er konnte einem das Gefühl geben, man sei einfach großartig. Aber gleichzeitig wußte man auch immer, daß man es mit einer menschlichen Zeitbombe zu tun hatte. Es war eine Art Leben auf dem Vulkan, er konnte jederzeit explodieren, besonders, wenn er glaubte, jemand wollte seine Pläne durchkreuzen oder wäre anderer Meinung als er.

Seine Persönlichkeit, sein Erfolg und sein ungeheures Selbstbewußtsein machten ihn in meiner Kindheit zu einer distanzierten Vaterfigur (Phase I). Es fiel mir sehr schwer, zu ihm zu gehen und ein Gespräch von Sohn zu Vater zu führen, selbst auf der einfachsten Ebene. Das hatte auch mit seinem ungewöhnlichen Arbeitsrhythmus zu tun. Manchmal habe ich ihn wochenlang nicht gesehen, obwohl wir im selben Haus lebten. Ich ging morgens zur Schule, und wenn ich nach Hause kam, schlief er noch, weil es in der Nacht vorher so spät geworden war. Wenn ich in die Schule ging, sah ich ihn nicht, und abends war er nicht da, weil er nie vor zwei oder drei Uhr nachts aus dem Studio zurückkam. Am Wochenende fuhr er direkt vom Studio nach Palm Springs, wo er ein Haus hatte. Es vergingen also tatsächlich Wochen, in denen ich ihn als Kind nie zu Gesicht bekam. (Darryl war eindeutig ein distanzierter Vater in der ersten Phase. Er hat keines der Verhaltensmuster liebevoll-doppelnder Väter gezeigt. In gewisser Weise war er darauf fixiert, seinen Sohn von Mann zu Mann zu behandeln, genauso wie seine Mitarbeiter.)

Obwohl er viel unterwegs war, war seine Anwesenheit deutlich zu spüren. Ich habe immer gewußt, was für ein erfolgreicher, mächtiger Mann mein Vater war. Aber ich hatte als Kind nicht die Beziehung zu ihm, die ich heute zu meinen beiden Söhnen habe. Wann immer es irgend möglich ist, bin ich mit meinen Kindern im Hof und spiele Ball. Wir stehen uns sehr nahe. Die Atmosphäre in meiner Familie ist viel normaler als die in meinem Elternhaus. Wir essen zusammen, ich helfe ihnen bei den Hausarbeiten, wir sitzen zusammen vor dem Fernseher. Ein guter Vater zu sein heißt für mich, daß ich viele Sachen tun muß, die ich nicht tun will. Die Dreckarbeit machen, sie zu Freunden bringen, ihre Freunde abends nach Hause fahren oder jemanden abholen - das alles ist Teil der Zeit und Energie, die man für die Kinder aufbringt, wenn man ein guter Vater sein will. Die Liebe meines Vaters zu mir war bestimmt genauso stark wie meine Liebe zu meinen Kindern. Aber ich wachse mit ihnen auf, ich habe viel mehr Kontakt zu ihnen als mein Vater zu mir hatte. Gut möglich, daß ich ihnen zuviel Zeit und Energie widme. Ich glaube, ich möchte dadurch den Mangel kompensieren, den ich in dieser Beziehung bei meinem Vater gespürt habe. (Richard ist anscheinend ein liebevoll-doppelnder Vater in der ersten Phase bei seinen eigenen Söhnen, weil er sich schmerzlich bewußt ist, was er von seinem Vater wollte und nicht bekommen hat.)

Als Kind hat mein Vater mit mir kaum etwas unternommen. Ich erinnere mich an ein paar Jagdausflüge nach Mexiko, aber da waren immer Freunde von ihm dabei. Wir haben eigentlich nie allein einen Ausflug gemacht oder sind Skifahren gegangen oder so etwas.

Ich habe mir als Kind diese Art Beziehung zu ihm gewünscht, obwohl ich nicht glaube, daß ich gern mit ihm allein gewesen wäre. Das lag an seiner Haltung. Ich hatte Angst vor ihm. Dabei war ich keineswegs eins dieser schüchternen Kinder, die sich immer in irgendwelche Ecken verdrücken. Aber seine Gegenwart war überwältigend. Mein Vater konkurrierte mit jedem, mit dem er in Kontakt kam, und er dominierte sie alle. Dazu gehörten die hohen Tiere der Filmindustrie und die Stars des Studios wie Tyrone Power, Henry Fonda, Olivia de Haviland. Jeder fürchtete ihn und kapitulierte vor seiner Herrschaft, selbst zähe Gegner wie Jack Warner.

Eine meiner herausragenden Erinnerungen aus meiner Kindheit sind die Filmvorführungen bei uns zu Hause. Als er damit anfing, war ich sechs oder sieben Jahre alt. Wir hatten einen großen Vorführraum zu Hause, und sonntagsabends kamen immer viele Leute, Stars und Freunde, um sich die Filme anzuschauen. Für mich waren die Stars im Grunde nichts besonderes. Ein gutaussehender Hauptdarsteller z.B. kam ohne sein Toupee zu uns und sah ganz unauffällig aus. Ich bekam die Geschichten über ihren Ärger mit ihren Frauen oder mit ihren Kindern mit. Sie waren einfach Freunde meines Vaters; für mich waren sie nie die Superstars, die sie für die Öffentlichkeit waren. Am meisten hat mich Hopalong Cassidy beeindruckt. Ich liebte seine Filme. Ja, er hat mich beeindruckt.

Erst gab es Abendessen, dann führte Vater einen Film vor. Meine zwei Schwestern und ich aßen selten mit den Erwachsenen zusammen, wir bekamen unser Essen separat. Dann durften wir uns den Film ansehen. Mein Vater saß in der Regel mit mir ganz hinten, um die Anlage bedienen zu können. Wenn er den Film nicht gut fand und sich langweilte, fing er an, mit mir herumzualbern. Und jedesmal endete das damit, daß wir auf der Couch einen Ringkampf machten. Natürlich war er viel größer und stärker als ich mit meinen sieben Jahren, aber für ihn war jeder ein Konkurrent, auch sein Sohn. Er nahm mich solange in den Schwitzkasten, bis ich sagte: 'Ich gebe auf'. Er liebte den Sieg und besiegte mich regelmäßig.

Es war ein Ritual, das jahrelang beibehalten wurde. Als ich ungefähr 13 Jahre alt war, gab es manchmal Situationen, wo ich glaubte, ich könnte ihn besiegen. Aber er kriegte mich doch immer klein. Und dann kam ein Abend, den ich nie vergessen werde. Ich war vierzehn und mittlerweile ein ganz guter Sportler geworden, was mein Vater zum Teil auch gefördert hat. Er balgte sich wieder mit mir auf der Couch herum. Zum ersten Mal merkte ich, daß ich stärker war als er. Ich hatte ihn im Schwitzkasten, gnadenlos. Sein Kopf wurde immer röter, und die Augen quollen fast schon heraus. Ich drückte weiter zu und fragte ihn, ob er aufgeben wolle, so wie er mich die ganzen Jahre gefragt hatte. Schließlich stieß er hervor: 'Ich gebe auf.'

Nach all diesen Jahren, in denen wir dieses Spiel gespielt hatten, hatte sich das Machtverhältnis verschoben. Es ist eine interessante Episode, weil sie mir noch so klar vor Augen steht. Ich glaube, daß war ein Wendepunkt in der Beziehung zu meinem Vater, wir sahen uns beide mit anderen Augen an. Übrigens wollte er von diesem Moment an nie mehr mit mir ringen. Ich meine, er hat das natürlich nicht direkt ausgesprochen. Es ist einfach nie mehr vorgekommen. Er haßte es, in irgendeinem Bereich zu verlieren, selbst gegen seinen Sohn.

Als Teenager fing ich an, auf dem Fox-Gelände Zeitungen zu verkaufen, und ich konnte meinen Vater oft bei der Arbeit beobachten. Das Studio wurde meine zweite Heimat und mein Spielplatz. Mein Interesse am Filmgeschäft ist bestimmt deshalb entstanden; ich war so oft auf dem Gelände und habe darüber ganz nebenbei viel über Film gelernt. Mein Vater hat mich nie gedrängt, in sein Geschäft einzusteigen. Es kam ganz selbstverständlich.

Das Studio war innerhalb der riesigen Metropole von Los Angeles so etwas wie eine eigene kleine Stadt, und es war das Königreich meines Vaters. Seit meiner Kindheit war ich darin zu Hause. Es gibt keinen Ort, den ich so liebe wie das Studio, und ich fühle mich sehr wohl da. Das habe ich von meinem Vater geerbt.

Mein Vater hat viel Begeisterung in den Studios geweckt, und mit derselben Energie hat er auch mich auf den Weg gebracht. Mit seiner Persönlichkeit konnte er andere begeistern und zu großem Arbeitseinsatz motivieren.

Er gab den Leuten das Gefühl, sie seien absolute Spitze, egal auf welchem Gebiet. Drehbuchautoren überzeugte er, sie hätten gerade das beste aller Drehbücher geschrieben, Regisseure, sie hätten den größten Film aller Zeiten gedreht. Ich habe als Jugendlicher von ihm dieselbe Anfeuerung dasselbe aufmunternde Schulterklopfen bekommen wie seine Angestellten. Trotz aller Distanz war er deshalb sehr präsent. Ich wußte, welches Verhalten und welche Einstellung er von mir erwartete. Seine Ziele waren sehr hoch gesteckt.

Als ich noch zur Schule ging, hat er mir einmal gesagt: 'Für dich ist es nicht gut genug, wenn du nur Mitglied in der Schwimm- oder Football-Mannschaft wirst. Du hast das Zeug zum Mannschaftskapitän und kannst Rekorde brechen.' Er hat mir vermittelt, ich könnte und sollte mich auszeichnen. (Darryl hat seinen beruflichen Modus operandi als Studioboss auf seine Beziehung zu seinem Sohn übertragen. Er ähnelt Bull Meechum in *The great Santini*, ein Mann, dessen Vaterstil von seiner Rolle im Marine-Corps geprägt war. Übrigens war Darryl im zweiten Weltkrieg Colonel in der US-Armee.)

Er konnte sehr gut loben. Das war dafür verantwortlich, daß ich in der Schule Kapitän der Football- und Schwimm-Mannschaft und Präsident des Schülerparlaments wurde. Ich kann wirklich nicht sagen, wieviel von meinem Erfolg auf mein Konto geht und wieviel auf das Konto seiner Begeisterung. Er war so etwas wie der Trainer in der Mannschaft, die mich versorgte, und zu der meine Kinderschwester und meine Mutter gehörten. Sie haben sich um viele meiner Bedürfnisse gekümmert, aber der inspirierende Faktor meines Lebens war eindeutig mein Vater.

Ein Großteil der Botschaften, die mir mein Vater als Jugendlicher mit auf den Lebensweg gab, stand in seinen zahlreichen Briefen. Ich habe später erfahren, daß er seiner Sekretärin gesagt hat, sie solle absichtlich Tippfehler machen, damit man glauben konnte, er hätte sie selber geschrieben, was sie persönlicher machte. Mir erzählte er, er tippe sie selbst, da die Briefe vertraulich seien - nur unter uns beiden. Seine Briefe waren wie Vorlesungen. Damals faszinierten sie mich, ich habe viel daraus gelernt, und auch wenn ich sie heute wieder lese, finde ich sie sehr wertvoll. In der Regel waren sie sehr lang, zwischen fünf und sechs Seiten.

In manchen Briefen tadelte er mich, weil ich einen Strafzettel oder eine nicht astreine Schulnote bekommen hatte. In den Briefen ging es darum, wie wichtig es ist, acht bis zehn Stunden Schlaf zu bekommen und sich körperlich fit zu halten. Er schrieb mir, ich solle bei Mädchen kein Risiko eingehen und aufpassen, daß ich mich nicht »anstecke«. Die Briefe taten mir ungeheuer gut, weil er das Negative immer durch etwas Positives ausglich. Ich weiß noch, daß ein Brief sich um mein Erbe drehte. Er schrieb, daß ich besondere Vorteile genießen würde und dem Familiennamen Ehre machen müsse. Mit seinen Worten und mit seinen Briefen vermittelte er mir immer wieder, ich wäre mit Führungsqualitäten gesegnet und hätte deshalb besondere Verantwortung.

Er hat mich anders behandelt als meine Schwestern, gab mir das Gefühl, etwas Besonderes zu sein. Ich glaube, er hat in mir sein Ebenbild gesehen. Selbst wenn er mich in seinen Briefen tadelte, hat er immer betont, ich sei schließlich sein Sohn, hätte deshalb besondere Talente und könnte 'bis zum Letzten gehen'.

(In den Briefen, die ich gelesen habe, zeigt sich D.Z. als ausgezeichneter Pädagoge. Er greift seinen Sohn nie persönlich an, sondert tadelt nur sein Verhalten, nie seine Person. Das hat entscheiden dazu beigetragen, daß Richard ein so großes Selbstwertgefühl entwickeln konnte. In seinen Briefe an den Sohn sind immer wieder wichtige Informationen über die richtige Lebensweise eingeschoben. Überhaupt spielt es eine große Rolle, daß er seine philosophischen Vater-Botschaften brieflich übermittelt hat. Väterliche Botschaften in dieser Form haben eine sehr starke Wirkung.)

Die allgemeine Botschaft meines Vaters an mich als Jugendlichen lief nicht nur über die Briefe. Wenn wir zusammen waren, zeigte er mir, daß ich ihm viel bedeutete. Er küßte mich auf die Wange und umarmte mich. In Briefen und Gesprächen betonte er immer wieder grundlegende Prinzipien. Eins davon war, daß ich über alles, was ich tat, ob richtig oder falsch, mit ihm sprechen könne. Er wollte mich nie davon abhalten, über alles mit ihm zu reden. Er hat mir immer wieder versichert, das schlimmste, was ich tun könne, sei, ihm nicht zu sagen, wenn ich in irgendwelchen Schwierigkeiten wäre. Für ihn war Lügen schlimmer als jedes reale Verbrechen. Grundlegend war für ihn die Aufrechterhaltung der Kommunikation zu mir, ob es um sexuelle Themen ging, um Gefühle oder um Sachen, die ich getan hatte. Das drückte er so aus: 'Wenn du mir etwas verheimlichst, dann bin ich nicht mehr in deinem Team', was bedeutete, daß ich auf ihn nicht mehr zählen konnte.

Ich habe in den letzten Jahren seine Briefe wieder gelesen. Die Briefe zeigen mir immer wieder, was für ein wunderbarer Vater er auf seine Weise für mich als Jugendlichen war. Wenn meine Söhne Teenager werden, mache ich bei ihnen dasselbe. Das heißt nicht, daß man die ganze Zeit die Peitsche schwingen muß, aber er hat mir doch in gewissem Sinne Dankbarkeit für meine Position und Anerkennung durch seine Position vermittelt und mir Privilegien und Macht vererbt. Durch ihn habe ich begriffen, wie viele Vorteile ich gehabt habe und daß ich durch meine gesellschaftliche Stellung für andere Menschen auch verantwortlich bin. Im Grunde hat er mir geholfen, eine Ich-Stärke zu entwickeln, die mir mein ganzes Leben lang zugute gekommen ist.

Ich muß ein für allemal klarstellen, daß ich in meinem ganzen Leben keinen Menschen getroffen habe, der anderen so viel Unterstützung geben konnte wie mein Vater. Wenn er jemandem half, dann absolut, nicht nur bei mir, sondern bei allen. Und wenn ich absolut sage, dann meine ich das auch so. Gerade wegen dieser Eigenschaft war es andererseits auch so schwer, mit ihm umzugehen, denn er konnte sich mit derselben Absolutheit auch gegen einen stellen.

Wenn man mit einem Mann zu tun hat, der sich keinen Pfifferling um die Meinung anderer kümmert, egal, worum es geht, dann hat man es mit einem sehr gefährlichen Gegner zu tun. Mein Vater ging immer aufs Ganze, bei allem, selbst wenn jemand dabei draufging. Das ist natürlich übertrieben, aber er hat immer alles aufs Spiel gesetzt. Es gab nichts, was ihn zurückhalten konnte. Wenn man mit D.Z. in eine Auseinandersetzung geriet, war es ihm egal, ob er seinen Job verlor oder ob man selbst seinen Job verlor. Sobald es um Konkurrenz ging, gab es nur Sieg oder Niederlage.

In dieser Hinsicht war er entsetzlich klar. Er verschwendete weder seine eigene Zeit noch die anderer, sondern sagte einfach, was er zu sagen hatte. Zugute halten muß man ihm, daß er nie nachtragend war. Er wurde wütend, sagte jemandem die Meinung, und damit war die Sache erledigt. Er gehörte nicht zu den Leuten, die ihren Groll mit sich herumschleppen und noch nach Jahren sagen: 'Das Arschloch hat mir das und das angetan.' Es war vorbei. Wenn es sein mußte, dann entfernte er Leute aus seinem Leben. Wenn er den Umgang mit Leuten für Zeitverschwendung hielt, sorgte er dafür, daß er nichts mehr mit ihnen zu tun hatte. Und genau dieser konkurrente Charakterzug hat dann zu unserem großen Krieg bei der Fox geführt.

Es hatte nichts mit familiärer Begünstigung zu tun, daß ich um 1970 Präsident der Fox wurde. Mein Vater hat mir geholfen, aber er war davon überzeugt, daß ich den Job verdient hätte. Ich fing direkt nach dem College als Drehbuchredakteur an. Mein Vater hatte keineswegs ein sentimentales

Verhältnis dazu, daß ich in seiner Firma arbeitete. Er hat mich gefördert, weil ich im Studio zu den härtesten Arbeitern gehörte. Wahrscheinlich habe ich diese extreme Hingabe ans Geschäft von ihm geerbt. Als ich Vorstandsvorsitzender der Fox wurde, war mein Vater Aufsichtsratsvorsitzender. Ich war also der zweite Mann bei der Fox. Ich hätte wissen sollen, daß D.Z. noch jeden zweiten Mann abgesägt hat.

Damals, 1970, hat er mich sehr ernst genommen. Er war sehr freundlich zu mir, sein Verhalten zeigte, daß wir gleichberechtigt waren. Er hat mich nicht wie einen Anfänger behandelt, nicht einmal wie seinen Sohn. Er hat sich oft auf mein Urteil beim Management des Studios verlassen.

Ich leitete also das Studio, und er war in Europa und amüsierte sich. Er hatte ständig neue Freundinnen, war in den europäischen Spielkasinos als Spieler und an der Riviera als alternder Playboy berüchtigt.

Es war seltsam, aber in dieser Phase haben sich unsere Rollen umgekehrt. Ich wurde zum Vater, er wurde zum Sohn. Es gab einige sehr offene und merkwürdige Gespräche, in denen ich ihm sagte, was er mir Jahre vorher gesagt hatte: 'Herrgott nochmal, warum kannst du nicht mal mit demselben Mädchen zweimal ausgehen? Warum muß es jede Nacht eine andere sein?' Also genau die Sachen, die sonst ein Vater zu einem Schuljungen sagt: 'Du bist zu lange unterwegs und kriegst nicht genug Schlaf.' 'Mach dich nicht öffentlich lächerlich.' usw. Ich wurde für ihn zum Sprachrohr der Pragmatik. Gelegentlich hörte er auf mich, weil ich damals ein vernünftiges Leben führte und weil er es einsah. Ich war verheiratet, hatte eigene Kindern, arbeitete hart im Studio.

Während er sich in Europa amüsierte, hatte ich viele geschäftliche Entscheidungen zu treffen. Er machte sich zum Narren, und gelegentlich mußte ich ihn decken. Daß ich seine mangelnde Aktivität zu verbergen suchte, machte ihn betroffen. Er entwickelte so etwas wie eine leichte Paranoia in diesem Punkt und deutete meine Hilfe als den Versuch, ihn aufs Altenteil zu schieben. Das ist ein wörtliches Zitat: 'Du willst mich aufs Altenteil schieben.'

Das Gegenteil war richtig. Ich wollte loyal sein und ihm helfen, seine Position zu bewahren. Aber er mißdeutete meine Loyalität als Versuch, ihn aus der Firma zu vertreiben.

In dieser Zeit landeten wir mehrere schwere finanzielle Flops, unter anderem 'Hello Dolly' und 'Star!'. Der Cleopatra-Film mit Burton/Taylor wurde finanziell eine Riesenkatastrophe, und das Studio war fast bankrott.

D.Z. fühlte seine Macht schwinden und ich glaube, für ihn war ich mitschuldig an der Misere. Er hetzte zurück nach Kalifornien. Heute glaube ich, daß es für ihn um seine Macht und seine männliche Ehre ging.

Diese schicksalhaften Tage zu Weihnachten 1971 vergesse ich nie. Eben noch war ich Vorstandsvorsitzender der Fox, am nächsten Tag wurde ich buchstäblich vom Gelände geworfen. Und das Schreckliche dabei war, daß mein eigener Vater meinen Rausschmiß organisiert und durchgeführt hat.

Nach der Sitzung, bei der über meinen Rausschmiß entschieden wurde, übermittelten mir alle Aufsichtsratsmitglieder ihr Bedauern. Aber ich wußte, daß er sie alle in der Tasche hatte, und ich wußte, daß er dahinter steckte. Ich weiß noch, wie er da saß, kalt wie Eis, und keinen Zentimeter nachgab. Sie fragten mich, ob ich etwas sagen wolle. Ich wußte, daß nichts, was ich sagen konnte, etwas ändern würde. Schließlich sagte ich: 'Ich möchte meinen Anwalt anrufen.'

Als ich nach dem Anruf zurückkam, stand er am Kopfende des Tisches. Er stand da und warf mir einen bösen Blick zu. Er sagte: 'Was hast du so lange gemacht? Wir haben alle auf dich gewartet.' - 'Du weißt doch, ich mußte meinen Anwalt anrufen.' Er war total kaltblütig dabei, total distanziert. Die Vater-Sohn-Beziehung war nicht mehr vorhanden. Er war wirklich brutal. Mein Vertrag lief noch fünf Jahre, aber meine Anstellung war beendet.

Ich ging in mein Büro, um meine Sachen zusammenzupacken, und einige Aufsichtsratsmitglieder kamen rein und sagten: 'Es tut uns leid. Du bist sehr begabt.' Aber das war's. Während ich packte, gab es noch eine demütigende Episode, eine zusätzliche Beleidigung: Mein Vater schickte ein paar Leute vom Sicherheitsdienst vorbei, um sicherzustellen, daß ich wirklich ging.

Als ich das Studio verließ, war ich am Boden zerstört. Es war wie Sterben. Ich lebe am Strand von Santa Monica, und mehrere Monate lang bin ich tagelang am Strand entlanggelaufen und habe mich gefragt: 'Was soll das alles?' Ich hatte so hart gearbeitet. Und natürlich war ich ungeheuer bestürzt und schockiert, daß mein eigener Vater mir das antun konnte.

Als ich dann die Ereignisse aus seiner Sicht rekonstruierte, wurde mir klar, daß er mir aus seiner Perspektive kein Unrecht getan und deswegen auch keine Schuldgefühle hatte. Er sah einfach seine Macht schwinden, und das war für ihn undenkbar. Im Geschäft war es ihm absolut egal, wer unterging, auch wenn es der eigene Sohn war.

Im Rückblick weiß ich, daß er so hart sein mußte. In diesem ganzen Geschäft und bei diesen Leuten konnte man nur Erfolg haben, erst recht solchen Erfolg wie er, wenn man ungeheuer hart war. Man mußte ein rücksichtsloses Regiment führen. Ich kenne die Leute in Hollywood. Zu seiner Zeit waren das die Eigenschaften, die einen nach oben brachten. Natürlich brauchte man auch Talent, Weitblick und Filmverstand. Aber in die Klasse, in der er mitspielte, konnte man ohne Zähigkeit und ungeheures Talent nicht mal den Fuß in die Tür kriegen. Er hatte diese Eigenschaften, und dafür habe ich ihn immer bewundert, aber ich wäre nie auf den Gedanken gekommen, seine Macht könne sich in dieser Weise gegen mich richten.

Wir haben ziemlich lange nach diesem traumatischen Ereignis nicht mehr miteinander gesprochen. Aber dann wurde er in New York krank und mußte ins Krankenhaus. Als ich davon erfuhr, rief ich ihn aus Los Angeles an und fragte, ob er mich sehen wolle. Er antwortete: 'Natürlich.'

Ich fand, er solle nach Palm Springs zurückkommen und bei meiner Mutter leben. Sie stimmte zu, und er kam zurück. Dort hat er seine letzten Lebensjahre verbracht.

Von da an haben wir uns bis zum Schluß gut verstanden. Wir haben nie wieder über unsere Auseinandersetzung gesprochen. Für ihn war es richtig, was er mir angetan hatte; er hatte es damals so für nötig gehalten. Natürlich habe ich ihm verziehen, weil er die meiste Zeit meines Lebens ein so guter Vater war. Himmel, ich habe ihn immer geliebt. Aber es war eine Liebe, die mit Furcht und Verehrung durchsetzt war.«

Darryl Zanuck war ein autokratischer, distanzierter Vater, glich das aber durch viele gute Eigenschaften aus. Trotz oder sogar wegen seines konkurrierenden Charakters konnte er seinem Sohn eine Lebensbotschaft mitgeben, größtenteils durch die Verstärkung seines Selbstbewußtseins im Jugendalter.

Unter dem Aspekt der Phasen-Dissonanz bestand sein Fehler als Vater darin, daß er mit seinem Sohn immer nur auf der Basis der Männerbeziehung der dritten Phase umgegangen ist. Selbst als Richard ein Kind war, konnte D.Z. sein konkurrierendes Ich nicht zügeln; es kam in den Ringkämpfen mit seinem kleinen Sohn immer durch. In der ersten Phase war er gewiß kein liebevoll-doppelnder Vater. Zwangsläufig beeinflußte seine Berufswelt, die ungeheuer fordernde, auf Konkurrenz aufbauende Welt der Hollywood-Haie, auch die Beziehung zu seinem Sohn und seiner Familie.

Die kontinuierliche Haltung des distanzierten, autoritären (aber liebevollen) Vaters in der zweiten Phase, Richards Jugend, funktionierte gut. Sein Erziehungsansatz griff korrekt das schlechte Verhalten des Sohnes an, aber er verstärkte gleichzeitig den Glauben des Teenagers an sich selbst als

»besonderer Mensch«. Diese positive Verstärkung war für Richards Selbstverständnis sehr wichtig und gab ihm die Kraft zum Erfolg im rücksichtslosen Milieu von Hollywood. Ein anderer positiver Faktor in der zweiten Phase war das Image des Vaters, ein positives Rollenmodell, dem der Sohn nacheifern konnte. D.Z. wies ihm den Weg, ohne ihm seine eigene kognitive Landkarte aufzuzwingen. Zweifellos wollte er ihn im Filmgeschäft sehen, aber der Sohn folgte dem Weg des Vaters, weil er sah, daß dieser seine Arbeit genoß und seine Tätigkeit schätzte.

Die Jahre der Phase III sind eine Mischung aus positiven und negativen Faktoren. Positiv ist, daß Vater und Sohn die meiste Zeit in einer produktiven Allianz zusammenarbeiteten. Aber die triebhafte konkurrierende Ichstärke des Vaters kam unweigerlich ins Spiel, selbst seinem Sohn gegenüber. Richard hat den Charakter seines Vaters verstanden, das beweist die mangelnde Wut auf ihn für das, was er ihm antat; er hatte bis zum Tod des Vaters sehr wenig feindselige Gefühle. In meinen Augen zeigt das Interview eindeutig, daß der Sohn die Bedürfnisse des Vaters verstanden hat; obwohl er selbst zwischenzeitlich in die Schußlinie geriet, enstand kein anhaltender Groll. Er besitzt freundliche Erinnerungen an ihn, ist ihm für seine wertvollen »Botschaften« dankbar und hat seinen Vater geliebt.

Mein Interview mit Richard Zanuck, aber auch viele andere Interviews zeigen, daß nur sehr wenige Väter in allen drei Phasen der Vaterschaft gleich effektiv sind. Manche sind in der ersten Phase ausgezeichnete, liebevolldoppelnde Väter, aber kommen mit den anderen Phasen nicht zurecht. D.Z. war in der ersten Phase relativ abwesend, aber in der zweiten Phase ein hervorragender »Kommandant«, der Distanz und Autorität wahrte, gleichzeitig aber Ansprechpartner blieb. Auch gibt es keinen Grund, an der Wahrheit von Richards häufigen Anspielungen zu zweifeln, daß sein Vater ihn inspirierte und ihm ein heroisches Rollenvorbild war. In der dritten Phase hatten Vater und Sohn eine gute, freundschaftliche Männer-Beziehung - mit einer großen Ausnahme: Wenn D.Z. Konkurrenz witterte, mußte der zweite Mann in seinem Imperium gehen, so auch der eigene Sohn.

Bevor ein Mann Vater wird, sollte er seine jeweiligen Stärken in allen drei Phasen der Vaterschaft prüfen. Vaterschaft in der ersten Phase braucht Zeit und die Fähigkeit zu Liebe und Mitgefühl, um die sich entwickelnde Persönlichkeit eines kleinen Kindes nähren zu können. In der zweiten Phase ist wissende, sensible Autorität für den Umgang nötig mit einem natürlicherweise rebellischen Wesen, halb Kind, halb Mann, das versucht, sich vom

Vater zu lösen und seine eigene Persönlichkeit zu definieren. Der Vater der dritten Phase muß sich ohne Dominanz von gleich zu gleich auf seinen Sohn beziehen können. Wer ein guter Vater sein will, muß sich die normalen Probleme der drei Phasen und die unterschiedlichen Erwartungen an seine sich verändernde Rolle unbedingt bewußt machen.

4.

Familiendynamik: Mütter und andere

Die Interaktion zwischen Vater und Sohn wird von anderen Menschen, vor allem von Mutter, Brüdern und Schwestern beeinflußt. Bei Scheidung und Wiederheirat kommt die Stiefmutter als positiver oder negativer Einflußfaktor hinzu. Die Gruppe der Gleichaltrigen, Freunde, Lehrer und Trainer des Sohnes wirken sich ebenfalls auf das Vater-Sohn-Verhältnis aus. All diese Menschen filtern in großem Umfang die Interaktion zwischen den Hauptbeteiligten. Sie spielen sozusagen die unterstützenden Charakterrollen im Lebensdrama von Vater und Sohn.

Der Einfluß dieser anderen ist selbst dann wichtig, wenn Vater und Sohn zusammen leben, verstärkt sich aber natürlich, wenn der Vater durch Scheidung, berufliche Anforderungen oder aus anderen Gründen über lange Zeiträume von seinem Sohn entfernt ist. Ist der Vater zum Beispiel im Krieg, kann die Mutter ihn als Held darstellen und eine Odyssee entwerfen, die seine Erlebnisse in leuchtenden Farben schildert. Umgekehrt zeichnen geschiedene oder getrennt lebende Mütter oft ein grauenhaftes Bild ihrer Ex-Männer.

In den Zeiten, in denen Väter und Söhne voneinander getrennt sind, müssen sie sich ein Bild des anderen entwerfen. Trennungen machen ein solches Bild, das nicht an der Realität überprüft werden kann, zwangsläufig notwendig. Psychisch gesehen führt dieser Prozeß dazu, daß der andere als überlebensgroß verinnerlicht wird. Die fehlende physische Anwesenheit läßt Raum für extravante Imaginationen und Realitätsverzerrungen.

Selbst ein toter Vater kann ungeheuer anwesend sein und großen Einfluß auf das Leben des Sohnes haben. Das zeigt sich z.B. in der folgenden Beschreibung eines fünfzigjähriger Mannes:

»Mein Vater starb mit 43 Jahren an Krebs. Ich war damals acht Jahre alt. Ich weiß noch, daß er ein sehr warmherziger Mann war. Er besaß einen Obstladen und hatte einen guten Ruf ... Ich habe den Tod meines Vaters nie wirklich akzeptiert. Ich habe ihn idealisiert, mir vorgestellt, er würde fürs FBI arbeiten oder gegen Hitler kämpfen und irgendwann wiederkommen. Ich habe mit ungeheurer Verleugnung reagiert. Ich habe ihn jahrelang immer wieder auf der Straße zu erkennen geglaubt.

Ich kann mich noch genau an die Sonntage erinnern, als mein Vater mit uns in den Park oder zum Schlittenfahren ging. Meine Mutter erzählt uns immer wieder von diesen Situationen und hält ihn so für uns lebendig. Mein Vater war ein starker, ruhiger Mann mit viel Sinn für Humor und lustigen Augen. Ich bin ihm sehr ähnlich. Bei der Arbeit bin ich ein Witzbold und mache gerne Späße. Es wird mir immer deutlicher, daß ich nicht von ihm getrennt bin. Das ist ein bißchen unheimlich, weil er jetzt schon 42 Jahre tot ist. Ich kann bei diesem Gespräch fühlen, daß er genau jetzt bei mir ist.«

Dieser Mann steht mit seinen Erinnerungen und dem Festhalten an seinen Bildern nicht allein. Wichtige Menschen bleiben im geistigen Blickfeld unverrückbar verankert, und die Trennung verleiht ihnen oft eine Art Heiligenschein, ganz besonders, wenn noch andere Personen, wie hier die Mutter, die Erinnerung lebendig halten.

Neben den Bildern, die durch die eigene Imagination und die Beschreibung anderer gefiltert werden, gibt es das etwas anders gelagerte »Reflektor«-Phänomen. Der Reflektor-Effekt besteht in der Beobachtung der Interaktionen des Vaters bzw. des Sohnes mit anderen, die einen negativen oder positiven Kontext bilden. Ein Sohn, der seinen Vater im Gefängnis besucht oder ihn immer in Gesellschaft übel beleumdeter Menschen sieht, bekommt ein negatives Bild. Für einen Sohn hingegen, der anwesend ist, wenn dem Vater Ruhm, Anerkennung, Auszeichnungen und Achtung zuteil wird, verstärkt sich das positive Bild vom Vater.

Auch die Zustimmung der Kameraden des Sohnes schlägt positiv auf das Vaterbild zurück. Mein Sohn z.B. hat mich mit ganz anderen Augen angesehen, nachdem mich sein Lehrer eingeladen hatte, in seiner Klasse einen Vortrag über Jugendbanden zu halten. Mein Stern stieg weiter, als ein harter Bursche aus seiner Klasse, ein prototypischer »Anführer«, so beeindruckt von meinem Vortrag war, daß er mir mit sichtlichem Respekt eine Reihe von Fragen über die New Yorker Gangs stellte, die ich untersucht und in meinem Buch »The Violent Gang« beschrieben habe. Durch diesen Vortrag und die

Reaktionen seiner Klassenkameraden, die mich im neuen Lichte erstrahlen ließen, zollte mir mein Sohn den höchsten Respekt, den ich als Autor je von ihm bekommen habe: Zum ersten Mal nahm er von diesem Buch Notiz und wollte es tatsächlich selbst lesen.

Diese Reflektor-Funktion der Umgebung ist umgekehrt genauso wichtig für das Bild, das Väter von ihren Söhnen haben. Ein Journalist, der sich Sorgen um die intellektuelle Entwicklung seines heranwachsenden Sohnes machte, weil er dessen Freunde ablehnte, erzählte in einem Interview die folgende Geschichte: »Ich hatte eine sehr negative Haltung zu den Freunden meines Sohnes, mit denen er als Schlagzeuger in einer spontan zusammengekommenen Rockband übte. Sie sprachen eine Art Punkrock-Sprache und zogen sich sehr schlampig an. Ich fand den Lärm, den sie mit ihrer Band machten, nicht besonders vielversprechend, tolerierte ihn aber. Aber als ich eines Tages erfuhr, daß der eine Gitarrist von der Universität von Kalifornien akzeptiert worden war, der andere von Princeton, und daß beide nach den Sommerferien mit dem Studium beginnen wollten, warf das ein ganz neues, positives Licht auf meinen Sohn. Meine Zukunftshoffnungen für ihn wurden durch den Abglanz der beiden Freunde rosiger. Da diese zukunftsträchtigen Jünglinge ihn allem Anschein nach mochten und mit ihm diskutierten, mußten seine intellektuellen Fähigkeiten wohl größer sein, als ich nach meinen eigenen öden Gesprächen mit ihm und seinen Freunden angenommen hatte. Es steckte wohl mehr dahinter, als der Augenschein vermuten ließ.«

Der Reflektor-Effekt kann in der Vater-Sohn-Interaktion seltsame Formen annehmen. In einer staatlichen Klinik agierte ein 22jähriger Mann, der wegen mehrfachen versuchten Mordes verurteilt war, im Psychodrama eine signifikante Szene mit seinem Vater aus, in der er sich ihm als »verweiblichter« Homosexueller präsentierte. Aber der Vater weigerte sich aufgrund eigener Schwierigkeiten, seinen Sohn als Homosexuellen zu akzeptieren oder auch nur wahrzunehmen. Erst als sein Sohn einen Freund in Frauenkleidung mit nach Hause brachte, gestand er sich die Homosexualität des Sohnes ein. Die Homosexualität des besten Freundes seines Sohnes war der Reflektor, über den die Botschaft den Vater wirklich erreichen konnte.

Bei den meisten Vätern entwickeln sich die Bilder, die sie sich von ihren Söhnen machen, durch die direkte Interaktion mit ihnen. Trotzdem ist auch in diesen Fällen der Einfluß von Lehrern und Zeugnissen, Trainern, Priestern, Vorgesetzten und Freunden nicht zu unterschätzen. Stark außengelenkte oder abwesende Väter verlassen sich auf das, was andere ihnen von ihren Söhnen erzählen. Dabei hat die Ehefrau des Vaters und Mutter des Sohnes wohl den stärksten Einfluß auf die Vater-Sohn-Beziehung, als Filter wie als Reflektor.

Mütter und Ehefrauen

Die wichtigste Figur unter all den Personen, die die Bilder, Beziehung und Einstellungen zwischen Vater und Sohn filtern und reflektieren, ist die Ehefrau bzw. Mutter. In einem unaufhörlichen Prozeß filtern und interpretieren Mütter für ihre Söhne Material über die Väter. Es macht einen ungeheuren Unterschied für einen Jungen, ob Mutter den Vater, der sich auf dem Heimweg vom Büro mehrere Martinis genehmigt hat, mit einem dicken Kuß begrüßt und mit ihm vor dem Abendessen gutgelaunt noch einen trinkt oder ob sie ihn schon bei seinem Eintritt als »ewig besoffenen Alkoholiker« beschimpft.

Ein Vorfall aus meiner eigenen Biographie soll zeigen, wie eine Mutter das Vaterbild beeinflussen kann. Gleichzeitig sagt er einiges über die Ehe meiner Eltern aus:

Bei den Untersuchungen für dieses Buch habe ich natürlich lange und ausführlich meinen Vater interviewt, der jetzt mit meiner Mutter in Miami Beach lebt. Bei einem Telefongespräch, in dem er mir Informationen über die ersten Jahre unserer Beziehung gab, gab es plötzlich eine Unterbrechung, und ich hatte meine Mutter an der Strippe. »Hör mal«, sagte ich vorwurfsvoll, »ich mache gerade ein Interview mit Vater für mein Buch.«

Ohne das geringste Zögern antwortete sie: »Alles, was du wissen willst, weiß ich auch, und was immer er dir zu erzählen hat, kann ich dir viel besser erzählen. Frag ruhig.« Und das entsprach exakt dem lebenslangen Beziehungsmuster zwischen uns dreien.

Diese Bemerkung charakterisiert zutiefst meine Beziehung zu meinem Vater und mein Bild von ihm. Meine Mutter war immer ein signifikanter Filter und meist negativer Reflektor für mein Vaterbild.

Ich kann mich lebhaft daran erinnern, wie ich mich beim gemeinsamen Abendessen mit meinen Eltern und meinen zwei Brüdern innerlich vor Verlegenheit wand, wenn meine Mutter meinen Vater beschimpfte. »Sieh ihn dir an«, sagte sie auf jiddisch, »er hat einen krummen Rücken und kann den Kopf nicht heben. Er ist ein Versager. Er hat nicht den Mut, einen besseren Job zu bekommen oder mehr Geld zu verdienen. Er ist ein geschlagener Mann.« Und er hielt stumm den Blick auf seinen Teller gesenkt. Sie hat ihn nie für seine Beharrlichkeit oder seine schwere Arbeit gelobt, sondern sich immer auf das Negative konzentriert und so in ihren drei Söhnen das Bild eines Mannes entstehen lassen, der nicht kämpfen kann und hilfos einer Welt ausgeliefert ist, auf die er keinen Einfluß hat.

In unseren Augen bestätigte er ihre Kritik, weil er sich nicht dagegen wehrte. Und natürlich konnte ich aus ihrem Umgang mit meinem Vater und der Art, wie sie ihn uns darstellte, nicht auf den Gedanken kommen, daß die Ehe ein angenehmer Zustand und Frauen besonders hilfsbereite Wesen seien. Das Beispiel meines Vaters, der wie ein geprügelter Hund durchs Haus schlich, ließ die Rolle des Ehemanns oder Vaters kaum als erstrebenswert erscheinen.

Beim Interview mit einem Psychiater trat ähnliches zutage. Er erzählte, daß er in seiner Lehranalyse dem Analytiker seinen Vater als mutlosen, ängstlichen Versager beschrieben hatte. Im weiteren Verlauf stellte sich dann heraus, daß es sich dabei nicht um sein eigenes Bild handelte, sondern die Darstellung seiner Mutter wiedergab. Das eigene Bild des Mannes von seinem Vater, das danach allmählich auftauchte, erwies sich als sehr viel positiver und heroischer.

Die Mutter hat einen ungeheuer großen Einfluß auf die Vater-Sohn-Beziehung, nicht nur als Filter. Ein sehr wichtiges Motiv in der Triade von Vater, Mutter und Sohn ist die ödipale Dynamik. Ich begreife den Ödipuskomplex nicht im streng Freudschen Sinne mit all den kulturübergreifenden, genetischen und unbewußten Implikationen, sondern als »sozialen Ödipuskomplex«. Damit meine ich eine triadische Beziehung zwischen Mutter, Vater und Sohn mit ganz bestimmten Merkmalen und Konflikten, die ein Licht auf zahlreiche soziale und psychologische Erkenntnisse über die Vater-Sohn-Beziehung wirft.

Vor der Analyse der Bedeutung des Ödipuskomplexes für die gegenwärtige soziale Szenerie will ich zunächst kurz das Freudsche Konzept rekapitulieren. Freud geht davon aus, daß die Beziehung zur Mutter, die den Säugling in allen lebenswichtigen Bereichen versorgt, für ihn zum Modell für alle weiteren Liebesbeziehungen wird. Sie küßt den kleinen Sohn, liebkost ihn, streichelt ihn und stimuliert vielleicht sogar seine Genitalien.

Durch ihre Zärtlichkeit weckt sie sein sinnliches Interesse und bestimmt dessen künftige Intensität. Kurz, sie lehrt den Sohn aktiv die Liebe.

Laut Freud liebt das Kind zunächst sich selbst und lernt später, andere zu lieben, einen Teil seines Ichs für einen anderen »hinzugeben«. In der Säuglingsphase gibt es noch keine Unterscheidung zwischen dem Selbst und dem Objekt. Es scheint nur so, daß der Säugling von Geburt an andere liebt; in Wirklichkeit ist es eine reine Manifestation seiner eigenen Gefühle und Bedürfnisse. Die emotionale Entwicklung des Knaben bringt die Notwendigkeit mit sich, die selbsterotische Befriedigung aufzugeben oder besser unterzuordnen und die Besetzung des eigenen Körpers durch ein »fremdes« Objekt zu ersetzen. Nur dann kann man vom Freudschen Standpunkt aus davon sprechen, daß ein Objekt, oder eine Person, die nicht man selbst ist, wirklich geliebt wird. Die Mutter, die ja von Geburt an eine wichtige Person für ihn ist, wird zum ersten Liebesobjekt des Sohnes. Nach Freud entwickelt der Sohn zwangsläufig eine »erotische Bindung« zur Mutter. Er will mit ihr im selben Bett schlafen, dabei sein, wenn sie sich anzieht, und sie streicheln. Diese erotische Bindung an die Mutter ist in der Regel unbewußt, der Sohn weiß nicht, was geschieht. Das unbewußte sexuelle Begehren des Sohnes, das sich auf die Mutter richtet, wird durch den Prozeß der Verdrängung abgewehrt.

Diese wichtige erotische Bindung des Sohnes an die Mutter führt zur Eifersucht auf jeden möglichen Rivalen um ihre Zuneigung. Freud zufolge ist der größte und gefährlichste Rivale unbewußt der Vater, auch wenn der Sohn ihn ebenfalls liebt. Der »kleine Mann« will die Mutter unbewußt für sich allein haben; die Anwesenheit des Vaters ist störend. Zärtlichkeiten zwischen Vater und Mutter irritieren ihn, und er ist in der Regel sehr zufrieden, wenn der Vater nicht da ist, weil er arbeitet oder auf Reisen ist, und er die Mutter ganz für sich hat. Ist der Vater nicht da, schläft er oft in seinem Bett, was sein Interesse an der Mutter und die unbewußte Feindseligkeit gegen den Vater verstärkt. Nach meiner Auffassung ist all das auf der gesellschaftlichen Ebene gültig, auch wenn man die unbewußten Elemente wegläßt.

Der Knabe drückt seine Liebe und seinen Wunsch, die Mutter zu beschützen, oft spielerisch aus und verspricht, sie zu heiraten. Wie in der Sage von König Ödipus glaubt der Sohn, die Mutter gehöre ihm. Daraus ergeben sich in der Regel schleichende Probleme zwischen Vater und Sohn; in extremen Fällen träumt der Sohn von einer sexuellen Beziehung zur Mutter und versucht, das Sexualleben der Eltern zu sabotieren.

Ein klassisches Beispiel dieser Sabotage trat in einer Psychodramasitzung mit einem jungen Psychologen zu Tage, der über das Benehmen seines Sohnes aufgebracht war. Sein kompliziertes »sozial ödipales« Problem, das auch komische Seiten hatte, drehte sich um ihn, seine Frau und seinen siebenjährigen Sohn. Zu Beginn der Sitzung beschrieb er das Problem so:

»Mein Sohn hat das Sexualleben mit meiner Frau zu einer Katastrophe gemacht. Seit ungefähr sechs Monaten wacht er nachts auf und kommt in unser Schlafzimmer. Wir haben eine kleine Wohnung mit nur zwei Schlafzimmern, die nebeneinanderliegen. Er spürt anscheinend ganz genau, wann wir miteinander schlafen, wir können uns allmählich darauf verlassen, daß er dann auftaucht. Er will ein Glas Wasser, will bei seiner Mutter sein, behauptet, er sei krank. Jeder Vorwand ist ihm recht. Er will einfach seine Mama, und trotz all meiner Proteste haben seine Bedürfnisse für sie Vorrang. Sie reagiert immer und verstärkt dadurch sein Verhalten. Sie glaubt, seine Bedürfnisse seien real, und ich glaube, er weiß auf seiner Ebene genau, was er tut.

Jedenfalls haben wir dann unsere Schlafzimmertür abgeschlossen, weil wir ihn nicht in seinem Zimmer einschließen wollten. Aber das hat auch nicht geholfen, jetzt trommelt er mit den Fäusten gegen die verschlossene Tür. Wir können machen, was wir wollen, das Ergebnis ist immer das gleiche: unterbrochener Koitus und Frustration.

Einmal war meine Frau so erregt, daß sie genau wie ich versuchte, sein lautes Hämmern an die Tür unseres Schlafzimmers zu ignorieren. Da hat er einen Stuhl geholt und hätte um ein Haar die Tür eingeschlagen.

Alle Strafen und Gespräche blieben fruchtlos. Er sagt einfach: 'Das ist mir egal. Ich war krank.'

Ich sollte vielleicht noch erwähnen, daß ich gerne morgens mit meiner Frau schlafe. Aber auch das hat er erfolgreich abgestellt.

Es bleibt uns im Augenblick nichts anderes übrig, als unser Liebesleben zu den blödsinnigsten Zeiten zu führen. Wenn er in der Schule ist, rase ich von der Arbeit nach Hause. Ein paar Mal haben wir einen Babysitter gefunden und sind ins Hotel gegangen.«

Bei einer Nachfolge-Sitzung mit diesem Mann stellte sich heraus, daß der Sohn diesem Verhalten nach dem Umzug in ein größeres Haus entwachsen war. Dort lag sein Schlafzimmer weiter von ihrem entfernt als in der alten Wohnung. Der Psychologe sagte jetzt dazu:

»Meine Analyse? Es war ödipal. Er wollte Mama und spürte unbewußt, daß er unser Liebesleben störte. Im Nachhinein weiß ich, daß es bei uns nicht nur ein sexuelles Dreieck war. Mein Sohn und ich kämpften auch in anderen Bereichen um die Zuneigung meiner Frau.«

Normalerweise entspannt sich das Dreieck, wenn der Sohn im Jugendalter seine emotionalen Ansprüche an die Mutter und seine subtilen, unbewußten feindseligen Gefühle gegen den Vater reduziert. Daraus ergibt sich dann auch eine engere, stärker akzeptierende Bindung an den Vater.

Aber laut Freud ist der Ödipuskomplex in der Pubertät keineswegs verschwunden. Der Sexualtrieb des Sohnes erreicht beträchtliche Kraft und Intensität in der jugendlichen Leidenschaft. Bei normaler Entwicklung löst sich der Sohn von seinen Eltern, findet eine andere Frau, die er lieben kann, und versöhnt sich (zumindest auf dieser Ebene) mit seinem Vater, weil er die Mutter als sexuelles Liebesobjekt aufgegeben hat.

Ich kann der Freudschen Theorie des Ödipuskomplexes nicht vollständig beipflichten, aber einige seiner Behauptungen sind wichtig für ein Verständnis der Filterfunktion der Mutter und der Dynamik der Vater-Sohn-Mutter-Beziehung. Zweifellos ist die Mutter in den meisten Familien ein nährendes Liebesobjekt für den Sohn, und der Sohn nimmt den Vater in der ersten Phase der Beziehung wirklich bei vielen Gelegenheiten als Störenfried wahr, der die Mutter von ihm ablenkt oder wegnimmt. Aus der Perspektive des Sohnes ist von früh an die Mutter in vieler Hinsicht lebenswichtiger als der Vater, sein Anteil an seinem Leben ist in der Regel nicht so sichtbar wie ihre manifesteren Aktivitäten. Außerdem liebt er die Mutter und ist ein wenig eifersüchtig auf den Vater, und deswegen zieht sich eine gewisse natürliche Antipathie gegen den Vater bis in das frühe Jugendalter durch ihre Beziehung. Die Beziehung intensiviert sich um das vierzehnte Lebensjahr des Sohnes, wenn ihm durch seine Freundinnen allmählich andere Möglichkeiten des sexuellen Ausdrucks bewußt werden. Weil seine Sexualität nicht mehr an seine erotischen Gefühle zur Mutter gebunden ist, sieht er im Vater-Mutter-Sohn-Dreieck normalerweise den Vater nicht mehr als Rivalen um die Liebe der Mutter an.

All diese Faktoren sind beim Wechsel von der ersten zur zweiten Phase der Vater-Sohn-Beziehung im Spiel. Die Rivalität um die Mutter verliert an Schärfe, aber dafür tauchen jetzt andere Probleme zwischen ihnen auf.

Jetzt spielt der Vater eine immer wichtigere und klarere Rolle als Vermittler der gesellschaftlichen Regeln und Vorschriften, und gerade das führt zu Schwierigkeiten. Der Sohn, der seine sexuelle Eifersucht auf den Vater verdrängt hat, hat in der frühen Jugend in diesem Bereich seine Feindseligkeit in der Regel offen gegen den Vater gerichtet. Aber jetzt, als Teenager, der sich über die gesellschaftlichen Regeln mit seinem Vater auseinandersetzt, liefert ihm der Erziehungsprozeß einen Vorwand zum Ausagieren anderer Gefühle. Oft genug ist seine Feindseligkeit eher das Ergebnis seiner verdrängten sexuellen Gefühle zur Mutter und seiner Eifersucht auf den Vater und hängt weniger mit der Erziehungssituation zusammen. Der Erziehungsprozeß liefert ihm aber das Schlachtfeld, auf dem er seine Konflikte mit dem Vater austragen kann. Wenn sich alle Beteiligten dieser natürlichen Dynamik bewußt sind und sie verstehen, verläuft die Dreiecksbeziehung in diesem Übergang von der ersten zur zweiten Phase sehr viel harmonischer.

In dieser Übergangszeit übernimmt die Mutter in vielen Familien eine Schiedsrichterfunktion; sie mildert die Vorschriften des Vaters und ermahnt ihn, weniger streng oder auch strenger mit dem Sohn umzugehen. Die Mutter hat jetzt eine zentrale Machtposition, die sie nur allzu oft zugunsten ihrer eigenen emotionalen Bedürfnisse mißbraucht. Genauer gesagt, die Mutter kann die Individuationsbemühungen des Sohnes und seinen natürlichen Konflikt mit dem Vater dazu benutzen, um sich z.B. mit dem Sohn gegen den Vater zu verbünden, und ihn als Waffe einsetzen, um sich für erlittenes eigenes Unrecht zu rächen. Mir ist diese Familiendynamik oft begegnet, in der Mütter ihre Söhne benutzen, um ihre eigenen Interessen im Ehekrieg durchzusetzen.

Manchmal kann ein ödipales Dreieck pathologische Formen annehmen und schreckliche Folgen nach sich ziehen. Der folgende Zeitungsbericht ist zwar ein sehr extremes Beispiel, spiegelt aber doch ein soziometrisches Konflikt-Dreieck, das auf weniger intensiver Ebene leider in vielen Familien existiert:

Ein 16jähriger Jugendlicher hat bei dem Versuch, seine Mutter vor Schlägen zu schützen, nach Aussage der Polizei gestern vor dem elterlichen Haus seinen Vater erschossen. Obwohl feststeht, daß der Vater die Mutter oft geschlagen hat, brachte die Polizei den Jungen wegen Mordverdachts ins Jugendgefängnis. Die psychisch verwirrte Mutter hat ihren Sohn heute verteidigt und behauptet, zu dem Schuß sei es gekommen, als der Junge versuchte, sie zu beschützen. Es sei ein Unfall gewesen. »Jeder Junge würde seine Mutter verteidigen«, sagte sie.

Die Mutter, deren Gesicht von Schlägen verschwollen und deren Hals zerkratzt war, weinte, als sie von der Schießerei und ihrer Beziehung zu ihrem gewalttätigen Mann sprach ...

Sie sagte, ihr Sohn habe den Schuß versehentlich abgefeuert: »Er wollte ihm Angst machen, weil er so oft erlebt hat, wie er mich schlug.«

Ihr Mann habe sie seit über zehn Jahren regelmäßig geschlagen, sagte sie, und setzte hinzu: »Die Polizei ist deswegen fast jede Woche dagewesen.«

Ihrer Aussage zufolge hatte ihr Mann ihr den Arm und das Bein gebrochen. Ihr Sohn sei Zeuge dieser Gewalt gewesen und habe ihren Mann »angefleht, mich nicht zu schlagen.«

Das Ehepaar war seit 19 Jahren verheiratet ...[1]

Meist werden Beziehungen, in denen Feindseligkeit und Gewalt solche Ausmaße annehmen, geschieden. Aber der Prozeß der Manipulation in der Vater-Mutter-Sohn-Triade ist mit der Trennung oder Scheidung nicht unbedingt beendet.

Ein kürzlich geschiedener Mann erzählte mir von dem miesen Spiel, daß er um der Beziehung zu seinem Sohn willen von seiner Exfrau mit sich treiben ließ: »Als ich mich scheiden ließ und meine Frau das Sorgerecht für meinen fünfjährigen Sohn bekam, war mir klar, daß sie am längeren Hebel sitzt. Jedes positive Gefühl für sie war in mir abgestorben, mein Sohn war der einzige Mensch auf der ganzen Welt, den ich wirklich liebte. Das wußte sie. Das Miststück hat mich finanziell nach Strich und Faden ausgenommen, und ich habe jedem ihrer Wünsche zugestimmt. Wollen Sie wissen, warum ich mir das alles gefallen ließ und ihr viel mehr gegeben habe, als ihr zustand? Sie sollte mich einfach noch genug mögen, um meinem Sohn Gutes von mir erzählen zu können, oder, wenn schon nichts Gutes, dann sollte sie ihm wenigstens nicht sagen können, ich sei ein absolutes Schwein. Es ist mir ungeheuer wichtig, was er von mit hält, und ich habe jeden Preis gezahlt, den seine Mutter forderte, damit mein Sohn ein positives Bild von mir bekommt.«

In einem ähnlichen Fall hat sich ein anderer Vater ganz außerordentlich bemüht, die Verfehlungen seiner Ex-Frau, einer Alkoholikerin, herunterzuspielen und das negative Bild zu verbessern, das sein Sohn von ihr hatte. Der

Fünfzehnjährige stand seiner Mutter ungeheuer ablehnend gegenüber. Der Vater bemühte sich mit großem Aufwand, dem Sohn die Probleme der Mutter und deren Ursachen zu erklären, nicht um seiner Ex-Frau willen, sondern aus Liebe zu seinem Sohn, weil er nicht wollte, daß der Junge von schmerzhaften, feindseligen und negativen Gefühlen zu ihr verzehrt würde. Er sagte mir, sein Sohn solle ein positives Bild von seiner Mutter haben, damit er nicht »alle Frauen als Schlampen sieht, die versuchen, die Männer zu kastrieren. Ich will, daß er eine gesunde Einstellung zu Frauen bekommt. Schließlich sind die meisten Frauen anders als seine Mutter.«

Wenn der Vater tot ist, wird die Rolle, die die Mutter bei der Vermittlung des Vaterbildes hat, noch entscheidender als im Falle von Abwesenheit oder Scheidung. Die Mutter eines jungen Mannes, den ich interviewte, hatte ihm z.B. ein fast heiligenmäßiges Bild des Vaters vermittelt, das eine wichtige Rolle für ihn spielte. Der Vater war Arzt gewesen, und die Mutter hatte methodisch ein so starkes, positives Bild von ihm aufgebaut, daß der Sohn mit 20 Jahren ein Medizinstudium begann, um seinem »heiligen« Vater nachzueifern.

In dem Interview machte er unter Tränen eine sehr interessante und erhellende Bemerkung: »Ich habe meinen Vater sehr geliebt und liebe ihn immer noch. Als ich klein war, fuhr er einen roten 68er Cadillac. Jedesmal, wenn ich dieses Modell irgendwo sehe, trete ich aufs Gas, um zu sehen, ob mein Vater am Steuer sitzt, bis heute - obwohl ich genau weiß, er ist es nicht, er ist tot. Er ist immer bei mir und sehr wichtig für mich.«

Geschwister

Wann immer ich in den letzten dreißig Jahren ein Seminar über Jugendkriminalität hielt, wurde die folgende Frage gestellt: »Warum wird in einer Familie der eine Bruder straffällig und der andere Akademiker?« Und es folgt die naive Feststellung: »Sie kommen doch beide aus derselben Familie.«

Die Antwort lautet, daß niemand je in derselben Familie aufwächst wie seine Geschwister. So gibt es zum Beispiel in meiner Familie Vater und Mutter, die über fünzig Jahre verheiratet sind, und drei Söhne im Abstand von jeweils fünf Jahren. Im Endeffekt kann man von vier Familien sprechen. Die erste, die zwei Jahre lang bestand, war ein Ehepaar ohne Kinder. Die zweite dauerte fünf Jahre und bestand aus Ehemann, Ehefrau und einem

Sohn. In der Erinnerung meines Bruders Morris war mein Vater jung und stark: »Vater war damals ein starker Mann. Ich erinnere mich an einen Vorfall, als ich klein war. Ich hatte irgend etwas getan, was ich nicht durfte, und ich weiß noch, welchen Schrecken mir dieser riesenhafte Mann einjagte, als er mir eine Tracht Prügel gab. Ich war vielleicht drei, aber ich glaube nicht, daß ich mich je wieder in Vaters Gegenwart schlecht benommen habe. Ich weiß auch noch, daß Vater damals sehr unabhängig war. Obwohl drei starke Frauen im Haus waren, hatte er viel Mumm und tat, was er wollte. Die drei Frauen waren Mutter, Vaters Mutter, der das Sechsfamilienhaus gehörte und die oben wohnte, und Mutters Mutter, Großmutter Rachel, die zu Vater, Mutter und mir zog. Damals, in den ersten Jahren, war er der Boss. Ich habe nie vergessen, wie er mich mit fünf Jahren zu einem Ford-Händler in New Jersey mitnahm. Er knallte ihm 750 Dollar bar auf den Tisch, und dann fuhren wir in einem nagelneuen 1925er Ford nach Hause. Er hatte weder mit Mutter noch mit sonst jemandem darüber gesprochen. Er verdiente nicht viel als Fahrer, aber er hatte das Geld gespart und gab es jetzt einfach aus. Ich war damals wirklich stolz auf ihn und habe ihn respektiert. Ich glaube, später haben ihn die drei Frauen einfach fertiggemacht.«

Als ich 1924 zur Welt kam, kam ich in eine entstehende dritte Familie. Mein älterer Bruder war ein brillanter Schüler mit einem hohen Intelligenzquotienten. Bis zu meinem zwanzigsten Lebensjahr beachtete er mich kaum. Es gab zwischen uns keine Geschwisterrivalität; jeder machte seine eigenen Sachen.

Meine Mutter wurde immer dominanter, und mein Vater entwickelte sich im Lauf der Jahre zum Workaholic und Schwächling. Auf verschlungenen Wegen wurde ich für meine Mutter zur »großen Hoffnung«. Sie brachte mich irgendwie dazu, daß ich ihr Pelzmäntel und anderen Luxus versprach, wenn ich groß wäre. So etwas, sagte sie, könne »ein Schlemihl wie dein Vater, der als Fahrer arbeitet«, ihr nie geben."

Zu Beginn der dreißiger Jahre, nach der großen Depression von 1929, waren wir arm, und mein Vater war zeitweise arbeitslos. Ich erinnere mich lebhaft, wie er total niedergeschlagen in dem kleinen Park neben unserer billigen Eisenbahner-Wohnung in einem Dreifamilienhaus saß. Er saß oft da, das Gesicht in den Händen, ein geschlagener Mann und schwacher Vater. Ich glaube, die Frauen und die wirtschaftliche Depression hatten ihn gebrochen. In diesen frühen Jahren war meine Mutter sowohl Vater wie Mutter für ihre Söhne, als Kompensation für die Machtlosigkeit meines Vaters.

Mein Bruder Joe, der 1928 geboren wurde, war der jüngste in einer vierten Familie. Er kam in eine sehr andere Familie als die, in der Morris und ich aufgewachsen waren. Mein Vater arbeitete jetzt sechs Tage in der Woche als Wäschefahrer; er ging morgens früh aus dem Haus, kam spät zum Abendessen nach Hause und ging früh schlafen. Mein älterer Bruder heiratete sehr jung und verließ das Elternhaus. Für Joe war ich gleichzeitig der ältere Bruder und eine Art Ersatzvater, was zum Teil kompensieren sollte, daß mein Vater für Joe nur selten ein wirklicher Vater war. Ältere Brüder übernehmen diese Rolle des Ersatzvaters oft, wenn der biologische Vater schwach oder abwesend ist.

In den vier Familien, die ich beschrieben habe, hatte jeder Sohn durch die veränderten Lebensumstände im Grunde einen anderen Vater. Und einer der Söhne (ich) wurde sogar zum Pseudo-Ehemann der Mutter und zur Vaterfigur für den Jüngsten. Diese Veränderung der Vaterrolle im Verhältnis zur festgelegten Position der Sohnesrolle gibt es in fast jeder Familiengeschichte. In Abwandlung des Satzes von Euripides, nach dem es unmöglich ist, zweimal im selben Fluß zu baden, könnte man sagen, daß zwei Leute nicht in dieselbe Familie hineingeboren werden können.

Väter beeinflussen meist die Beziehung zwischen ihren Söhnen, sei es bewußt oder unbewußt. So wird z.B. Rivalität zwischen Brüdern vom Vater oft entsprechend seiner eigenen Bedürfnisse gefördert bzw. verringert. Mir ist aufgefallen, daß viele kriminelle und gewalttätige Bandenmitglieder erfolgreiche, angepaßte und gesetztestreue Brüder haben. Wenn ein Vater seinen »schlechten« Sohn ermahnt, sich ein Beispiel an seinem Bruder zu nehmen, ist die Folge in der Regel, daß der »gute« Sohn noch »besser« wird, weil er ihm beweisen will, daß sein Vertrauen gerechtfertigt ist. Aber beim »schlechten Bruder« wachsen Entfremdung, Wut und Delinquenz als Ergebnis seiner Rebellion, und er ist davon überzeugt, daß er, zumindest in den Augen des Vaters, mit dem brüderlichen Rollenvorbild nie konkurrieren könne.

Die Bibel hat viele Beispiele für den »guten Sohn« und den »verlorenen« Sohn, eins davon ist die Geschichte von Kain und Abel. Auch die Literatur beschäftigt sich mit dem Thema: In Steinbecks Roman »Jenseits von Eden« wetteifern der »gute« und der »schlechte« Sohn um die Zuneigung des Vaters - und werden beide dabei verletzt.

Die Söhne liebevoller, nichtkonkurrenter Vätern stehen sich oft sehr nahe, besonders dann, wenn die Väter keine übertriebenen Macho-Einstellungen weitergeben. Der Macho-Stil des Vaters zieht Wärme und Mitgefühl zwischen Brüdern in Mitleidenschaft und fördert charakteristische Macho-Eigenschaften wie Konkurrenz, Verschlossenheit, das Unterdrücken liebevoller Gefühle und eine Abneigung gegen Sensibilität und zärtliche Gesten. Das Rollenmodell des Vaters hat Auswirkungen darauf, welchen Typ von Männlichkeit die Söhne übernehmen und welches Konkurrenzverhalten sie im Umgang miteinander entwickeln.

In Krisenzeiten rücken die Brüder und die Familie näher zusammen. Berichten zufolge sind Krisen in manchen Familien die einzigen Zeiten, in der es Nähe und Gemeinsamkeit zwischen Brüdern gegeben hat, aber dann war die Bindung sehr eng. Tod, schwere Krankheit oder ernste finanzielle Probleme können tiefe Verbundenheit unter Brüdern schaffen.

Schwestern greifen in die Vater-Sohn-Beziehungen häufig positiv ein. William Arkin hat in einem Forschungsprojekt festgestellt, daß Schwestern Bedürfnisse erfüllen, die von vielen Vätern und Brüdern nicht erfüllt werden. Arkin sagt über einen Aspekt seiner Forschung:

»Die Nähe zwischen Brüdern und Schwestern manifestiert sich als gegenseitige Hilfe. Übereinstimmend wurde gesagt, daß Schwestern ihre Brüdern häufiger finanziell unterstützen als Brüder untereinander. Oft wird die Spardose der Schwester geplündert, um eine Verabredung oder einen benötigten Gebrauchsgegenstand zu finanzieren. Selbst als Erwachsene wenden sich Brüder an ihre Schwestern, wenn sie finanzielle Hilfe brauchen, was meist auf größeres 'Verständnis' oder 'Bereitwilligkeit' zurückgeführt wurde. Brüder übernehmen diese 'Bankfunktion' füreinander meist nur dann, wenn der Altersunterschied zwischen ihnen groß genug ist, um Konkurrenz auszuschließen.«[2]

Arkins Untersuchung zufolge helfen Schwestern ihren Brüdern auch häufiger als Väter oder Mütter bei Problemen in heterosexuellen Beziehungen. Männer mit Schwestern können sich allgemein besser auf Frauen beziehen. Arkin hat festgestellt, daß für manche Männer nicht die Mütter, sondern die Schwester der wesentliche Sozialisierungsfaktor für intime Beziehungen mit Frauen war. Sowohl Männer als auch Frauen sagen, Männer mit Schwestern hätten mehr Erfolg in intimen Beziehungen als Männer, die als Einzelkinder oder nur mit Brüdern aufgewachsen sind.

Schwestern werden oft deshalb für ihre Brüder zu Ratgebern auf sexuellem Gebiet, weil die Eltern, besonders die Väter, Schwierigkeiten haben, mit ihren Söhnen über dieses Thema zu sprechen. Meine eigenen Untersuchungen haben gezeigt, daß Väter nur schwer mit ihren Söhnen über ihre Beziehungen zum anderen Geschlecht und ihre sexuellen Aktivitäten sprechen können. Diese Blockierung führt dann dazu, daß das Thema nicht mit der Mutter, sondern mit der Schwester besprochen wird. W. Toman bestätigt mit seiner Arbeit Arkins und meine Untersuchungen. Er hat festgestellt, daß der älteste Bruder von Schwestern in der Regel ein Frauenheld ist, der Frauen nicht nur als Ehefrauen, sondern auch als Freundinnen, Kolleginnen und Liebhaberinnen schätzt. Der jüngste Bruder von Schwestern hat ebenfalls Erfolg bei Frauen, aber er zieht Frauen an, die ihn versorgen. Bei der Rollenentwicklung haben Schwestern größeren Einfluß, weil sie unabhängig von Altersunterschieden als Gleichaltrige gelten, während die Mütter als Angehörige einer anderen Generation wahrgenommen werden.[3]

Schwestern springen in die Bresche, wenn die Eltern Schwierigkeiten haben, mit ihren Söhnen über sexuelle Themen zu sprechen. Zusammenfassend läßt sich sagen, daß Schwestern mehr als Mütter die Kompetenz der Brüder in Liebesbeziehungen mit Frauen beeinflussen. Diese zweigeschlechtliche Geschwistersozialisation geht anscheinend über die Erfahrung des Zusammenlebens in einer Familie hinaus. Der Kontakt zu Schwestern fördert Ausdrucksfähigkeit und unbefangene Beziehungen und ist so den Männern in ihren künftigen Beziehungen zu Frauen eine Hilfe.

Meine Erhebungen zeigen außerdem, daß wichtige Aspekte in der Beziehung eines Mannes zu seiner Partnerin im guten wie im bösen von der Art der Ehe seiner Eltern bestimmt wird. Die Beziehung der Eltern ist in der Regel das grundlegende Rollenmodell für die Ehe des Sohnes. In den vielen Jahren meiner Arbeit als Psychodrama- und Gruppentherapeut habe ich zahlreiche Sitzungen erlebt, in denen klar wurde, daß die Beziehung eines Mannes zu seiner Ehefrau eine direkte Kopie der Beziehung ist, die sein Vater mit seiner Mutter führte.

Großeltern

Großeltern, vor allem Großväter, haben einen großen Einfluß auf die Vater-Sohn-Beziehung. Durch den Goßvater kann der Enkel die Interaktion zwischen seinem Vater und dessen Vater beobachten. Darüber hinaus sind Großväter aber auch sachkundig zur Stelle, wenn es um die Erziehung ihrer Nachkommen geht.

Großväter können auch die Rolle des Ersatzvaters übernehmen, vor allem, wenn die wirklichen Eltern das fördern. Diese Rolle spielen sie meistens gut, weil sie im Alter oft mehr Zeit und Lust dazu haben als in den Jahren, in denen sie selbst Väter waren.

Dr. Richard Robertiello beschrieb eine derartige Familiendynamik, in der sein Großvater Michelangelo die Rolle des Ersatzvaters spielte, weil sein eigener Vater, »davon in Anspruch genommen war, sich einen Glorienschein als Arzt aufzubauen ... Mein Großvater war für mich mehr ein Vater als mein eigener. Offensichtlich hatte Michelangelo vom Tag meiner Geburt an beschlossen, nachdem sich herausstellte, daß ich männlichen Geschlechts war, meine Erziehung und Ausbildung in die Hand zu nehmen und dafür zu sorgen, daß ich all das werden konnte, was er gerne geworden wäre. Alle anderen im Haus hatten zuviel Angst vor ihm und seinem Temperament, um sich ihm zu widersetzen.«[4]

Robertiellos Mutter ließ sich diese Machtübernahme gefallen, weil sie »eine sehr passive, unterwürfige und unsichere Frau war, die sich gegen ihre eigenen Eltern nie durchsetzen konnte und von meinem Vater und meinem Großvater völlig eingeschüchtert worden war. Ihre Versagensängste waren so groß, daß sie trotz allen guten Willens ihrem Sohn nur wenig Liebe geben konnte. Sie hat es dem Großvater bereitwillig gestattet, die Elternrolle in allen wesentlichen Punkten zu übernehmen.«[5]

In dieser ungewöhnliche Familienkonstellation, mit einer weit entfernten und verängstigten Mutter und einem erfolgsorientierten, vielbeschäftigten Vater wurde der Großvater für den Jungen in jeder Beziehung zum Ersatzvater. Auch wenn eine solche Beziehung von Großvater und Enkel selten vorkommt, zeigt sie doch die Rolle, die Großväter freiwillig oder bei Abwesenheit der leiblichen Eltern auch gezwungenermaßen spielen können:

»Da war ich also, ein Säugling, der erstgeborene Sohn von Attilio, und wurde an Michelangelo weitergereicht, damit er mich zu dem erziehen konnte, was er, Michelangelo, hätte sein sollen, aber nicht war: das größte und erfolgreichste Genie der Welt. Mein Großvater orientierte sich in seinen Erziehungmethoden stark an Pawlow. Er benutzte die Methoden der Verhaltenstherapie: Belohnung und Strafe. Er arbeitete ohne Unterlaß an mir. Als ich in der zweiten oder dritten Klasse war, saß er stundenlang mit mir am Küchentisch, ging meine Hausarbeiten durch und buchstabierte mir die Worte so lange vor, bis ich sie perfekt beherrschte.«[6]

Robertiello beschreibt auch das Problem fehlender emotionaler Kommunikation zwischen Männern, vor allem zwischen Vätern und Söhnen. Seine Analyse läßt sich auf viele Männer anwenden, vor allem auf Macho-Väter:

Ich habe mit meinem Großvater, meinem Vater, meinen Cousins und Onkeln, meinem Sohn und meinem Stiefsohn nie sehr gut kommunizieren können. Und sie haben selten mit anderen Männern kommuniziert, mit Sicherheit nicht mit ihren Verwandten. Als Ergebnis waren fast alle Männer in meiner Familie davon abhängig, daß ihre Frauen sie mit Gefühlen oder wenigstens mit einem Ventil für ihre Gefühle ausstatteten. Und aus Angst, diese Verbindung zu unserem Unbewußten zu verlieren, konnten wir der Versuchung nicht immer widerstehen, unsere Frauen zu verführen und zu beherrschen, damit sie uns nicht verlassen konnten.

In meiner Familie hat es Selbstmordversuche gegeben, auch gelungene. Wir können buchstäblich ohne die Verbindung zu einer Frau nicht leben. Für Michelangelo und meinen Vater waren Männer stark, fleißig und praktisch, Frauen sanft, romantisch und poetisch. Frauen konnten fühlen und versorgen und lieben, zärtlich und rücksichtsvoll sein. Diese Fähigkeiten wurden bei den Männer von der Gesellschaft im allgemeinen und von unserer Familie im besonderen so unterdrückt, daß wir uns ohne die Frauen, die uns stellvertretend damit versorgten, verloren, tot und grau vorkommen mußten.«[7]

Robertiello beschreibt hier ein Charakteristikum vieler Macho-Väter, die sich kaum offen und emotional auf andere Männer beziehen können, einschließlich ihrer Söhne. Dieser Mangel läßt sich überwinden, wenn ein Mann in der ersten Phase der Vater-Sohn-Beziehung seinem Sohn ein liebevoll-doppelnder Vater ist. Durch diese Erfahrung entwickelt sich seine Fähigkeit zu emotionalen und mitfühlenden Beziehungen zu Männern wie zu Frauen.

Die Erziehung eines Sohnes wird von der individuellen Persönlichkeit des Vaters geprägt, die wiederum Ergebnis der Erziehung und der individuellen Persönlichkeit seines Vaters ist. Der Sohn erbt eine Vielzahl kultureller und persönlicher Züge, die durch die vergangenen Generationen hindurch weitergegeben wurden. Die Einflüsse der Generation der Großväter spielen, obwohl relativ unsichtbar, im Sozialisationsprozeß eines jungen Mannes eine sehr wichtige Rolle.

Bei einem solchen Großvater, wie ihn Robertiello beschrieben hat, ist diese Rolle offensichtlich. Er war anwesend, und da er anscheinend eine sehr starke Großvater- oder Patenfigur war, beeindruckte er seinen Enkel um so mehr. Es gab keinen großen Konflikt zwischen ihm und seinem Sohn. Zu solchen Konflikten kommt es gelegentlich, wenn ein starker Großvater in die Beziehung zwischen seinem Sohn und seinem Enkel eingreift und sein Sohn sich dagegen wehrt. Aber trotz solchen Konfliktpotentials haben die meisten Großväter Qualitätszeit für ihre Enkel und werden von ihren Söhnen akzeptiert. Sie haben ihr Leben gelebt und daraus Weisheit und Kraft bezogen, und die können sie ihren Enkeln vermitteln.

Großväter und Enkel können unmittelbar interagieren, ohne die Konflikte, die zwischen Vätern und Söhnen z.B. in den natürlichen Konfliktphasen wie dem Jugendalter auftreten können. Freundliche Großväter können gerade in diesen Konfliktphasen vermitteln und beraten, bei ihren Enkeln die Rolle des unterstützenden Hilfs-Ich-Vater spielen und sie lehren, was das kulturelle Erbe der Familie für sie bedeutet.

Großväter können und sollen die Vater-Sohn-Beziehung wesentlich ergänzen. Allerdings haben die meisten Familien bis heute noch nicht wirklich eingesehen, welch wertvollen Beitrag ein Großvater zu den Beziehungen der Familienmitglieder leisten kann.

Scheidung und Trennung: Geschiedene Väter und Stiefsöhne

Die ständig wachsende Zahl der Scheidungen ist heute eine weit häufigere Ursache für die Abwesenheit von Vätern als Todesfälle. Laut Statistik werden mittlerweile über 50% aller Ehen in den USA geschieden (in Deutschland standen 1988 ca. 400.000 Eheschließungen 130.000 Scheidungen gegenüber). Das heißt, daß fast die Hälfte aller Söhne in irgendeiner Weise von ihren Vätern getrennt lebt. Das Problem ist auch deswegen so groß, weil bei mehr als 90% aller Scheidungen die Mutter das Sorgerecht für die Kinder erhält. Scheidung kann zur Entfremdung von Vater und Sohn, aber auch zu vernünftiger Anpassung führen, wenn die Beziehung positiv aufrechterhalten werden kann.

Diesen Prozeß zeigt ein prototypischer Fall aus meiner Arbeit, bei dem ein Vater, dessen Sohn bei der Scheidung fünf Jahre alt war, die Beziehung zu ihm aufrechtzuhalten versuchte. Er erzählt: »Ich habe meinen Sohn einmal die Woche in einer Art Weihnachtssituation gesehen, in der ich ihn mit Geschenken überhäufte, mit seinen Lieblingsspeisen vollstopfte und mit ihm machte, was immer er wollte. Aus derselben boshaften Haltung heraus, die schon für die Scheidung verantwortlich gewesen war, begann meine Frau, den Einfluß zu unterminieren, den ich auf meinen Sohn noch hatte.

Ich bemühte mich, bei seiner schulischen Entwicklung auf dem laufenden zu bleiben, wollte wissen, wie er sich machte und so, aber meine Exfrau gab mir sehr wenig Informationen.

Dann heiratete sie wieder, und der neue Vater verdrängte mich fast völlig. Als ich einmal anrief, hatte ich ihren zweiten Mann an der Strippe, und der brüllte: 'Dein Ex ist am Telefon.' Damals war mein Sohn fast zehn. Die beiden Schweine bearbeiteten mein Kind; der Junge wurde sehr kühl und distanziert zu mir. Ich habe die Beziehung zu meinem Sohn nicht aufgegeben, aber unter diesen Umständen läßt sie sich nur schwer aufrechterhalten.«

Fast immer stärkt die Scheidung und die daraus folgende Entfernung zum Vater die Rolle der Mutter. E. Mavis Hetherington, Martha Cox und Roger Cox haben achtundvierzig geschiedene Paare mit achtundvierzig intakten Ehen verglichen. Sie haben festgestellt, daß die Kinder immer der Mutter zugesprochen wurden, außer bei sehr ungewöhnlichen Umständen. Obwohl die Zahl der Kinder steigt, die bei ihren geschiedenen Vätern leben, leben laut der letzten Volkszählung von 1980 in Amerika nur 8,4 Prozent der Kinder aus geschiedenen Ehen bei ihren Vätern (In Deutschland: 1,6 Mio alleinerziehende Mütter / 300.000 alleinerziehende Väter). Es ist also unmittelbar nach einer Scheidung die Regel, daß ein Kind mit einer alleinziehenden Mutter zusammenlebt und sporadischen Kontakt zu seinem Vater hat.

Der Untersuchung zufolge arbeiten geschiedene Väter in den ersten beiden Monaten nach der Scheidung länger, sind in ihrer Freizeit allein oder mit Freunden aktiver, spannen weniger aus und sind seltener in ihrer Wohnung als Väter aus intakten Familien. Dieses Muster läßt sich noch ein und zwei Jahre nach der Scheidung nachweisen. Viele Männer vermeiden bewußt Alleinsein und Einsamkeit und tun alles, um nicht in eine leere Wohnung zurückkehren zu müssen.

Die Untersuchung hat auch gezeigt, daß im Lauf der Zeit der Kontakt zwischen geschiedenen Vätern und ihren Söhnen immer mehr abnimmt. Die Motive der Väter, die den Kontakt aufrechterhielten, waren vielfältig und reichten von einer tiefen Bindung an den Sohn oder an die Ex-Ehefrau über

Schuldgefühle und den Wunsch, eine gemeinsame Lebenskontinuität zu bewahren bis zu eindeutig negativen, z.B. dem Wunsch, die geschiedene Frau zu ärgern, mit ihr zu konkurrieren oder sich an ihr zu rächen.[8]

Geschiedene Mütter, die als Kompensation für die Abwesenheit des Vaters oft genug die Vater- wie die Mutterrolle übernehmen müssen, haben in der Regel ihre eigenen Probleme. Bei ihnen gibt es signifikant weniger Kontakte zu anderen Erwachsenen, mit Ausnahme der Ex-Ehemänner. Sie fühlen sich eingesperrt in die Welt ihrer Kinder. In der Untersuchung bezeichneten sich geschiedene Mütter als Gefangene ihrer Kinder. Diese Aussage war natürlich bei nichtberufstätigen Müttern häufiger als bei berufstätigen. Viele nichtberufstätigen Mütter klagten darüber, daß sie mit der Scheidung auch den Bekanntenkreis verloren hatten, weil ihre bisherigen sozialen Kontakte sich auf die Familien der Kollegen ihres Ehemanns beschränkt hatten.

Diese »Gefangenschaft« führt bei geschiedenen Müttern zu Frustration und psychischen Problemen. Es gibt Anzeichen dafür, daß die Mütter ihre Probleme unbewußt an ihrem Sohn ausagieren, dem physischen Spiegelbild des Ehemanns. In einer Psychodrama-Sitzung sagte eine seit einem Jahr geschiedene Frau offen, daß sie ihre Feindseligkeit gegen den Ehemann oft auf ihren Sohn übertrage: »Sie sehen sich ungeheuer ähnlich. Und nach dieser Sitzung glaube ich, daß ich meine schreckliche Abneigung gegen Jim vielleicht an Mark auslasse, der für mich in Wirklichkeit Jim Junior ist. Der Junge klingt nach jedem Besuch bei dem Bastard wie sein Vater, und er kritisiert mich auf dieselbe Weise wie Jim mich in unserer Ehe kritisiert hat!« Diese Frau war sich der Verschiebung ihrer Aggressionen von ihrem Mann auf ihren Sohn bewußt, aber dieses Bewußtsein haben nicht alle Frauen. Zweifellos wird der Haß auf den Ehemann manchmal auf unfaire Weise auf die Söhne übertragen.

Ein geringeres Kompetenzgefühl als Vater ist die deutlichste Veränderung im ersten Jahr nach der Scheidung. Viele Männer glauben, sie hätten als Vater wie als Ehemann versagt, und zweifeln daran, daß sie je wieder heiraten werden. Außerdem halten sich geschiedene Väter für weniger effektiv im Berufsleben und im sozialen Bereich und für weniger kompetent in heterosexuellen Beziehungen, und diese Selbsteinschätzung hat zweifellos ebenfalls negative Auswirkungen auf ihre Kompetenz als Väter.

Wie die zahlreichen Untersuchungen über geschiedene Männer belegen, häufen sich ungefähr ein Jahr nach der Scheidung plötzlich soziale Aktivitäten und Bemühungen um Weiterbildung. Dabei handelt es sich wohl um den Versuch, einige der Probleme im Bereich der Identität und des Selbstwertgefühls zu lösen, unter denen geschiedene Väter leiden. Zwei Jahre nach der Scheidung ist der Aufbau einer befriedigenden heterosexuellen Intimbeziehung der wichtigste Faktor für die Veränderung des Selbstkonzeptes. Bei geschiedenen Vätern, die keine neue Liebesbeziehung eingehen, gibt es in der Regel Defizite in der Vaterrolle.

Über 75% aller geschiedenen Männer und Frauen heiraten wieder. Da fast alle Mütter das Sorgerecht für ihre Kinder besitzen, heißt das, daß es in mehr als der Hälfte aller durch Zweitehe entstandenen Familien einen Stiefvater gibt.

Unser Sittenkodex, der auf dem Ideal der biologischen, intakten Familie gründet, steht dieser Tatsache zwiespältig gegenüber. Stiefeltern, vor allem Stiefväter, sind von einer Aura negativer Klischees umgeben. Ein Stiefvater gilt bestenfalls als ein Mann, der aus Liebe zu seiner Frau die Elternverantwortung übernimmt und sich allmählich für das Kind erwärmt, das Teil der »Mitgift« ist, schlimmstenfalls als gleichgültig und gefühllos oder gar als jemand, der die Kinder seiner Frau ausbeutet.

Im Gegensatz zu diesen Klischees spielen viele Väter die Rolle des Stiefvaters liebevoll, positiv und effektiv, wie der folgende Bericht zeigt: »Als ich meine Frau heiratete, waren ihre Kinder sechs und sieben Jahre alt. In der Familie nannten wir ihren biologischen Vater bei seinem Vornamen, Ralph, und ich nannte mich ihr 'Vater' oder ihr 'wirklicher Vater'. Ralph lebte in einer anderen Stadt und besuchte uns selten. Er hatte Kinder aus einer früheren und einer späteren Ehe. Als unsere Kinder auf die Zwanzig zugingen, haben sie ihn einmal besucht, jeder für sich, und seitdem haben sie nur noch gelegentlich Kontakt zu ihm. Ich bin in jeder Beziehung ihr Vater geworden. Mein Sohn ist jetzt in den Zwanzigern, und wir sind sehr gute Freunde. Ich liebe ihn sehr, und unsere fürchterlichen Auseinandersetzungen in seiner Teenagerzeit sind heute, wo ich soviel Freude an ihm habe und so stolz auf ihn bin, so gut wie vergessen. Ich bin froh, daß ich sein wirklicher Vater geworden und nicht der sogenannte Stiefvater geblieben bin.«

Dieser Stiefvater ist auf sehr positive Weise zum echten Vater geworden, einerseits, weil der biologische Vater sich zurückgezogen hatte, andererseits, weil er seine adoptierten Kinder wirklich liebte. Aber meist sind die Erwartungen an einen Stiefvater sehr viel unklarer als die an einen biologischen Vater. Es gibt bis heute keine klare Definition der Rolle des Stiefvaters, und es gibt keinen Ort, an den er sich um explizite Information und Leitlinien wenden könnte.

Die Soziometrie oder das Beziehungssystem der neuen Familiensituation des Stiefvaters ist in der Regel voller Probleme. Oft genug will sein neuer Sohn die Mutter vor ihm schützen, hält ihm die Tugenden seines biologischen Vaters vor und begegnet ihm mit einer natürlichen Antipathie. Diese Probleme lassen sich mit effektivem zusätzlichen Einsatz manchmal lösen, aber die Rolle des Stiefvaters bleibt schwierig.

Auch das Auftauchen einer Frau, die für den Sohn des geschiedenen Vaters zur Stiefmutter werden könnte, ist ein wichtiger Faktor der Vater-Sohn-Beziehung nach einer Scheidung. Manche Frauen sind zunächst nur an dem Mann interessiert; der Sohn wird dann zum Problem, mit dem sie nicht gerechnet haben. Manche wollen einfach nicht Mutter sein. Das Ausmaß dieser Probleme hängt davon ab, ob der Sohn bei seinem Vater lebt oder nicht.

Dr. Richard Gatley und Dr. David Koulack beschreiben, welche Auswirkungen eine »neue Partnerin« des Vaters für die Vater-Sohn-Beziehung haben kann:

»Getrennt lebende Väter sehen sich vielen eingebildeten und realen Schwierigkeiten gegenüber, wenn sie eine Beziehung zu einer 'anderen Frau' aufnehmen. Einige dieser Probleme sind emotionaler Natur, bedingt durch die Erfahrung der Scheidung. Andere sind spezifischer und ergeben sich aus den Reaktionen der neuen Partnerin auf Ihre Kinder (und auf Sie als 'Vater') bzw. den Reaktionen der Kinder auf Ihre neue Partnerin. Dazu kommen dann noch die Probleme und Komplikationen, die Ihre Rolle als Vermittler zwischen Ihren Kindern und Ihrer neuen Partnerin nun einmal mit sich bringt.«[9]

Natürlich macht es einen enormen Unterschied, ob der Vater allein oder mit seinem Sohn zusammenlebt. Ein geschiedener Mann z.B., der mit seinem Sohn zusammenlebt, sagte in einem Interview: »Bei der Trennung von meiner Frau war mein Sohn sechzehn. Wenn ich mit anderen Frauen ausging, hatte ich Hemmungen, ihn einer Frau vorzustellen, die mir etwas bedeutete. Frauen, die ich für unattraktiv oder dumm hielt, stellte ich ihm nicht vor. Mit ihnen traf ich mich in ihren Wohnungen statt in meiner. Unser Zuhause war eine Art Wohngemeinschaft mit zwei 'ungebundenen Männern', die gelegentlich Damenbesuch bekamen. Diese Situation lieferte den Anlaß für viele Gespräche über sexuelle Beziehungen, was für uns beide einen gemeinsamen Erziehungsprozeß in diesem Bereich einleitete.« Es mag Fälle geben, wo ein Sohn im Zusammenleben mit seinem Vater das notwendige Mitgefühl aufbringen und sich über die neuen Beziehungen des Vaters freuen kann. Andere Söhne, vor allem, wenn sie egozentrisch sind, sind eifersüchtig auf die Frauen und versuchen nach besten Kräften, die Beziehung zu sabotieren.

So erzählte mir ein geschiedener Vater:»Die letzten fünf Jahre meiner Ehe waren schrecklich. Mein Sohn war damals 16 Jahre alt und hat oft mitbekommen, wie ich zu Hause herumsaß, während meine Frau sich amüsierte. Nach der Scheidung wollte er bei mir leben, und ich habe mich auf dieses neue Leben gefreut.

Bei meinen ersten, flüchtigen Beziehungen zu anderen Frauen gab es mit ihm keine Schwierigkeiten. Wenn er sie morgens noch mitbekam, sah er mich verstohlen und pfiffig an, als wenn er sagen wollte: 'Toll, daß du jemanden hast, mit dem du schlafen kannst.' Aber dann hatte ich eine festere Beziehung, und da fing der Ärger an. Er mißgönnte meiner Freundin die Zeit, die ich mit ihr verbrachte, und lehnte sie ab. Wenn sie bei uns war, verhielt er sich kalt und distanziert zu ihr, und wenn ich spät nach Hause kam, brüllte er schon mal: 'Ist sie da?' oder: 'Bist du allein?'

Es war nicht leicht, mit ihm umzugehen, denn man kann ein Kind ja nicht für seine Gefühle bestrafen. Im Grunde lehnte er jeden ab, der die Zeit in Anspruch nahm, in der ich sonst mit ihm zusammen war. Natürlich war diese Reaktion für meine neue Beziehung nicht gerade gut. Zu seiner Ehrenrettung muß ich aber auch sagen, daß er sich wahrscheinlich auch Sorgen um mich machte und nicht zusehen wollte, wie ich wieder in die schreckliche Ehefalle lief, in der ich mit seiner Mutter gelebt hatte. Aber überwiegend war er eifersüchtig, denn er war sehr egozentrisch.

Glücklicherweise war meine Freundin eine wunderbare Frau, die Verständnis für seine Gefühle hatte. Das bewahrte mich davor, zwischen den beiden zerrieben zu werden, was andernfalls leicht hätte geschehen können."

Generell betrachtet ist die Distanz, die sich duch das Sorgerecht der Mutter ergibt, das schwierigste Problem zwischen Vater und Sohn nach der Scheidung. Die Forschung hat gezeigt, daß geschiedene Männer besondere Probleme haben, aber sie müssen ihre neue Situation dadurch ausgleichen, daß sie so viel Qualitätszeit mit ihren Söhnen verbringen wie möglich. Meine Untersuchungen haben eindeutig ergeben, daß die meisten Söhne gerne etwas mit ihren Vätern allein unternehmen, und dafür gibt es nach einer Scheidung meist mehr Möglichkeiten als vorher. Es gibt Fälle, in denen solche Gelegenheiten vor der Scheidung äußerst selten waren, und hier kann sich die Scheidung im Nachhinein als Segen erweisen. Die Probleme einer Scheidung lassen sich häufig reduzieren, wenn Väter sich um die Bedürfnisse ihre Söhne kümmern und so viel wie möglich mit ihnen unternehmen. Es ist keine Seltenheit, daß sich Väter nach der Scheidung mehr um ihre Söhne kümmern und bessere Beziehungen zu ihnen entwickeln als in den konfliktreichen Zeiten einer schlechten Ehe. Hat sich ein Mann erst an die Trennung gewöhnt, ist er ingesamt oft sehr viel ausgeglichener und besser imstande, sich auf seinen Sohn zu beziehen.

Lehrer und Trainer

Während früher die Eltern mit fast allen Aspekten der Sozialisation ihrer Kinder befaßt waren, sind heute durch die Bedeutung schulischer und sportlicher Aktivitäten viele der früher auf die Eltern beschränkten Verantwortlichkeiten in die Hände von Lehrern und Trainern übergegangen, Personen, die die Vater-Sohn-Beziehung beeinflussen. Vor allem die Lehrer werden oft zu Rollenmodellen für die Kinder. Über den Wert dieser Rollenmodelle bestimmt auch der Vater, im Guten wie im Bösen.

Zu Beginn der Schulzeit meines Sohnes habe ich seinen Lehrer zum Bezugspunkt für die Besprechung seiner Schularbeiten gemacht und mit ihm Rollenspiele gespielt, in denen er die Rolle seines Grundschullehrers übernahm. Wie viele Kinder seines Alters antwortete auch mein Sohn nicht auf direkte Fragen, und das Rollenspiel ist eine gute Möglichkeit, wichtige Informationen über die schulische Situation zu erhalten, die den Kindern später zugute kommen. Ich ließ ihn die Rolle eines Lehrers spielen und fragte dann: »Mr. Smith, wie macht sich Mitch denn so in der Schule?«

Die Antwort machte klar, was für Gefühle er seinem Lehrer gegenüber hatte: »Er liest sehr gut. Im Rechnen ist er nicht so gut, und manchmal macht er zuviel Unsinn, aber er ist ein feiner Kerl und ich mag ihn.«

Dieser Grundschullehrer mochte Mitch wirklich gern und stärkte sein Selbstbewußtsein. Wenn wir zu viert (die vierte war Mitchs Mutter) zusammen waren, schwamm er geradezu im positiven Abglanz der drei Erwachsenen, die seine positiven Eigenschaften verstärkten. Er wußte, daß seine

Eltern ihn liebten, aber Mr. Smith war ein wichtiger Anderer, und auch der bestätigte ihn. Eine Zeitlang wurde er zum Ersatzvater, und in diesem Kontext habe ich ihn auch wahrgenommen.

Andere Lehrer verstärkten sein sich entwickelndes Selbstbewußtsein nicht im selben Maße; sie waren meiner Meinung nach negative Ersatzeltern. In vielen Fällen waren seine Lehrer alles andere als logische Menschen, deren Einschätzung meiner Korrektur bedurften, damit sich die Situation ändern und seiner Entwicklung förderlicher werden konnte. In der High-School z.B. hatte er einen Alkoholiker als Lehrer, der seine Schüler unbarmherzig und ungerecht behandelte. Anfänglich war ich geneigt, die empörenden Schilderungen meines Sohnes als Übertreibung anzusehen, aber Gespräche mit anderen Schülern ergaben das gleiche Bild, und als ich den Mann dann zu einer »Beratungssitzung« mit meinem Sohn und seinem Studienberater traf, erkannte ich, daß Mitchs Beschreibung zutreffend gewesen war. Ich war durchaus bereit gewesen, die möglicherweise konstruktive Kritik der »armseligen Schulleistungen« meines Sohnes offen anzuhören, aber er eröffnete das Treffen mit den Worten: »Sie werden doch nicht aggressiv werden, oder?« Von dem Augenblick an behandelte ich den emotional gestörten und ziemlich paranoiden Mann mit der Sorgfalt, die bei psychisch Kranken nötig ist. Außerdem gab ich meinem Sohn im Verlauf des Schuljahres Ratschläge, wie man mit dieser Art Menschen umgehen müsse, und vermittelte ihm so die pädagogisch wertvolle Erkenntnis, daß Menschen mit psychischen Problemen oft Berufe ergreifen und auch ausüben, für die sie überhaupt nicht geeignet sind. (Die Schule kannte die Problemen des Mannes, aber er war fest angestellt und man glaubte, keine ausreichende Begündung für seine Entlassung zu haben.)

Mein Sohn erreichte das Klassenziel, und der Lehrer gab Anlaß zu vielen wichtigen Gesprächen zwischen uns über schwierige Menschen. Ich erzähle diese Geschichte, weil sich viele Väter zu Unrecht automatisch auf die Seite der Lehrer stellen und damit bei ihren Söhnen Verwirrung über die wirkliche Person eines anderen Erwachsenen auslösen. Meine eigenen Eltern gingen so mit Autoritätsfiguren um und unterstützten damit negative Erwachsene, die überhaupt keine Lehrer hätten werden dürfen.

Viele Eltern delegieren heute ihre Rolle in Ausbildung und Erziehung an die Lehrer. Väter sollten sich bewußt machen, wie groß der negative oder positive Einfluß der Lehrer auf die Sozialisation ihrer Söhne sein kann, und deshalb die Lehrer als negative oder positive Ersatzeltern begreifen.

Manchmal kann ein außergewöhnlicher Lehrer das negative und destruktive Verhalten der Eltern im Klassenzimmer ein wenig ausgleichen. Ein hervorragend qualifizierter, sensibler Grundschullehrer an einer staatlichen Schule in einem Ghettogebiet beschreibt, auf welche Weise die häuslichen Probleme der Kinder in die Klasse getragen werden:

»Das Hauptproblem im Umgang mit schwierigen Schülern ist die Frage der Strafe bei Gewalttätigkeit in der Klasse. Mein erstes Berufsjahr war ein schwerer Schock für mich. Die Schüler hatten keinerlei Respekt und wollten nicht lernen. Mindestens 70% der Unterrichtszeit mußte ich auf die Aufrechterhaltung der Disziplin verwenden, was zweifellos mit den extremen Strafen zusammenhing, denen sie zu Hause ausgesetzt waren. Im Grunde hingen sämtliche Probleme, mit denen ich in der Schule zu tun hatte, mit dem Elternhaus zusammen. Fast alle Kinder hatten alleinerziehende Mütter; die Väter fehlten. Also mußte ich stellvertretend die Rolle der abwesenden Väter übernehmen. Manche meiner Versuche, mit den Eltern eines gewalttätigen Kindes Erziehungsmaßnahmen zu besprechen, gingen nach hinten los und brachten nur neue Probleme mit sich. So schlug ein Vater nach einem solchen Gespräch seinen Sohn mit einem Kabel. Natürlich führte ich mit ihm keine Gespräche mehr. Ein anderes Mal stellte ich nach einem Elterngespräch fest, daß der Vater den Jungen anschließend mit einem heißen Eisen verbrannt hatte. Als er am nächsten Tag zur Schule kam, war der ganze Arm voller Brandwunden.«

Die Situation in der Schule ist geprägt von den häuslichen und umgebungsbedingten Problemen der Kinder; die Lehrer müssen den größten Teil ihrer Zeit und Energie dazu verwenden, die Disziplin aufrechtzuerhalten, was auf Kosten ihrer eigentlichen Aufgabe geht, der Wissensvermittlung. Oft genug müssen die Lehrer in einer sehr schwierigen Situation die Rolle des Ersatzvaters spielen.

Trainer in Sportvereinen übernehmen ebenfalls oft wichtige Elternfunktionen. Es gibt zahlreiche dramatische Fälle, in denen Trainer bei ihren Schützlingen die Rolle positiver Macho-Väter übernehmen. Tatsächlich sind väterliche Eigenschaften oft ein ausschlaggebendes Einstellungskriterium für diesen Beruf.

Die meisten Trainer sind vernünftige Männer und wertvolle Ersatzväter. Trotzdem finden sich darunter allzu viele Super-Macho-Typen, die von ihren jungen Schützlingen ein »Superman«-Verhalten fordern. Dieser Stil kann mit dem Stil des wirklichen Vaters in Konflikt geraten, wie die folgende Beobachtung zeigt, die ich bei einem Baseballspiel machte. Es ging um einen Elfjährigen, der aus Angst und mangelnder Geschicklichkeit immer wieder vor dem Ball zurückwich, wenn er zum Schlag ausholte, und jedesmal in die Luft schlug, und das alles vor den Augen eines großen Publikums. Er ging vom Feld und kämpfte sichtlich mit den Tränen. Schließlich konnte er sich nicht mehr beherrschen und brach in lautes Schluchzen aus. Einer der Trainer ermahnte ihn: »Komm, Junge, sei ein Mann, um Himmels willen! Du kannst doch hier nicht heulen wie ein Säugling.« Der liebevolle Vater des Jungen stieß den Trainer beiseite, ging mit seinem Sohn in eine ruhige Ecke, nahm ihn in den Arm und sagte: »In Ordnung, Kumpel, weine nur. Vergiß den Trainer. Wenn du dich danach fühlst, dann zeig das auch. Es spricht nichts dagegen, daß ein Mann weint.«

Eine besondere Situation entsteht, wenn ein Vater gleichzeitig der Trainer seines Sohnes ist. Diese Doppelrolle führt häufig zu Überreaktionen gegen die Söhne. So habe ich einmal beobachtet, wie ein Junge, der auch noch ein Hörgerät trug, nach einem Fehler bei einem Spiel niedergeschlagen vom Platz ging. Sein Vater, der Trainer, empfing ihn damit, daß er ihn zweimal mit der offenen Hand auf den Kopf schlug. Glücklicherweise trug der arme Kerl noch seinen Helm, was ihn zum Teil vor dieser widerlichen und absolut überflüssigen Attacke schützte. Der Fehler des Sohnes in seiner Funktion als Ich-Erweiterung des Vaters, war für diesen Macho-Vater so bedeutend, daß er den Jungen und sich selbst öffentlich demütigte.

Viele Macho-Väter erhoffen sich von Wettkampfsportarten bestimmte pädagogische Resultate. So sagte mir ein Mann: »Ich hoffe, daß mein Sohn durch den Sport das Gefühl für Konkurrenz bekommt, das Gefühl der Erfüllung, das Gefühl, etwas zu lernen. Er soll lernen, wie man kämpft. Ich bin ein Geschäftsmann, und in meinen Augen ist das Leben ein Konkurrenzkampf. Man braucht einen gewissen Konkurrenzgeist.

Ich weiß, daß viele Leute sagen, die Jugendliga sei zu kämpferisch und setze die Kinder zu sehr unter Druck. Aber ich glaube das nicht. Schließlich gibt es Konkurrenz auch in der Schule. Sogar in der offenen, allzu liberalen Schule, auf die meine Kinder gehen, gibt es Konkurrenz. Es ist natürlich, daß ein Kind sagt: 'Ich bin besser als du.' Das Leben ist voller Konkurrenz, und je schneller ein Kind das lernt, ob in der Jugendliga oder im Leben, desto besser.«

Die ganze Bandbreite der emotionalen Auswirkungen des Sports auf die Vater-Sohn-Beziehung zeigt das folgende Interview mit einem Mann, der ein guter Vater, Trainer und Schiedsrichter ist. Für ihn ist der Wert des Sports für einen Jungen umfassender als für die konkurrierenden, schlagenden Macho-Väter:

»Auf dem Spielfeld manifestieren sich die Familienprobleme der Kinder. Viele der Jungen sind hier empfänglich für die Disziplin, weil sie ihnen zu Hause fehlt, vor allem die Disziplin durch den Vater. Sie finden hier eine positive Struktur, die es in ihrem häuslichen Alltag nicht gibt.

Ich habe erlebt, daß die Kinder positiv auf diese Disziplin reagieren. Es gibt Jungen, die mich als Schiedsrichter bewußt dazu provoziert haben, sie vom Platz zu stellen. Ich erinnere mich besonders an zwei Jungen, die aus einer zerbrochenen Familie kamen und völlig unstrukturiert lebten. Die Ehe der Eltern war kaputt, und beide Eltern hatten die Kinder verlassen, die seitdem bei ihren Großeltern lebten. Ich muß Ihnen wohl nicht sagen, wie großzügig Großeltern sein und wie sehr sie ihre Enkel verwöhnen können. Genauso war es auch hier. Der eine machte nur Blödsinn, tat alles, was ihm einfiel und was er zu Hause wohl durfte: er schmiß den Ball weg, warf seinen Helm in die Luft, ließ seinem Jähzorn freien Lauf. Eines Tages warf ich ihn aus dem Spiel. Er hatte seinen Helm weggeworfen und ich sagte ihm, er solle vom Platz gehen. Er war wie vom Donner gerührt. Das erste Mal seit Jahren hatte jemand ihm gezeigt: Bis hierhin und nicht weiter. In der nächsten Woche spielte er nicht nur, ohne daß es irgendwelche Vorfälle gegeben hätte, er bat mich auch, die Ergebnisse aufschreiben zu dürfen. In dieser und in den folgenden Wochen hatte ich es mit einem ganz anderen Jungen zu tun. Er forderte mich heraus, testete mich, und ich reagierte. Viele Eltern, ob Mütter oder Väter, bringen ihre Kinder hierher, damit ein anderer Erwachsener mit ihnen arbeitet. Wir werden zu Ersatzvätern für die Jungen.

Mein Sohn kam mit Klumpfüßen zur Welt, und ich wurde Trainer, weil ich glaubte, Baseball könnte ihm helfen. Seine Zehen waren entwickelt, aber die Füße standen nach innen. Die Ärzte konnten nicht viel tun. Er war etwas behindert, nicht so schlimm wie andere Kinder, aber er war doch jahrelang in verschiedenen Kliniken. Beim ersten Mal war es ein großartiges Gefühl für meine Frau und für mich, ihn spielen zu sehen. Mittlerweile finden wir es selbstverständlich. Er war entschlossen, es zu lernen, und allmählich, Schritt für Schritt, streckten sich seine Füße durch all das Laufen auf dem Spielfeld.«

Ich selbst spielte fünf Jahre in der Jugendliga und trainierte dann ein Team. In diesen fünf Jahren war meine größte Sorge das psychische und physische Wohlbefinden meines Sohnes im Sportverein. Ich hatte Angst, er könne hinfallen oder von einem Ball getroffen werden, und dachte ständig daran, wie er es wohl verkraften würde, wenn er vom Platz gestellt, abgewertet oder vom Trainer zu sehr beschimpft würde.

Als ich selber die Trainerrrolle übernahm, erkannte ich überrascht, wie genau sich an dem Verhalten der Kinder mir gegenüber ihr Verhalten zu ihren eigenen Vätern erkennen ließ. Manche krochen vor mir, einzig, weil sie die Konditionierung durch ihre Macho-Väter auf mich übertrugen. Jungen mit einer engen und liebevollen Beziehung zu ihren Vätern waren auch zu mir praktisch von Anfang an offen, witzig und fast rührend herzlich. Als ich die Väter kennenlernte, stellte sich heraus, daß sie wirklich liebevoll-doppelnde Väter waren. Die Kinder kamen aus einem wohlhabenden Viertel von Los Angeles. Kinder mit egozentrischen Eltern stellten große Forderungen an mich, sagten mir, wo sie eingesetzt werden wollten, und rechneten mir vor, was ich ihrer Meinung nach alles falsch gemacht hätte. Ihre Väter tauchten, wenn überhaupt, in übertrieben eleganter Kleidung bei den Spielen auf und sagten mir mit derselben Unverfrorenheit unaufgefordert, was sie von meiner Leistung als Trainer hielten und was ich besser machen müsse. Mir ist in diesem Jahr als Trainer aufgefallen, wie stark manche Söhne ihren Vätern psychisch ähnlich sind.

Wichtige Andere im sozialen Umfeld bestimmen also mit über die Interaktion zwischen Vätern und Söhnen, im Guten wie im Bösen. Die Ehefrau bzw. die Mutter hat die meisten Interventionsmöglichkeiten und ist der wichtigste Filter für die Beziehung. Ist sie eine positive und nährende Person, kann der Sohn ein positives Frauenbild entwickeln. Eine gute Mutter hat einen großen, positiven Einfluß auf das Vaterbild des Sohnes.

Aber in unserer komplexen Gesellschaft übernehmen in allen Familien Außenstehende wichtige Rollen, die nützlich für die Vater-Sohn-Beziehung sind. Stiefeltern, Lehrer und Trainer können positiv in das familiäre Geflecht eingebunden werden, wenn die Kommunikation stimmt und Mitgefühl und guter Wille auf allen Seiten vorhanden sind.

Väter und Söhne sollten sich bewußt sein, daß die vorangegangenen Männergenerationen in der Familiengeschichte auch sie beeinflußt haben. So kann ein Großvater zum weisen Mann werden, zur lebendigen Verbindung mit den Wurzeln der Familie. Er ist nicht nur als Familienhistoriker wichtig, sondern kann für den Enkel auch zum konfliktfreien Zusatzvater werden. Über seinen Großvater lernt ein Mann, wo er herkommt und wer er im Alter vielleicht sein wird. Großväter können außerdem die Funktion des Schiedsrichters in Familienangelegenheiten übernehmen, Lebensphilosophie vermitteln und ihren Enkeln wie ihren Söhnen als Rollenmodell dienen.

Aber auch wenn die übrigen Darsteller im Lebensdrama von Vater und Sohn ihre Beziehung zweifellos beeinflussen, kann und muß der biologische Vater kooperativer Regisseur der Interaktion zwischen allen Beteiligten in der Vater-Sohn-Beziehung bleiben.

5.

Pathologische Entwicklungen
der Vater-Sohn-Beziehung

Die möglichen Probleme der Vater-Sohn-Beziehung reichen von normalen Übergangsproblemen bis hin zu schweren, manchmal lebenslangen Störungen und Schicksalsschlägen. Die normalen Übergangsprobleme sind in den Teenager-Jahren des Sohnes besonders stark, weil er sich in dieser Zeit vom Vater lösen und sich individuieren muß. Väter und Söhne nehmen darüber hinaus bestimmte Aspekte des Lebens aus unterschiedlichen Perspektiven wahr: einmal aus der des Erwachsenen, einmal aus der des Jugendlichen; und auch das bringt normale Probleme mit sich.

Ein inkonsequenter und ineffektiver Umgang mit diesen Übergangsproblemen verstärkt die Konflikte, bis sie zum lebenslangen Kampf führen, der beide Teile enerviert und schwächt. Besonders schwere Folgen hat der unangemessene Umgang mit anfänglich harmlosen Drogen- und Alkoholexperimenten oder kleineren delinquenten Taten; hier kann aus einem Übergangsproblem schnell ein schweres Lebensproblem werden.

In meiner Arbeit mit Drogenabhängigen und Kriminellen hat sich immer wieder gezeigt, daß viele Verbrechen ihre Ursache unter anderem in Überreaktionen oder allzu harten Strafen der Eltern auf solche Experimente hatten. Kurz, das Verhältnis zwischen Aktion und Reaktion in der Vater-Sohn-Beziehung kann ein Problem minimieren und zu einem Übergangsphänomen machen oder Öl ins Feuer gießen und einen Flächenbrand hervorrufen. Im letzteren Fall führt der daraus resultierende Kampf oft genug zu emotionalen Störungen, Drogenmißbrauch, Delinquenz oder Kriminalität.

Abweichendes Verhalten und psychische Störungen

Es gibt verschiedene Vater-Sohn-Konstellationen, die zu Jugendstraffälligkeit führen können, und die einfachste läßt sich auf die alte Formel bringen:»Wie der Vater, so der Sohn.« Kriminelle Väter haben meist auch kriminelle Söhne; sie sind »ganz der Vater«.

Es gibt kriminogene Familien, in denen die Kinder mit fast 100prozentiger Sicherheit straffällig werden. Und das gilt keineswegs nur für arme Familien aus den Slums, Wirtschaftskriminelle aus vornehmen Wohnviertel haben ebenfalls delinquente Söhne mit psychischen Problemen.

Zahlreiche Forschungsergebnisse belegen, daß der Erziehungsprozeß und die Vater-Sohn-Beziehung mit zu den wesentlichen Ursachen der Jugendkriminalität zählen. Elinore und Sheldon Glueck z.B. haben 500 straffällig gewordene Jugendliche mit einer Kontrollgruppe von 500 nicht straffällig gewordenen verglichen und festgestellt, daß die erste Gruppe signifikant anders erzogen worden war.

Bei der Untersuchung ergaben sich drei Gruppen von Erziehungsmethoden:

1. eine vernünftige, stete und feste Kontrolle des Jungen durch den Vater, die aber nicht so streng ist, daß Furcht und Antagonismus entstehen;
2. faire, aber inkonsequente Kontrolle, manchmal streng, manchmal lokker;
3. unvernünftige, extrem lockere oder extrem strenge Kontrolle, die dem Jungen einerseits unbegrenzte Handlungsfreiheit läßt und ihn andererseits so stark einschränkt, daß er zur Rebellion geradezu gezwungen ist.

Von den straffälligen Jugendlichen sind 2,5 Prozent nach der ersten, 27,4 Prozent nach der zweiten und 70,1 Prozent nach der dritten Methode erzogen worden. Das zeigt, daß der Vater und seine Erziehungsmethoden entscheidend zur Entstehung straffälliger Verhaltensmuster beitragen.[1]

Wenn ein Sohn adäquate Kontrollmechanismen verinnerlichen soll, muß der Vater in seiner Erziehung vor allem konsequent sein. Der Sohn muß sich darauf verlassen können, daß bestimmte Verhaltensweisen immer wieder dieselben Reaktionen hervorrufen, damit er die entsprechenden Konzepte ausbilden kann und zwischen angemessenen und unangemessenen Reaktionen unterscheiden lernt. Bei adäquatem Verhalten des Vater in diesem Prozeß verinnerlicht der Sohn die richtigen Werte.

Es gibt viele Anzeichen dafür, daß die Erziehung des Vaters sich negativer niederschlagen kann als die der Mutter. Der Vater hat also einen größeren Anteil an der Entstehung straffälligen Verhaltens bei Jugendlichen. Einer der zahlreichen Untersuchungen zufolge tritt solches Verhalten bei Jugendlichen, die sich vom Vater geliebt fühlen, seltener auf. Die positive emotionale Qualität der Liebe des Vaters zu seinem Sohn ist demnach ein wichtiger Aspekt beim Sozialisationsprozeß und schützt vor straffälligem Verhalten.

In einer tiefenpsychologischen Untersuchung zu Straffälligkeit und Vaterverhalten hat Robert G. Andry den Zusammenhang zwischen der Qualität elterlicher Zuneigung und Liebe und der Straffälligkeit von Jugendlichen untersucht. Dabei zeigte sich, daß die straffällig und die nicht straffällig gewordenen Jungen ihre Eltern in bezug auf deren affektive Rollen auffällig anders wahrnahmen: Die straffällig gewordenen Jugendlichen fühlten sich von ihren Vätern überwiegend nicht geliebt und versorgt, die nicht straffällig gewordenen fühlten sich von Vater wie Mutter geliebt. Außerdem ging die erste Gruppe davon aus, daß ihren Vätern ein offener Ausdruck der Zuneigung zu ihren Söhnen peinlich sei, während nach Meinung der zweiten Gruppe die Väter ihre Liebe offen zeigen konnten. Damit wird in diesem Bereich die negative Wahrnehmung des Vaters und das Gefühl mangelnder väterlicher Liebe und Zuwendung zum primären Unterscheidungsmerkmal von straffälligen und nicht straffälligen Jugendlichen.[2]

Kaltes, inkonsequentes und unangemessenes Verhalten des Vaters entsteht in der Regel aufgrund eigener Probleme. Psychodynamisch gesehen entsteht folgendes Muster: Der Vater ist ganz von seinen eigenen Problemen in Anspruch genommen und ignoriert das Bedürfnis seines Sohnes nach normaler Disziplin und Kontrolle. Der Sohn wird aufsässig, zum Teil, weil ihm eine klare Richtung fehlt, zum Teil, weil er seine normale Rebellion ausagiert. Daraufhin sieht sich der Vater genötigt, seine väterliche Verantwortung wahrzunehmen, wobei aber nicht das Verhalten des Sohnes, sondern die eigenen Bedürfnisse im Vordergrund stehen. Seine Frustrationen und Probleme färben negativ auf sein Verhalten ab, und im Bemühen, die vergangene Laxheit wettzumachen, greift er auf extreme Strafmaßnahmen zurück, die in keinem Verhältnis zum unmittelbaren Anlaß stehen. In diesem Prozeß wird die schmale Grenze zwischen strenger Bestrafung und hysterischer, krankhafter Kindesmißhandlung oft überschritten.

Der Prototyp des Vaters von straffälligen oder neurotischen Söhnen ist ein Mann, dessen Strafen in keinem Verhältnis mehr zum Anlaß stehen, der inkonsequent und launenhaft auf Fehlverhalten reagiert und sie einmal gar nicht, ein anderes Mal ungeheuer hart bestraft. Über die Strafe entscheiden also die Bedürfnisse seiner gestörten Persönlichkeit, nicht das Verhalten des Sohnes.

Väter, die ihre Söhne so bestrafen, sind inkonsequent, irrational und ineffektiv, unabhängig vom grundlegenden Vaterstil. Der Sohn interagiert nicht mit einem liebevollen Menschen, der ihm Lebensregeln vermitteln will. Diese Form der Erziehung ruft bei ihm Furcht und Rebellion hervor. Die Folge sind Auflehnung und Entfremdung, erst dem Vater und dann der ganzen Gesellschaft gegenüber.

Die Vielzahl der Untersuchungen zu gewalttätigen Verhaltensmustern hat die Korrelation von brutalen Vätern und gewalttätigen Söhnen aufgezeigt. Die strengen Erziehungsmethoden der Väter sind ein signifikanter Faktor bei der Entstehung einer gewalttätigen Gesellschaft.

Die Zahlen über Kindesmißhandlung zeigen, daß jedes Jahr über 700 US-amerikanische Kinder getötet, über 100.000 schwer mißhandelt und 50.000 bis 75.000 sexuell mißbraucht werden (In Deutschland 1988: 13.000 registrierte Fälle von sexuellem Mißbrauch bei einer Dunkelzifferschätzuing von 150.000 bis 300.000); die Täter sind überwiegend Väter(in Deutschland 1988: ca. 25% der registrierten Fälle). Die tragischen Folgen dieser abstoßenden Statistik lassen sich an den täglichen Schlagzeilen der Zeitungen über Morde und Raubüberfälle ablesen, die mittlerweile ein selbstverständlicher Bestandteil des Alltagsleben geworden sind. Die meisten dieser Mörder waren die Opfer von Kindesmißhandlung und reproduzieren nichts weiter als die Sünden ihrer Väter.

Kindesmißhandlung aus »erzieherischen Gründen« durch psychopathische Macho-Väter kommt in vielfältigen Formen vor. Das folgende Beispiel ist sicher ein Extremfall, aber gerade an solchen Extremfällen läßt sich die Dynamik der Vater-Sohn-Interaktion schärfer in den Vordergund rücken.

Ralph, 18 Jahre alt, hatte versucht, seinen Vater umzubringen. Ich lernte ihn in der Psychiatrie kennen, er war als »schizophren« diagnostiziert worden. Mehrere Psychotherapeuten hatten in der Klinik versucht, mit ihm über sein vergangenes Verhalten (das ihn ständig belastete, wie sich im Psychodrama herausstellte) zu sprechen, aber der Erfolg war praktisch gleich null. Sein Therapeut hatte an verschiedenen Psychodramasitzungen teilgenommen und bat mich, eine Sitzung mit Ralph zu leiten, damit er die Psychodynamik in der Aktion explorieren konnte. Der Therapeut war bei allen Sitzungen anwesend und ging allen Anhaltspunkten, die das Psychodrama ergab, in seinen Einzelgesprächen mit Ralph sehr produktiv nach.

Es gab bei Ralph noch ein Symptom, einen Tick, der seinen ganzen Körper wie bei einem epileptischen Anfall zucken ließ. Dieser Tick trat in der Regel auf, wenn er wütend war oder unter Druck stand. Die medizinische Untersuchung hatte keine physische Ursache dafür finden können. In der ersten Psychodrama-Sitzung mit Ralph als Protagonisten fiel mir auf, daß der Tick jedesmal auftrat, wenn es irgendeinen Bezug zu seinem Vater gab; es reichte schon, wenn ein Gruppenmitglied das Wort Vater nur aussprach.

In der Sitzung führte uns Ralph zurück zu den grundlegenden traumatischen Szenen mit seinem Vater. Die meisten drehten sich um dessen strenge Strafen. Er agierte entsetzliche Szenen aus, die sich abgespielt hatten, als er acht Jahre alt war. Damals hatte ihn sein Vater im Keller wie ein Stück Fleisch mit den Händen an einem Deckenbalken aufgehängt und dann mit einem schweren Brett auf ihn eingeschlagen.

Ralph beschrieb das inkonsequente Muster der Strafen: »Die meiste Zeit war mein Vater ganz in Ordnung. Er hat mich eigentlich fast immer in Ruhe gelassen. Aber dann ist er irgendwie ausgerastet und hat mich ohne jeden Grund geschlagen. Wenn ein 'blauer Brief' von der Schule kam, hat er ihn gelesen und einfach weggeworfen, aber manchmal hat er mich bei der geringsten Kleinigkeit angebrüllt und ist mit den Fäusten auf mich losgegangen.«

Nach mehreren Sitzungen mit Ralph und Gesprächen mit seinem Therapeuten wurde klar, daß der Tick, der immer nach besonders entsetzlichen Mißhandlungen aufgetreten war, auf seine traumatischen Erfahrungen zurückzuführen war. Mit dem Tick hat er anscheinend seinen Wunsch unter Kontrolle gehalten, gegen den Vater zurückzuschlagen. Das inkonsequente Verhalten des Vaters und seine Mißhandlungen hatten bei Ralph zu zwei extremen Haltungen geführt: die eine war unkontrollierbare Gewalttätigkeit, die andere sein Tick, über den er seine Wut nach innen richtete und seinen Wunsch im Zaum hielt, zurückzuschlagen. Die folgenden Sitzungen mit Ralph zeigten, daß er seine Feindseligkeit gegen den Vater auf andere verschoben hatte, vor allem auf andere Kinder in der Schule, wo er oft in Schlägereien verwickelt war.

Bei Ralph handelt es sich um einen Fall sehr schwerer Mißhandlung durch den Vater, und entsprechend schwer sind auch die Symptome, mit denen er darauf reagierte. Man muß sich klarmachen, daß das Syndrom des mißhandelten Kindes sowohl ein körperliches wie ein psychisches ist und daß es um Gradunterschiede geht. Sehr wenige Kinder sind so extremen Strafen ausgesetzt wie Ralph, aber viele haben irgendeine Form negativer Sozialisation erlebt und darauf direkt mit Symptomen reagiert wie Wut, negativen Persönlichkeitshaltungen und selbstzerstörerischen Tendenzen. Ich habe in der Psychodramaarbeit immer wieder auf vielen Ebenen dieselbe Intensität und dasselbe Muster wie bei Ralph beobachtet, und zwar bei Menschen, die ihr Alltagsleben durchaus bewältigen konnten.

Es war offensichtlich, daß der Vater, der Ralph in die Psychiatrie gebracht hatte, Urobjekt seines Hasses war. Im realen Leben konnte Ralph mit seinem Vater so gut wie nie sprechen. Wenn ihn sein Tick nicht daran hinderte, lief er weg, und am Ende versuchte er schließlich, ihn umzubringen.

Bei einer Psychodramasitzung waren wir in der Abschlußszene zu dem Punkt vorgedrungen, an dem er einen Krankenpfleger als Hilfs-Ich in der Rolle des Vaters akzeptierte. In der Szene hatte Ralph entweder den Tick produziert oder versucht, seinen »Vater«, wie er von dem Pfleger gespielt wurde, anzugreifen. Es konnte seine Wut so gut wie nicht verbalisieren, brauchte Taten, um seine Gefühle auszudrücken.

Nachdem er einen großen Teil seiner Wut körperlich ausagiert hatte, improvisierte ich schließlich ein Vehikel, mit dessen Hilfe ein Gespräch zwischen ihm und dem Mann möglich wurde, der den Vater spielte: Ich stellte einen Tisch zwischen ihn und seinen Psychodrama-Vater. Während er mit seinem »Vater« sprach, ließ ich ihm die Wahl und die Möglichkeit, auf ein Kissen einzuschlagen, das er symbolisch als Vater akzeptiert hatte. Durch diese Kombination psychodramatischer Hilfsmittel konnte Ralph schließlich den tiefen Haß gedanklich strukturieren und verbal formulieren, den sein Vater mit seiner Mißhandlung in ihm hervorgerufen hatte. In einer langen Tirade sprach er viel von diesem lange unterdrückten Haß aus. Schließlich entfernten wir die Stützen, er schlug auf den »Vater« mit der Battoka ein, und als sich seine Wut erschöpft hatte, ließ er sich in die Arme des »Vaters« fallen und schluchzte: »Warum mußtest du mich so schlagen, Vater? Weißt du nicht, wie sehr ich dich liebe und dich brauche?«

Obwohl er in vielen Sitzungen immer wieder seine Feindseligkeit gegen den Vater ausagierte, schaffte er es nicht, ihm zu vergeben. Dieser symbolische Akt war aber nötig, um ihn vom Kern seines Hasses zu befreien, der zu seinem gewalttätigen Ausagieren geführt hatte.

In weiteren Sitzungen ließen wir Ralph die Rolle des Vaters spielen, und überraschenderweise wußte er genau, daß der Vater von seinem Vater genauso gewalttätig behandelt worden war. Jetzt brachte Ralph zum ersten Mal Mitgefühl für die frühen, brutalisierenden Erfahrungen im Leben seines Vaters auf. Ralphs Großvater, der seinen Sohn ebenfalls geschlagen hatte, war ein Glied in einer generationenübergreifenden Kette väterlicher Gewalt gegen die Söhne. Indirekt hatte Ralph das Ergebnis der Wut seines Vaters auf dessen Vater, Ralphs Großvater, zu spüren bekommen. Als Ralph die Rollen wechselte und wieder sich selbst spielte, war seine Feindseligkeit gegen den Vater nicht mehr so groß. An diesem Tag konnte er ihm vergeben, zumindest im Rahmen des Psychodramas.

Das Material, das er in den Psychodrama-Sitzungen ausagiert hatte, wurde in den Einzelsitzungen mit seinem Therapeuten weiter aufgearbeitet. Ich führte eine Reihe produktiver Einzelgespräche sowohl mit Ralph wie mit seinem Therapeuten. Diese kombinierten therapeutischen Aktivitäten schienen zur Lösung seiner psychischen Probleme am sinnvollsten. Ich habe Ralphs Fall weiterverfolgt und erfahren, daß er sein Verhalten nach seiner Entlassung aus der Klinik dank der therapeutischen Arbeit und seiner Einsicht in die Ursache seiner gewalttätigen Gefühle anpassen konnte. Von seinem Vater hielt er sich fern, aber er fand Arbeit, heiratete mit zwanzig und hat sich allen Berichten zufolge ein eigenständiges Leben aufgebaut.

Die Väter fast aller männlichen Kriminellen waren abwesend oder distanziert und hatten keine nachhaltige Beziehung zu ihnen. Die schlechte Beziehung zwischen kriminellenn Vätern und ihren straffälligen Söhnen ist in der Regel in der Dynamik einer instabilen und ineffektiven Erziehung begründet. Normalerweise mangelt es dem Erziehungsprozeß in diesen Fällen an Beständigkeit, Intensität und Qualität.

Ein weiteres Element, das in der Erziehung zu Straffälligkeit führen kann, ist Heuchelei. Ein Vater, der seinem Sohn die Botschaft vermittelt: Tue, was ich sage, nicht, was ich tue, verstärkt damit straffälliges Verhalten. Das folgende Beispiel soll das illustrieren: Ein fünfzehnjähriger Junge bekam im Jugendgefängnis Besuch von seinem Vater. Der Vater tadelte ihn scharf und machte ihm Vorwürfe wegen seiner Verhaftung. Anschließend beschrieb er ausführlich eine handgreifliche Auseinandersetzung, die er mit einem Nachbarn gehabt hatte. Der Mann hatte aufgefordert, sein Auto ein Stück zurückzufahren, weil es seine Einfahrt zum Teil blockierte. Daraufhin hatte der Vater zugeschlagen. Der Junge hörte mit glänzenden Augen fasziniert diesem detaillierten Bericht über das Macho-Abenteuer seines Vaters zu. Er war wegen Bandendelikten inhaftiert worden, wobei erschwerend hinzukam, daß er einen Jungen so geschlagen hatte, daß er immer noch in Lebensgefahr schwebte. Der verbale Tadel des Vaters war durch und durch scheinheilig; seine eigene Gewalttätigkeit war in seiner doppelten Botschaft an den Jungen sehr viel deutlicher und hörbarer als die Ermahnungen.

Bei kreativen Jugendlichen kommen halbkriminelle Akte häufig vor, aber die meisten von ihnen entwickeln sich trotzdem zu kreativen und produktiven Erwachsenen. Bedauerlicherweise treiben viele allzu strenge Väter, die sehr strenge Verhaltensmaßstäbe anlegen, ihre Kinder geradezu in straffälliges Verhalten, indem sie sie vorschnell als kriminell abstempeln und den Mühlen der Justiz überlassen. Das kann einen Kreislauf einleiten, in dem die Söhne sich schließlich selbst für kriminell halten und sich dieses Selbstbild von außen bestätigen lassen.

In meiner Arbeit im Jugendgefängnis habe ich erlebt, wie ungeheuer verschieden Väter auf ein und dasselbe Verhalten reagieren können. Ich habe Väter kennengelernt, die ihre Söhne verhaften lassen wollten, obwohl sie sich einfach nur arrogant verhalten hatten, und andere, die ihre Söhne trotz brutaler Überfälle in Schutz nahmen. Dieselbe Handlung kann für verschiedene Menschen einen völlig anderen Stellenwert haben. Deshalb ist es auch so wichtig, daß Väter sich über den wirklichen Ernst einer Handlung klarwerden, bevor sie zu extremen Maßnahmen greifen. Viele Väter haben in mancher Beziehung den Kontakt zu aktuellen gesellschaftlichen Werten verloren, und wenn sie dann nach ihren eigenen Regeln urteilen, fühlen sich die Söhne schnell ungerecht behandelt.

Es kommt immer noch viel zu oft vor, daß Jugendliche aufgrund richterlicher Vorurteile oder der sozioökonomischen Position des Vaters in die Kategorien »kriminell« oder »psychische Störung« eingeordnet werden. Bei geringfügigen Straftaten von Jugendlichen aus der Unterschicht wird selten ihr psychischer Zustand berücksichtigt, sie gelten gleich als Kriminelle. Jugendliche aus wohlhabenderen Elternhäusern dagegen werden im gleichen Fall meist als psychisch gestört klassifiziert, weil ihre Väter leichter Einfluß auf die gerichtliche Untersuchung nehmen und die Dienste von

Psychotherapeuten für die entsprechende Diagnose in Anspruch nehmen können. Diese Faktoren, vor allem die Intervention des Vaters, tragen mit dazu bei, daß unser System auf dasselbe kriminelle Verhalten unterschiedlich reagiert.

Das gilt besonders im Bereich Drogen und Drogenmißbrauch. Die Kinder der Reichen, die in ihren »goldenen Ghettos« Drogen nehmen, werden seltener verhaftet als die Kinder der Armen in ihren Slum-Ghettos. Wohlhabende Väter beeinflussen in hohem Maße die Konsequenzen des Drogengebrauchs ihrer Söhne.

Alkohol- und Drogenmißbrauch

Viele Söhne fliehen aus den Schwierigkeiten, die sie mit ihren Vätern haben, in den Alkohol- und Drogenrausch. Die Rauschmittel lösen eine Zeit lang ihre Probleme und bieten einen Zufluchtsort, der für sämtliche sozioökonomischen Gruppen gleichermaßen erreichbar ist.

Generell ist der eigene Umgang der Väter mit Rauschmitteln der wohl entscheidendste Einflußfaktor für das Ausmaß von Drogenkonsum und -mißbrauch des Sohnes. Ein abstinenter Vater ist ein gesundes Rollenvorbild und eine wichtige Kontrollinstanz, ein Vater, der Rauschmittel konsumiert, gibt dem Sohn fast schon den Auftrag, selbst dazu zu greifen. Väter, die Rauschmittel konsumieren und gleichzeitig den Söhnen Abstinenz befehlen, sind Heuchler. Wer einem Jugendlichen mit dem Glas in der Hand und der Zigarette im Mund (den eigenen Drogen) einen Vortrag über die schädlichen Auswirkungen von Alkohol, Haschisch und Tabletten hält, ist in einer viel zu schwachen Position, als das er den Drogengebrauch des Sohnes kontrollieren könnte.

Süchtige Väter rationalisieren ihr eigenes Verhalten häufig, indem sie die Söhne zum Sündenbock machen. Ein solcher Fall begegnete mir einmal bei einer komplexen Psychodramatherapie. Es handelte sich um einen Elfjährigen, der durch den Alkoholismus des Vater und die Familiendynamik psychisch schwer erkrankt war. Herbie galt als Psychotiker und war kurze Zeit in einem Landeskrankenhaus, bevor er in die Beacon Klinik von Dr. J.L. Moreno kam. In mehreren Sitzungen unter der Leitung von Dr. Moreno fungierte ich als Hilfs-Ich für den schwachen, hypersensiblen Jungen. In der ersten Sitzung, in der ich die Rolle des Vaters spielte, war Herbie fast die ganze Zeit in einem katatonischen Rückzugszustand, aber schließlich wurde er offener und drückte seine ungeheure Feindseligkeit gegen den Vater aus, dessen Rolle ich übernommen hatte. Die wohl produktivste Information erhielten wir aus einigen bestürzenden szenischen Aussagen, als er bei der Rollenumkehr die Rolle des betrunkenen Vaters spielte. In den Ermahnungen seines Vaters wird deutlich, wie dieser ihm die Rolle des »Kranken« auf den Leib geschneidert hatte. Eine Zusammenfassung dieser Botschaften von Vater und Mutter lautet:

Herbie in der Rolle des Vaters: »Du kleiner Bastard, ich wollte dich von Anfang an nicht. Wenn du nicht so ein verdammtes Problem wärst, dann würde ich das Trinken aufgeben. Du hast mich zum Alkoholiker gemacht! Du bist schuld, daß ich jeden Job verliere. Du hast die ganze Familie ruiniert.«

Auch Herbies Mutter hatte einen wichtigen Anteil an seinem psychotischen Rückzug aus der schmerzhaften Realität in eine zurückgezogene Traumwelt:

Herbie in der Rolle der Mutter: »Ich liebe dich, mein Süßer. Ich finde es furchtbar, was mit dir passiert. Aber es stimmt einfach, wenn du nicht wärst, hätte ich meinen Mann noch. Nach deiner Geburt ist alles schief gegangen. Du kannst nichts dafür, aber du warst einfach ein Versehen. Dein Vater war noch nicht reif genug, um Vater zu werden. Du und all deine Schwierigkeiten, ihr seid der Grund dafür, daß er trinkt.«

In dieser Triade (Herbie hatte keine Geschwister) projizierten die Eltern ihre Probleme, vor allem den Alkoholismus des Vaters, ungerechterweise auf Herbie und konnten so ihre eigenen Defizite rationalisieren. Beide hatten ein großes Interesse daran, diese Rationalisierungen beizubehalten, und das bedeutete, daß sie Herbie unbewußt in der Rolle des »Kranken« halten mußten, auch wenn sie noch so oft das Gegenteil beteuerten. Wenn Herbie »krank« war, dann war er die Ursache ihrer Probleme, nicht sie selbst. Dieser unerträgliche Druck ließ dem Jungen praktisch keine andere Möglichkeit, als sich aus der unerträglichen Welt der Familie in seine Phantasiewelt, also seinen psychotischen Zustand, zu flüchten.

Herbies Krankheit besserte sich nach vielen Psychodramasitzungen mit seinen Eltern, in denen immer auch zur Sprache kam, welche Gefühle er ihnen gegenüber hatte. Seine Unterbringung in einer vernünftigen Pflegefamilie nahm den Druck seiner Familie von ihm, und sein Zustand wurde immer besser. Die Abwesenheit seiner Eltern gab ihm die Chance, konstruktivere Rollenvorbilder zu finden. Die Eltern mußten jetzt, wo Herbie als Sündenbock nicht mehr zur Verfügung stand, einsehen, daß sie selbst Hilfe brauchten. Wenn man die psychische Krankheit eines Familienmitglieds begreifen will, muß man das Individuum als soziales Wesen auffassen, die Rollen, die ihm aufgezwungen werden, und die Soziometrie in der Familie begreifen. In diesem Fall war es der Alkoholismus des Vaters, der auf verschlungenen Wegen die psychische Gesundheit des Sohnes beeinträchtigte.

Im Bereich des Drogenkonsums führen Überreaktionen des Vaters oft zu überflüssigen Konflikten und verschärfen das Problem. So beschreibt ein junger Mann die schweren Konflikte mit dem Vater, die sein mäßiger Drogenkonsum auslöste:

»In der Junior High School probierte ich wie alle anderen die Wirkung von Marihuana aus und warf auch ein paar Trips ein. Als ich eines Tages nach Hause kam, empfing mich mein Vater ungeheuer böse. Er hatte ein bißchen Marihuana in meinem Zimmer gefunden. Er ging in die Luft, brüllte wie ein Wahnsinniger und schrie, ich sei drogensüchtig. In meinen Augen machte er sich lächerlich; ich versuchte ihm zu erklären, das sei doch nichts besonderes, schließlich täten das doch alle. Gleichzeitig war ich stocksauer, weil er in mein Zimmer gegangen war, ohne mich zu fragen. Also brüllten wir uns gegenseitig an. Meine Mutter versuchte, ihn zu beruhigen, aber er wurde immer wütender und haute mir schließlich eine runter. Ich lief nach draußen und brüllte: 'Verpiß dich.' Da ist er ausgerastet und schlug wie ein Verrückter auf mich ein.

Ich lief rüber zu einem Freund von mir. Ich war so durcheinander, daß ich erst mal einen Joint rauchen mußte, um mich zu beruhigen. Von dem Tag an bis zu meinem Auszug mit achtzehn Jahren hatten mein Vater und ich zu Hause nur noch Streit.

Ein paarmal sprachen wir bei einem Therapeuten miteinander, ganz in Ruhe, aber wir verstanden uns auch dann nicht. Für ihn war Haschisch ein Teufelszeug, für mich war es eine harmlose Droge, die ich gerne nahm. Heute rauche ich übrigens kaum noch, weil ich von meinem Studium und meinem Leben stark in Anspruch genommen bin. Ich habe kaum noch was damit zu tun. Aber bis heute gibt es deswegen immer wieder Streit mit meinem Vater.«

Hier hat der extreme Standpunkt des Vaters in bezug auf eine heute alltägliche Form des Drogenkonsums einen offensichtlich überflüssigen

Konflikt zwischen ihm und seinem Sohn provoziert. Damit ist aber nicht gemeint, daß Väter den Drogenkonsum ihrer Söhne entschuldigen oder akzeptieren sollen, wenn er ihren eigenen Werten zuwider läuft. Überreaktionen allerdings können einen überflüssigen Keil zwischen Vater und Sohn treiben und in letzter Konsequenz einen Jugendlichen erst zum Drogenmißbrauch animieren.

Väter sollten festzustellen versuchen, in welchem Maße ihre Söhne Drogen konsumieren, die Kommunikation zu ihnen aufrechterhalten und unter Hinzuziehung aller verfügbaren Fakten die eigene Position erklären, so gut sie nur eben können. Das schlimmste, was sie tun können, ist die Zerstörung der geheiligten Beziehung, die sie zu ihren Söhnen haben sollten; das kann den Drogenmißbrauch steigern und beiden leidvolle Jahre bescheren.

Der Fall eines heroinabhängigen jungen Mannes soll illustrieren, wie übertriebene Erziehungsversuche des Vaters zu unproduktiven, jahrelangen Auseinandersetzungen führen können. Ich habe Al in einem Rehabilitationszentrum für Drogenabhängige kennengelernt, in dem ich wöchentliche Therapiesitzungen anbot. Damals war er Anfang dreißig und kämpfte darum, sich von seiner Abhängigkeit zu befreien, was, wie er selbst sagte, »die besten psychiatrischen Köpfe der westlichen Welt« nicht geschafft hatten. Sein Vater war ein reicher Zahnarzt; Al war in einem wohlhabenden Elternhaus in New York aufgewachsen und hatte das College erfolgreich abgeschlossen. Die Sucht nach Amphetaminen und Heroin war periodisch immer wieder aufgetreten.

Al war ein intelligenter Mann mit einem Sinn für das Absurde. Er erzählte mir die folgende Geschichte aus den letzten Tagen seiner Amphetamin-Abhängigkeit: »Als die Polizei kam, um mich zu verhaften, begriff ich überhaupt nicht, warum sie nicht warten wollten, bis ich die letzten der markstückgroßen Kacheln im Badezimmer sauber gemacht hatte. Schließlich hatte ich doch alle anderen schon mit der Zahnbürste gesäubert und poliert.«

Was er selbst und alle anderen als heroinbedingte Suchtproblematik sah, war im Grunde nichts anderes als eine Vater-Sohn-Problematik, wie sich in einer Reihe von Gruppensitzungen über familiäre Wurzeln der Drogenabhängigkeit mit anderen Insassen des Zentrums herausstellte. Sein Vater wollte, daß Al ebenfalls Zahnarzt wurde, obwohl er das absolut ablehnte. Der egozentrische Vater schüchterte ihn völlig ein; Al lebte in ständiger

Angst vor den explosionsartigen, gewalttätigen Wutausbrüchen des Vaters. Als Kind war er von seinem Vater immer wieder geschlagen worden. Die Furcht vor dem Vater verfolgte ihn sein Leben lang und war zu einem großen Teil für seine Drogenabhängigkeit verantwortlich. Der Vater war ein Perfektionist, und Al versuchte erfolglos, seine Zustimmung zu gewinnen. Die hätte er aber nur dann bekommen können, wenn er Zahnarzt geworden wäre, und gegen dieses Berufsziel wehrte er sich, weil »ich nie wie mein Vater werden wollte«.

In einer der Sitzungen ermöglichten wir ihm, seine Wut auf den Vater auszudrücken, um ihr Ausmaß explorieren zu können. Er tötete den Vater im Psychodrama mit einer zusammengerollten Zeitung (die er als Messer benutzte). Während er das »Messer« wieder und wieder in seinen Vater stieß, wiederholte er seine Anklagen gegen ihn: »Warum mußte ich überall immer der beste sein? Dir war nie etwas gut genug, was ich getan habe. Du hast mich nie gelobt. Ich habe mich als Versager gefühlt, und die Drogen haben mir geholfen, den Schmerz zu lindern, den du mir auferlegt hast. Deine perfektionistischen Maßstäbe waren für mich unerreichbar.«

In einer abschließenden Psychodrama-Szene ließ ich Al einem mitfühlenden »Vater« begegnen, der seinem Sohn zuhört. Al analysierte schließlich die Beziehung so: »Vater, für dich sollte ich jemand sein, der ich nicht bin. Und ich wollte dich immer so, wie du nicht bist. Deshalb haben wir uns nie kennengelernt.«

Die starren, perfektionistischen Ansprüche an das Verhalten des Sohnes in Verbindung mit dem väterlichen Wunsch nach beruflicher Nachfolge ließen keinen Raum für die Einsicht, daß Al eine Person mit eigenen Zielen und Gefühlen war. Die Rebellion, die sich in der Drogenabhängigkeit äußerte, zerstörte die Träume, die der Vater für seinen Sohn hatte, und linderte gleichzeitig den psychischen Schmerz des Sohnes, dessen Ursachen in dem Konflikt mit dem Vater und seinem ständigen Druck lagen. In einem Gespräch über die Sitzung sagte ein früherer Drogenabhängiger zu ihm: »Du kannst aus einer trockenen Brust keine Milch erwarten.«

Al antwortete: »Aber mein Vater hatte die einzige Brust, aus der ich Milch wollte.«

Das ist ein trauriger Kommentar, der für viele Vater-Sohn-Beziehungen zutrifft, in der beide in einen tödlichen Kampf verstrickt sind und unerfüllbare Erwartungen an den anderen stellen. Das daraus resultierende abweichende Verhalten ist für beide destruktiv.

Homosexualität

Im Verlauf meiner gruppentherapeutischen Arbeit gab es viele Sitzungen, die um das Thema der Homosexualität kreisten. Bis ungefähr 1965 wollten die meisten Homosexuellen, die eine Psychotherapie machten, heterosexuell werden; sie schämten sich ihrer Homosexualität und betrachteten sie als psychische Störung. In den späten sechziger Jahren setzte sich der Ausdruck »schwul« durch; immer mehr Menschen zeigten ihre Homosexualität offen und betrachteten sie als sexuelle Präferenz anstatt als Störung. Entsprechend dieser Veränderung strich die Amerikanische Psychiatrische Vereinigung Homosexualität von der Liste der Krankheiten.

Väter spielen bei der Festlegung der sexuellen Präferenzen ihrer Söhne eine entscheidende Rolle. In meiner früheren Arbeit stellte ich unstrittig fest, daß homosexuelle Männer distanzierte Väter hatten und sich mit den Müttern und anderen weiblichen Figuren wie Tanten und Schwestern identifizierten. Aus dieser naiven Beobachtung schloß ich, daß sie durch die Identifikation mit einer weiblichen Lebenshaltung ihre unerwiderte Liebe zu ihren Vätern ausagierten; die männlichen Sexualpartner waren damit Ersatz für ihre kalten, distanzierten, lieblosen (psychopathischen und egozentrischen) Väter, zu denen sie keine Beziehung aufbauen konnten.

Ein breites psychoanalytisches Forschungsprogramm, bei dem homo- und heterosexuelle Männer verglichen wurden, ergab, daß die charakteristischen Verhaltensweisen der Mütter von homosexuellen Männern Verführung und Verwöhnung waren, während die Väter ein feindseliges, zwiespältiges oder gleichgültiges Verhalten an den Tag legten.

Dr. Bieber hat in dieser Untersuchung 83 erklärtermaßen homosexuelle Männer mit 84 verheirateten Männern verglichen. Der Vergleich ergab, daß die folgenden Bedingungen bei homosexuellen Männern signifikant häufiger zutrafen als bei heterosexuellen:

1. Eine unbefriedigende Kindheitsbeziehung zum Vater;
2. eine starke Bindung im Kindesalter an die Mutter;
3. überbehütende und verwöhnende Mütter;
4. schwache und ineffektive Väter;
5. kompetente Mütter;
6. die Ablehnung, den Vater als Rollenvorbild zu akzeptieren;
7. Übernahme des Rollenvorbilds der Mutter.[3]

Der Autor stellt weiter fest:

> Für die Disparität der Kindheitserfahrungen Homo- und Heterosexueller sind die Väter verantwortlich, nicht die Mütter. Die Ergebnisse zeigen, daß in der Erinnerung der homosexuellen Söhne die Väter schwächere Persönlichkeiten und als Väter ineffektiver waren als die der Verheirateten. Es gibt aber keine Anzeichen dafür, daß die Mütter der verheirateten Männer schwächere Persönlichkeiten hatten oder weniger kompetent waren als die Mütter der Homosexuellen. Die vorliegenden Ergebnisse bestätigen also die These, daß homosexuelle Männer eher schwache und ineffektive Väter haben, liefern aber keinerlei Unterstützung für die Annahme, daß ihre Mütter besonders ausgeprägte Persönlichkeiten sind ...
> Die Anzahl der homosexuellen Männer, die bei ihren Vätern unerwünschte Persönlichkeitsmerkmale sehen und sie als Vorbilder ablehnen, ist signifikant größer als bei der Gruppe der Verheirateten. Bei den verheirateten Männern richten sich die Einwände gegen die Berufe ihrer Väter, weniger gegen ihre Person. Diese Ergebnisse sprechen konsistent für die Annahme, daß die relativ stärkere Bindung von Homosexuellen an ihre Mütter Ergebnis der im Verhältnis zu Heterosexuellen sehr viel schlechteren Beziehung zu ihren Vätern ist und nicht ursächlich aus einer stärkeren Beziehung zu den Müttern abgeleitet werden kann.[4]

Brian Miller hat Tiefeninterviews mit 40 homosexuellen Vätern und vierzehn ihrer Kinder durchgeführt. Die Untersuchung sollte ihre Selbstwahrnehmung als Väter und die Wahrnehmung der Kinder durch ihre Väter zeigen. Außerdem wurde noch auf mehrere andere Bereiche eingegangen, die in Prozessen um das Sorgerecht schwuler Eltern thematisiert werden. Die Ergebnisse seiner Untersuchung haben gezeigt, daß die gängigen Vorstellungen überwiegend unbegründet sind, nach denen schwule Väter kompensatorische Verhaltensweisen zeigen, Kinder belästigen, einen negativen Einfluß auf die Entwicklung der Kinder haben und Anlaß zu Schikanen bieten. Ein weiteres und vielleicht überraschenderes Ergebnis der Studie soll noch erwähnt werden: Das »Coming out« der Väter wurde von den Kindern meist als Lösung innerfamiliärer Spannungen empfunden und stärkte die Vater-Kind-Bindung.[5]

Der Volksmund behauptet, homosexuelle Männer hätten nur deshalb Kinder, um ihre Homosexualität zu verbergen, als Tarnung also, sie hätten kaum väterliche Gefühle und wären schlechte Eltern. Millers Untersuchung widerlegt diese Behauptungen. Wenn Homosexuelle Kinder haben, dann nicht, weil sie ihre Homosexualität verbergen wollen, sondern weil sie sich zu dem Zeitpunkt, an dem sie Väter wurden, nicht für homosexuell hielten. Die sexuellen Kontakte zu anderen Männern waren für sie kein wesentlicher Aspekt ihrer Identität oder ihres Verhaltens; sie glaubten, sie seien hetero- und vielleicht bisexuell. Die meisten Männer sagen, sie hätten ihre Frau und ihre Kinder aufrichtig geliebt und erst im Laufe ihres Ehelebens allmählich eingesehen, daß ihre sexuelle Präferenz im Grunde eine homosexuelle war.

Es gibt keine eindeutigen oder ursächlichen Faktoren, die zwangsläufig zu männlicher Homosexualität führen. Meiner Meinung nach fühlen sich manche Männer zu anderen Männern hingezogen, weil ihre Mütter mächtig und stark und ihre Väter distanziert und schwach waren und ein schlechtes Rollenvorbild geliefert haben. Andererseits findet sich diese Elternkonstellation aber auch bei vielen heterosexuellen Männern.

Es steht aber fest, daß die Heterosexualität des Sohnes ein Bestandteil der kognitiven Landkarte fast aller Väter ist, ob hetero- oder homosexuell. Gerade homosexuelle Väter wissen, mit wieviel Vorurteilen und Problemen Homosexuelle in unserer überwiegend heterosexuellen Gesellschaft konfrontiert sind.

Krankheiten

Außer den bisher behandelten psychischen Problemen gibt es aber auch körperliche Krankheiten und Behinderungen, die eine schwere Belastung für die Familie sein können und psychische Probleme zur Folge haben, wenn man nicht richtig damit umgeht. Die Art des Umgangs mit schweren Krankheiten hat Auswirkungen auf die Familie im allgemeinen und die Vater-Sohn-Beziehung im besonderen.

Manche Fälle, in denen ein Vater seinen Sohn vor einer schweren Einbuße an Lebensqualität aufgrund einer Krankheit oder Behinderung buchstäblich bewahrt und ihm den Weg zu Ruhm und Größe bahnt, sind gut dokumentiert. So hielt der Vater von Theodore Roosevelt seinen Sohn als Kind nächtelang im Arm, um ihm zu helfen und in seiner schweren Krankheit Hoffnung zu geben. Roosevelt, der später ein Freiwilligenregiment führte und einer der großen amerikanischen Präsidenten wurde, schreibt in seiner Autobiographie, daß ihm die Unterstützung seines Vaters in den dunklen Tagen seiner Krankheit den Mut zum Erfolg verliehen habe.

Aber nicht jede schwere Krankheit läßt sich heilen, und viele Väter und Söhne müssen mit lebenslanger Krankheit leben. Das erfordert immer eine Korrektur der Traumkarte, die der Vater, der Sohn oder beide vom anderen entworfen haben. Wenn übertriebene Anforderungen oder Erwartungen nicht mit der Realität in Übereinstimmung gebracht werden können, entstehen schwere Probleme.

So sagte mir die Mutter eines hirngeschädigten Kindes in einem Interview: »Mein Sohn Ron ist 15 Jahre alt, aber körperlich und geistig ist er auf dem Niveau eines Sechsjährigen. Damit habe ich mich erst nach vielen Therapiestunden und viel emotionalem Aufruhr abgefunden. Als er zehn war, bin ich zu dem Schluß gekommen, daß es für meinen anderen Sohn und für die ganze Familie besser wäre, wenn Ron in ein Heim käme. Das Heim wäre für uns alle die beste Lösung. Ich weiß, daß sich das sehr kalt anhört, aber ich fand, es wäre am besten, in den sauren Apfel zu beißen und eine Entscheidung zu treffen.

Ich glaube, daß sich mein Mann dem Problem nie wirklich gestellt hat. Er ist Geschäftsmann, und er ist von seiner Arbeit besessen. Er ignoriert Ron. Er ignoriert seine Behinderung, und er weigerte sich, darüber zu reden, als ich das Thema damals, vor fünf Jahren, angeschnitten habe. Soweit ich weiß, hat er nie jemandem von Rons Behinderung erzählt. Er tut einfach so, als gäbe es sie nicht. Unser anderer Sohn, Phil, ist zwei Jahre älter als Ron und körperlich gesund. Mein Mann hat ihn unglaublich angetrieben, sich in allen möglichen Macho-Aktivitäten zu engagieren, er treibt viel Sport, geht Zelten, Jagen usw. Ein Therapeut hat mir erklärt, damit würde mein Mann kompensieren, daß er einen anderen Sohn hat, den er für mangelhaft hält ... Er ist auch nicht bereit, einen Therapeuten zu konsultieren, weil er nicht glaubt, daß er Probleme hat. Er hat Scheuklappen auf und nimmt die Realität nicht wahr. Er will mit Ron nichts zu tun haben, will ihn aber auch nicht in ein Heim geben, denn dann müßte er sich ja eingestehen, daß sein Sohn geistig behindert ist.

Das alles ist eine ständige Belastung. Wir führen eigentlich keine Ehe mehr, Sexualität findet nicht mehr statt. Der Alltag läuft weiter; mein Mann ist die meiste Zeit nicht da. Ich versorge Ron, so gut ich kann. Sobald mein ältester Sohn achtzehn ist, löst sich diese Familie auf. Ich glaube, unsere Ehe ist an dem Tag gestorben, an dem wir von Rons Krankheit erfahren haben und mein Mann seine Scheuklappen aufsetzte.«

Es ist wohl überflüssig zu sagen, daß der Ehemann zu einem Interview nicht bereit war. Er stellt sich der Krankheit seines Sohnes nicht und weigert sich, die Realität einer Situation zu akzeptieren, die nicht nur das Problem des Sohnes, sondern genauso sein eigenes ist.

Aber diese Verleugnung ist in solchen und ähnlichen Fällen nicht die Regel. Josh Greenfeld gehört zu den mutigen Männern, die sich mit der Krankheit ihres Sohnes, in seinem Fall mit Autismus, konfrontiert haben. Er ist Schriftsteller und hat das Verhalten seines Sohnes und seine eigenen Reaktionen genau beobachtet und chronologisch festgehalten. Die folgenden Schilderungen sind seinem Buch »Noah - Schritte ins Leben« entnommen:

Viele Leute fragen sich, welchen Namen sie ihrem neugeborenen Kind geben sollen. Ich weiß immer noch nicht, wie ich meinen elfjährigen Sohn nennen soll. Vor sechs Jahren habe ich »Noah« geschrieben. Damals war mein Sohn fünf; er hatte allem Anschein nach gerade die erste große Hürde genommen und war sauber geworden. Wir hatten ihn durch Belohnung dazu gebracht, ein paar Worte nachzusprechen, aber ansonsten verhielt er sich wie ein Einjähriger, der schlecht schlief und bizarre Sachen tat, wenn er wach war. Spielen bedeutete für ihn, die Hände vor den Augen zu bewegen, winzige Fussel vom Fußboden aufzuheben und auf Sofas, Couchen und Betten herumzuspringen - oder endlose Schaukelbewegungen zu machen. Interaktionen mit Menschen oder mit Gegenständen waren selten ...

Ich betrachte meinen Sohn Noah heute nicht mehr als autistisch und bezeichne ihn auch nicht mehr so. Das soll nicht heißen, daß sich sein Zustand merklich gebessert hätte, sondern bedeutet, daß ich seinen Zustand heute sehr viel klarer sehe. Ich bin nicht mehr bereit, mich durch einen Begriff ablenken zu lassen, der eine Bedeutung vorgibt, sich aber jeder Definition entzieht. Denn 'Autismus' bedeutet 'Selbstbezogenheit' - und welcher Mensch ist nicht selbstbezogen? Mein Sohn Noah war und ist hirngeschädigt. Er ist in seiner Entwicklung auf schwerste gestört, in der Feinmotorik zurückgeblieben. Er ist

zweifellos geistig behindert und deshalb logischerweise verhaltens-
gestört. Welche Bereiche des Gehirns und der Wahrnehmungsfähig-
keiten nicht funktionieren, was wirklich für seinen Zustand verantwortlich ist, das wissen wir nicht ...
Immer wieder fallen mir Bücher und Artikel in die Hände, die die
verschiedensten Heilmöglichkeiten propagieren. Ich habe in den letzten Jahren Veränderungen zum Guten und auch zum Schlechten bei
vielen hirngeschädigten Kindern erlebt, aber Beweise für eine spekta-
kuläre Heilung sind mir noch nicht vor Augen gekommen ...
Wie geht es also meinem Sohn Noah jetzt? Er kann mehr als vorher,
aber weniger, als ich erhofft habe. Im Gegensatz zu früher halte ich
seine Krankheit heute nicht mehr für vergänglich, ich weiß, daß sie
bleibt. Aber ich kann nur auf der Basis der Vergänglichkeit, also der
Existenz, damit umgehen. Es ist immer noch so, daß ich Noah liebe
und ihn gleichzeitig ertrage. Aber so gehen wir schließlich alle
miteinander um.[6]

Alle Väter lieben und ertragen ihre Söhne gleichzeitig, auch wenn sie nicht
krank sind; der Unterschied zu Greenfeld und Noah ist graduell, aber wichtig.
Offensichtlich hat sich Greenfeld der Realität der Situation und seinen
Gefühlen gestellt. Allerdings läßt sich von außen nicht feststellen, was
schmerzlicher ist: die Verleugnung der Krankheit des Sohnes, wie sie der
Vater im ersten Beispiel praktiziert, oder die Konfrontation mit der Realität,
in der der Sohn die Traumpläne seines Vaters nie wird erfüllen können.
Die folgenden Auszüge sind dem Interview mit einem Mann entnommen,
der allmählich einsehen mußte, daß sein adoptierter Sohn, den er sehr liebte,
Epileptiker und möglicherweise geistig behindert war:
»Als wir Joel adoptierten, war er acht Monate alt. Wir haben schon in den
ersten Jahren bemerkt, daß irgendetwas nicht stimmte. Er stand selten für
sich ein, aber er war ein fröhliches, süßes, nettes Kind. In der Schule blieb er
immer ein wenig zurück, und wir ließen ihn testen, als er neun war. Der Arzt
stellte fest, daß er behindert war, und empfahl den Besuch der Sonderschule.
Um diese Zeit setzte ich mich mit meinen eigenen Gefühlen auseinander. Ich
hatte gehofft, aus ihm würde etwas Besonderes werden, ein Mensch mit
intellektuellen Fähigkeiten, doch diese Hoffnungen würden sich wohl kaum
erfüllen. Aber ich war noch nicht bereit, einzugestehen, daß er scheitern
könnte, oder besser, daß ich bei ihm scheitern könnte.

Von seinem neunten bis dreizehnten Lebensjahr ging er auf die Sonderschule. Ich haßte diese Schule als Symbol und Eingeständnis seiner Behinderung. Als er eines Tages von der Schule kam und fragte: 'Vater, bin ich wirklich behindert, bin ich eine Art Dummkopf?' erschrak ich und versicherte ihm, es sei alles in Ordnung mit ihm. Ich klammerte mich an den Mythos, seine Behinderung sei nur vorübergehend.

In einem Anfall von Trotz gegen die Realität dieser subtilen Behinderung nahm ich ihn mit 13 Jahren aus der Sonderschule und meldete ihn auf der normalen Schule an. An seiner Krankheit änderte das nichts.

Am schwersten fiel es mir, ihn zu bestrafen. Ich haßte mich dafür, daß ich ihn anbrüllte, er tat mir leid, aber ich wußte auch, daß ich ihm um seinetwillen Grenzen setzen mußte. Man kann ein gesundes, normales Kind anbrüllen und es einen Dummkopf nennen, aber bei einem Kind wie Joel ist so etwas verheerend, und das macht den Einsatz von Strafen so schwierig.

Mit sechzehn hatte er einen Anfall, und damit war klar, daß er Epilektiker war. Epilepsie und Symptome geistiger und psychischer Behinderung hängen zusammen. Keiner der vielen Ärzte, bei denen wir mit ihm waren, hat mir diesen Zusammenhang wirklich erklären können.

Natürlich gibt es zwei Probleme: seines und meines. Wenn ich mich entschließen würde, ihn in ein Heim zu geben, täte ich das um seinet- oder um meinetwillen? Ich würde es nie tun, denn es wäre für mich ganz schrecklich. Es wäre für mich das klare Eingeständnis meines eigenen Scheiterns. Ich glaube, vor diesem Dilemma stehen alle Väter mit solchen Kindern.

Die meisten Väter tun wohl das, was ihrem Gefühl nach das beste ist. Väter wie Josh Greenfeld, über die ich gelesen habe, geben ihre Kinder nicht auf. Und er liebt seinen Sohn natürlich und will ihn nicht in ein Heim stecken.

Mir fällt immer wieder ein Bild aus meiner Kindheit ein. Damals lebte in meinem Viertel ein kleiner Mann, der immer mit seinem verrückt wirkenden Sohn zusammen war. Man sah sie selten allein; sie waren immer zusammen, Hand in Hand. Der arme Junge hatte mit elf Jahren einen Baseball-Schläger auf den Kopf bekommen und einfach aufgehört zu wachsen, in jeder Beziehung, körperlich und psychisch. Ich erinnere mich genau an diesen Vater und seinen Sohn, die immer zusammen die Straße entlang liefen.

In gewisser Hinsicht bin ich selbst dieser Vater, das weiß ich. Joel ist jetzt 23 Jahre alt. Meine größte Sorge ist seine Zukunft, wenn ich nicht mehr da bin. Wer wird dann für ihn sorgen? Ich habe die Hoffnung immer noch nicht aufgegeben, daß er wieder gesund wird, auch wenn ich weiß, daß das nicht möglich ist. Wissen Sie, ich liebe den Jungen eben und ich werde hoffen, so lange ich lebe.«

Aber nicht nur die Krankheiten der Söhne, auch die der Väter können ihre Beziehung belasten. Der Psychologe Eric Bermann hat einen solchen Fall beschrieben, in dem die Verdrängung der tödlichen Krankheit des Vaters bei seinem achtjährigen Sohn zu psychischen Problemen und Kriminalität führte.

Bermann stellte bei der Familientherapie fest, daß der Vater eine schwere Herzkrankheit vor der Familie zu verbergen versuchte. Die Krankheit hätte eigentlich eine Operation am offenen Herzen erfordert; vom medizinischen Standpunkt aus war er jahrelang ein »Todeskandidat«. Die Familienmitglieder verdrängten ihr Wissen um die Krankheit; offene Gespräche über das Damoklesschwert, das über ihnen hing, waren selten. Das führte zu schweren Spannungen, die indirekt an Roscoe, dem Sohn, ausagiert wurden: »Mit jedem Besuch begann ich, die Tiefe der Nöte in der Familie besser zu verstehen, ihr Entsetzen und ihre verzweifelte 'Taktik', mit der sie die offene Anerkennung der stets präsenten Todesangst vermieden ... Es wurde immer klarer, daß die siebenköpfige Familie angesichts ihres überwältigenden Schreckens in unbewußter, stillschweigender Übereinstimmung Roscoe als Sündenbock ausgewählt hatte.«[7]

Die Familienmitglieder hatten sich subtil verschworen, Roscoe zu ihrem Problem zu machen. Sie sprachen selten mit ihm und reagierten kaum auf seine Anwesenheit. Zu Hause war er lustlos und angepaßt, aber nach außen agierte er seine Feindseligkeit auf kriminelle Weise aus. Nach Bermann ist ein Kind, das die Rolle des Sündenbocks zugeschrieben bekommt und schließlich übernimmt, für die Familie unentbehrlich. Es zieht alle Aggressionen auf sich und hat als Prügelknabe eine wichtige Funktion für die Beziehung unter den verschiedenen Familienmitgliedern.

Roscoes kriminelles Verhalten begann mit acht Jahren und hielt bis in seine Teenagerzeit hinein an. Die Ursache dafür war die Krankheit des Vaters und die Art, in der die Familie mit dieser Krankheit umging; sein Verhalten stand im Dienst des strukturellen Familiensystems. Aber die Außenwelt und die sozialen Institutionen hielten ihn für ein Kind, das an einer Persönlichkeitsstörung litt. Er wurde immer wieder verhaftet, und die Jugendstrafanstalten mit ihrem negativen Sozialisationsumfeld durch andere abweichende Jugendliche förderten seine Delinquenzkarriere zusätzlich. Wenn man das pathologische Verhalten eines Menschen begreifen will, muß man also unbedingt auch seine Familie und ihre soziometrische Struktur berücksichtigen. Dann kann sich wie bei Roscoe zeigen, daß sein Problem indirekt familienbedingt ist, in seinem Fall durch die Krankheit des Vaters und die Reaktion der anderen Familienmitglieder.

Schwere, lebenslange Krankheiten oder Behinderungen eines Familienmitglieds wirken sich psychisch immer auf den Rest der Familie aus. Fast alle schweren Krankheiten haben psychische Auswirkungen. Es gibt aber auch Fälle, in denen eine Familie trotz des enormen negativen Drucks solidarisch mit der chronischen Krankheit eines ihrer Mitglieder umgeht und so eine potentielle Katastrophe in eine positive Erfahrung verwandelt.

Das Interview mit einem Professor der Sozialwissenschaften ist dafür ein Beispiel. Sein intelligenter und rationaler Umgang mit der Krankheit seines Sohnes liefert ein Modell für den positiven Umgang mit lebenslangen körperlichen und psychischen Behinderungen:

»Mein Sohn wurde mit einer Gehirnlähmung geboren. In seinem ersten Lebensjahr konsultierten wir mehr als fünfzig Ärzte, selbst Dr. Spock. Keiner konnte uns helfen oder wenigstens Vorschläge machen, die meiner Frau und mir hätten nützen können. Ich war verzweifelt. Dazu kam noch, daß mein Sohn aufgrund der Lähmung sein Arme, seine Beine und den Kopf kaum bewegen konnte. Es war nicht sicher, ob er je gehen oder sprechen könnte.

Ich habe die ganze Verzweiflung durchgemacht, die in solchen Fällen bei Eltern üblich ist. Zunächst haben wir so getan, als gäbe es die Krankheit gar nicht, dann haben wir uns unbewußt selbst angeklagt und schließlich glaubten wir, es sei Gottes Wille gewesen. Geholfen hat keine dieser Projektionen.

Die größte Hilfe für uns war ein Kinderarzt, der offen sagte: 'Ich weiß nicht viel mehr über diese Krankheit als Sie. Aber ich bin bereit, mit Ihnen zusammen zu arbeiten.' Wir stellten eine Liste langfristiger und kurzfristiger Ziele für meinen Sohn auf, ökonomisch, sozial und psychisch.

In unserem Therapeutenteam war ich der Manager, meine Frau die wichtigste Hilfskraft und der Arzt der Berater. Glücklicherweise fand ich immer wieder Jobs, bei denen ich viel zu Hause arbeiten konnte. Langfristig war es natürlich unser Ziel, daß mein Sohn ein möglichst normales, menschliches Leben führen konnte. Der erste Schritt dazu bestand darin, ihn in einer normalen Schule unterzubringen.

Die Schule lehnte das zunächst ab, weil sie Probleme sah, aber schließlich konnten wir die Zuständigen überreden. Meine Frau und ich zogen ihn abwechselnd in einem kleinen roten Bollerwagen zur Schule. Wir bezahlten ein paar nette ältere Schüler dafür, daß sie ihn als eine Art »soziale Prothese« in die Klasse trugen. Nach der Schule brachten sie ihn wieder zu seinem Wagen, und wir zogen ihn dann nach Hause.

Mit Hilfe des Arztes hatten wir ein körperliches Übungsprogramm entwikkelt, das wir täglich mit ihm absolvierten, in der Hoffnung, ihm das Laufen beizubringen. Ich habe viel mit ihm über seine Gefühle gesprochen und ihm nach besten Kräften versichert, wir würden dafür sorgen, daß er eines Tages richtig laufen und sprechen könnte. Damals konnte er sich nur über den Boden schieben, noch nicht einmal kriechen.

Ja, es gab auch Disziplinprobleme. Wie alle Kinder bekam er Wutanfälle und war rebellisch. Natürlich konnten und wollten wir ihn nicht schlagen, das hätte auch negative körperliche Auswirkungen gehabt. Wenn er nicht kooperativ war und sich weigerte, seine täglichen Übungen zur Stärkung seines Körpers zu machen, schickte ich ihn auf sein Zimmer. Manchmal sagte er dann: 'Ich gehe nicht.' Dann sagte ich: 'Wenn ich dich tragen muß, bleibst du zwei Stunden drin. Wenn du von selbst gehst, nur eine.' Diese rationalen behavioristischen Methoden klappten meistens.

Manchmal legten wir ihm Süßigkeiten so hin, daß er sich anstrengen mußte, um an sie heranzukommen. Als er ungefähr zehn war, versuchte er, zu stehen. Meine Frau machte sich Sorgen, weil er oft hinfiel und sich wehtat. Ich war der Meinung, ich müsse in seinem Interesse hart und vernünftig bleiben. Ich setzte ihm einen Football-Helm auf und band ihm Knieschützer um und sagte ihm: 'Fall ruhig hin, wenn es nicht anders geht, denn das ist die einzige Möglichkeit für dich, gehen zu lernen.' Trotz allen Schmerzes aus der Tiefe meines 'Rachmonas' (jiddisch für 'Mitgefühl') mußte ich hart und rational bleiben, um ihm zu helfen.

Das hat mir mein Vater durch sein Beispiel beigebracht. Er war in der großen Depression arbeitslos und ungeheuer depressiv. Aber eines Tages raffte er sich auf und fand eine Arbeit. Seine Botschaft an mich war: 'Wie lange kann es mir schlechtgehen? Gott hilft mir nicht. Ich muß mir selber helfen.'

Als mein Sohn in der Grundschule war, machte ich Rollenspiele mit ihm, die ich das 'Was ist, wenn'-Training nenne. Zum Beispiel: Was ist, wenn dich Kinder schikanieren oder dich damit aufziehen, daß du liegst? Auf die Frage: Was ist, wenn eins der Kinder dich damit aufzieht, daß du nicht laufen kannst, fand mein Sohn die Antwort: 'Ich kann nicht laufen, aber ich kann die Uhr lesen. Soll ich dir das beibringen?'

Als er in die Highschool kam, konnte er an Krücken gehen. Wir brachten ihn zum Schulbus, und an der Schule holte ihn ein Referendar ab und brachte ihn zu seinem ersten Unterrichtsraum. In die anderen Räume ging er selbst.«

Nach dem Ende der Schulzeit seines Sohnes kümmerte sich der Vater um seine eigene berufliche Laufbahn und studierte Sozialpsychologie an der New Yorker Universität. Auch sein Sohn studierte, und beide machten ihren Doktor. Der Sohn ist mittlerweile 38 Jahre alt. Er kann ohne fremde Hilfe leben, ist verheiratet und arbeitet an einer staatlichen Forschungseinrichtung in Kalifornien.

Auf meine Bitte hin erläuterte dieser mutige, pragmatische Vater die Grundprinzipien, mit deren Hilfe er die Tragik des Sohnes in einen Erfolg für sie beide verwandelt hatte:

»Als sein Vater mußte ich einen rationalen Plan aufstellen und einhalten, mit dessen Hilfe ich meinen Sohn buchstäblich auf die eigenen Füße stellen konnte. Ich mußte Mitleid und Selbstmitleid beherrschen, damit das Kind sich nicht selbst als Objekt des Mitleids und Selbstmitleids sah. Durch das Beispiel meines eigenen Vaters habe ich gelernt, das Rationale vom Emotionalen zu trennen. Der Spruch, der an meiner Wand hängt, faßt das alles zusammen.« Der Spruch lautete: Das Leben ist entweder eine Tragödie oder eine Chance.

Dieses Beispiel enthält wichtige Lektionen für alle Probleme der Vater-Sohn-Beziehung. Normale Krisen bieten Vätern die Gelegenheit, ihren Söhnen Informationen zu geben und ihnen zu zeigen, wie sie sich selbst helfen können. Liebevolle Vater-Sohn-Beziehungen sind auch bei Krankheit oder Behinderung möglich.

Es gibt viele Situationen, in denen allzu offene Gefühle oder Mitleid nur Schaden anrichten können und die statt dessen ein gewisses Maß an rationaler Härte erfordern. Außerdem zeigt diese mutige Familie, daß das Bündnis zwischen dem Vater und seiner Frau die Lösung selbst schwierigster Probleme ermöglicht. Die Mutter war nährend, aber daß der Sohn jetzt selbständig leben kann, hat er überwiegend dem Vater zu verdanken. Selbstverständlich lassen sich die Rollen der beiden Elternteile entsprechend ihren jeweiligen Stärken und Schwächen auch umkehren.

Der Vater in diesem Beispiel hat die kognitive Landkarte des Krüppels, die für seinen Sohn entworfen worden war, nicht akzeptiert. Er hat einen hoffnungsträchtigen Plan entwickelt, der schließlich für beide erfolgreich war. Seine vernünftige Fürsorge und sein rationales Handeln sollten alle Väter als Anregung und nachahmenswertes Vorbild für ihre Beziehung zu ihren Söhnen nutzen.

6.

Probleme der Vaterschaft
und ihre Lösungen

Liebe und Mitgefühl sind integrale Bestandteile der Vaterschaft. Ich will noch einmal kurz das bisher Gesagte zusammenfassen: Der Erziehungsansatz eines Mannes ist geprägt durch den Stil seines eigenen Vaters, den individuellen sozialen und psychischen Bedingungen in den verschiedenen Lebensphasen, der jeweiligen Familienkonstellation (Ehefrau, Brüder, Schwestern) und seiner Persönlichkeit. Die zweite wichtige Dimension der Vaterrolle besteht in der Persönlichkeit des Sohnes, die sich aufgrund seines Alters und durch den Einfluß wichtiger anderer Menschen verändert.

Das ist der Kontext für die Vielzahl von Situationen und Problemen, mit denen Vater und Sohn im Laufe ihre Beziehung konfrontiert werden. In diesem Kapitel sollen grundlegende Themen und »normale« Probleme in den verschiedenen Phasen der Vater-Sohn-Beziehung analysiert und Vorschläge zu ihrer Lösung gemacht werden.

In einfacher strukturierten Gesellschaften, in denen der Lebensunterhalt von der Landwirtschaft, der Jagd oder dem Fischen abhing, war die Beziehung zwischen Vater und Sohn eine natürliche, positive und funktionale. In unserer komplexeren und häufig auch fragmentierteren Gesellschaft hat die Beziehung viel von ihrer natürlichen Funktionalität verloren. Es ist heute selten geworden, daß Vater und Sohn im selben Beruf wirklich mit Freude zusammenarbeiten.

In unserer urbanen technologischen Gesellschaft kann ein Sohn sogar zum Hindernis für den Erfolg des Vaters werden. Objektiv und emotionslos betrachtet sind Söhne teuer, zeitaufwendig und anstrengend. Sie sind ein Störfaktor für den Vater, der seine ganze Energie braucht, wenn er in unserer wettbewerbsorientierten Gesellschaft Erfolg haben will.

Väter müssen heute bewußt Situationen und Bedingungen für produktive, qualitative Interaktionen mit ihren Söhnen schaffen, sie müssen »Qualitätszeit« für sie aufbringen. »Qualitätszeit« bedeutet, daß der Vater in bestimmten Situationen praktisch ausschließlich auf den Sohn fokussiert und umgekehrt.

Es lohnt sich für Väter wie für Söhne, soweit wie möglich wieder zu einer natürlichen und funktionalen Verbindung zu finden, entgegen der Komplexität unseres sozioökonomischen Systems. Theaterautoren, Lastwagenfahrer, Geschäftsmänner, Politiker usw. sollten ihre Söhne mit ihrer Arbeits- und Freizeitwelt bekanntmachen, auch wenn die Söhne nicht denselben Berufsweg einschlagen wollen. Die Beobachtung der Väter in deren eigenen Bereichen ist eine wichtige Lernerfahrung für die Söhne, ob sie nun beruflich in die Fußstapfen des Vaters treten wollen oder nicht.

So hat ein Theaterautor aus meiner Bekanntenkreis, dessen Arbeitsgewohnheiten und Lebensstil ihm wenig Zeit für seinen Sohn ließen, dem Jungen einen Job bei einer Sommer-Repertoirebühne besorgt. Der Sohn bekam dadurch einen Eindruck von der Tätigkeit und der Position des Vaters; gleichzeitig hatten beide ein gemeinsames Interessensgebiet und Gesprächsthema.

Jagen, Fischen, Hochseefahrten oder Ferien in der Wildnis eignen sich gut für gemeinsame Aktivitäten von Vater und Sohn, selbst wenn sie nicht dieselbe funktionale Bedeutung für das Überleben haben wie früher. Natürlich wäre ein Angelausflug sinnvoller, wenn der Fisch fürs Überleben wirklich notwendig wäre, aber auch unter heutigen Umständen sind solche Aktivitäten wichtig, weil dabei Vater und Sohn zu zweit alleine sind.

Sport eignet sich ebenfalls als natürliche und funktionale Ebene für gemeinsame Aktivitäten, ws sich meines Erachtens gerade an der enormen Popularität der Jugendliga ablesen läßt. Es ist deshalb auch wichtig, Macho-Trainer aus diesem Bereich herauszunehmen und Väter und Söhne weitmöglichst gemeinsam Sport treiben zu lassen. Damit haben sie auch ein gemeinsames Interesse, ein Thema, über das sie sich unterhalten können, wenn sie miteinander allein sind.

Auf die Frage nach den positivsten Erlebnissen mit ihren Vätern erinnerten sich über 90 Prozent aller von mir interviewten Männer an Situationen, in denen sie mit ihren Vätern allein waren. Die Anwesenheit Dritter bei solchen Anlässen wurde von allen als negativ empfunden. Praktisch jeder Sohn hungert danach, Qualitätszeit allein mit dem Vater zu verbringen.

Gerade in unserer künstlichen Gesellschaft muß der Prozeß, in dem ein Vater eine funktionale Beziehung zu seinem Sohn aufbaut, unbedingt freiwillig sein und sollte keinesfalls erzwungen werden. Väter sollten ihren Söhnen aus freien Stücken Zugang zu ihrer beruflichen und sozialen Welt verschaffen. Wenn sie ihnen bestimmte Botschaften oder Berufsmodelle aufzwingen, hemmen sie unter Umständen ihre Kreativität, Spontaneität und den natürlichen Fluß ihres Lebens. Es ist eine Sache, seinem Sohn Möglichkeiten vorzustellen, und eine andere, ihn psychisch und beruflich festzulegen.

Einen Sohn zu zwingen, den väterlichen Traumplan zu erfüllen, ist ein trauriges Beispiel für eine solche berufliche Festlegung, die zu psychischen Problemen führen kann. Väter, die keine starren Pläne haben, offener sind und ihren Beruf und Lebensstil genießen, stellen dagegen oft fest, daß die Söhne sie von sich aus zum beruflichen Vorbild nehmen.

Im Grunde ist jeder Vater für seinen Sohn ein Rollenvorbild, aber nicht unbedingt ein positives. Er gibt genügend Fälle, wo das väterliche Vorbild den Sohn in die entgegengesetzte Richtung treibt. Dafür ist der Sohn eines Professors ein Beispiel: »Verglichen mit meinen Freunden waren wir immer arm. Wir hatten nie genug Geld. Mein Vater wollte, daß ich auch einen pädagogischen Beruf ergriff, das wußte ich. Aber nicht mit mir! Damit wollte ich nichts zu tun haben. Ich wollte noch nicht mal aufs College. Er war einfach nicht besonders glücklich und zufrieden als Professor, und das hat mir jede Lust dazu genommen.«

Genau das Gegenteil brachte ein Gespräch mit einem Schauspieler ans Licht. Seine beiden Söhne wollten unbedingt auch Schauspieler werden, obwohl er dagegen war, hauptsächlich deshalb, weil er unter den in diesem Beruf üblichen finanziellen Schwierigkeiten litt. Sein Traumplan für seine Söhne sah alle anderen Berufe vor, nur diesen nicht. Wie die Interviews mit der Familie zeigten, wollten die Söhne deshalb den Beruf des Vaters ergreifen, weil sie spürten, daß ihr Vater seinen Beruf liebte. Er war sehr gerne Schauspieler, weil ihm dieser Beruf die Möglichkeit bot, ständig neue Erfahrungen zu machen. Diese Freude wirkte so ansteckend auf die Söhne, daß sie trotz seines Widerstands in seine Fußstapfen treten wollten.

Die folgende Anekdote, die mir der Vater erzählte, zeigt etwas von ihrer spielerischen Vater-Sohn-Dynamik: »Mein ältester Sohn war zwanzig geworden und hatte gerade das College abgeschlossen, als er mir sagte, er wolle wirklich Berufsschauspieler werden. Ich erzählte ihm von den Leiden und den Freuden des Berufs, wobei ich den Schwerpunkt auf die Leiden und die ständigen Probleme mit der Jobsuche legte. Der kleine Bastard sah mich an und sagte: 'Ich weiß, wie hart das für dich war, aber bei mir wird das anders. Ich werde nämlich berühmt.'«

Lebensziele, berufliche Landkarten und Botschaften sollten zwischen Vater und Sohn immer wieder offen und direkt besprochen werden, am besten von klein auf und in regelmäßigen Abständen. Versäumnisse in diesem Bereich können zu schweren, oft lebenslangen Konflikten führen, wenn die Jugendlichen beim Versuch der Dechiffrierung der unklaren väterlichen Botschaften feststellen müssen, daß sie sich geirrt haben und die Väter ganz andere Wünsche an sie hatten. Wirklich offene Kommunikation ist von entscheidender Bedeutung für die so wünschenswerte Männerfreundschaft zwischen Vater und Sohn in der dritten Phase. Blockierungen in ihrer Kommunikation sollten auf beiden Seiten mit dem Einsatz aller verfügbaren Methoden und Personen behoben werden.

Eingeschränkte Kommunikation in der Vater-Sohn-Beziehung verurteilt beide Beteiligten zum Gedankenlesen, was natürlich meist nicht erfolgreich ist. Ein Beispiel für diese leider nur allzu häufig anzutreffende Situation lieferte ein junger Mann, der in einem meiner Interviews das lebenslange Kommunikationsproblem zwischen seinem Vater und ihm skizzierte. Ihnen gelang es schließlich, mit Hilfe der Beratung und Vermittlung eines ungewöhnlich fähigen Priesters, den beide respektierten, ihr Problem zu lösen. Diese Fallgeschichte schildert exemplarisch den oft lebenslangen Kampf, zu dem eine blockierte Kommunikation bei viel zu vielen Vätern und Söhnen führt, demonstriert aber vor allem, wie die Kommunikation wieder in Gang kommen kann:

»Meine Eltern sind seit fünfundzwanzig Jahren verheiratet, mein Vater ist fünfzig Jahre alt und bekommt allmählich eine Glatze. Er ist ein pensionierter Marineoffizier mit dem Rang eines Oberbootsmanns. Mein Vater und ich sind uns in Einstellung und Verhalten in gewissem Sinne sehr ähnlich. Er ist nicht besonders dogmatisch und engagiert sich, wenn überhaupt, nur für etwas, was ihn persönlich interessiert. Wenn er sich im Recht glaubt, behauptet er seinen Standpunkt und beugt sich nicht dem Stärkeren. Er ist stur und regiert seine Familie mit eiserner Hand. Seine Strafen waren streng, unmittelbar und direkt.

Diese strengen Strafen haben in der Vergangenheit immer wieder zu Streit und Kommunikationslücken in unserer Familie geführt. So hat er mich zum

Beispiel einmal mit einem zweiwöchigen Hausarrest bestraft, weil ich eine Minute nach der festgesetzten Zeit nach Hause gekommen war.

Manchmal wollte ich weglaufen und nie mehr zurückkommen. Nicht, daß ich ständig daran gedacht hätte, aber es gehört doch mit zu meinem überwältigenden Bedürfnis, von zu Hause wegzukommen. Ich war so selten wie möglich zu Hause, und das lag an meinem Vater. Ich habe nie Freunde mit nach Hause gebracht, weil ich Angst hatte, mein Vater würde mir vor ihnen aus absurden Gründen eine Gardinenpredigt halten.

Als ich älter wurde, wurde die Kluft zwischen uns immer größer, bis es schließlich so gut wie keine Kommunikation mehr gab. Wir sprachen nur noch miteinander, wenn es sich nicht vermeiden ließ, und auch dann nur über unverfängliche Themen. Er hat mich in den letzten paar Jahren, die ich noch zu Hause war, auch kaum noch bestraft, überwiegend wohl, weil ich so selten anwesend war.

In meinem letzten Schuljahr lernte ich in den Exerzitien einen phantastischen Priester kennen, der mir Vorschläge machte, wie ich die Kommunikation mit meinem Vater wieder in Gang bringen könnte. Sobald ich zu Hause war, ging ich aufgeregt zu meinem Vater und sagte, wir müßten unbedingt ernsthaft miteinander reden. Das Gespräch lief folgendermaßen ab:

Sohn: Vater, ich muß mit dir reden, weil wir überhaupt nicht mehr miteinander sprechen. Aber es gibt Dinge, über die wir sprechen müssen.

Vater: Nur zu, Junge. Ich höre.

Sohn: Sieh mal, wir machen nichts von dem, was andere Jungen mit ihren Vätern zusammen machen . Wir reden nicht miteinander, gehen nicht zusammen weg, machen nichts miteinander, vor allem sind wir nicht wie Vater und Sohn. Und das macht mir sehr viel aus.

Vater: Aber was sollen wir denn zusammen tun? Wir unternehmen doch Sachen zusammen und gehen zusammen weg, letzte Woche erst waren wir alle zusammen essen? Wir gehen jeden Sonntag zur Kirche. Wir haben ein gutes Familienleben, oder etwa nicht?

Sohn: Das meine ich nicht. Ich meine, daß wir beide nie miteinander reden ...

Vater: Was soll das? Wir reden doch gerade.

Sohn: Ja, aber nicht ernsthaft. Es ist so wie immer - wir reden manchmal miteinander, sicher, aber wir kommunizieren nicht.

Vater: Kommunizieren? Was zum Teufel meinst du damit? Du weißt doch gar nicht, wovon du sprichst!

Wie üblich sagte mein Vater ungefähr eine halbe Stunde später: 'Dieses Gespräch bringt nichts.' Ende der Unterhaltung.

Trotzdem kamen wir uns als Ergebnis dieses Gespräches in den folgenden Tagen und Wochen ein wenig näher, jedenfalls unterhielten wir uns häufiger, anstatt uns nur auf der 'Hallo, wie geht's'-Ebene zu bewegen.

Nach zwei oder drei Monaten setzte ich mich wieder mit meinem Vater zusammen und sprach über das, was mich gerade beschäftigte. Aber sobald wir auf problematisches Gelände kamen, beendete er die Unterhaltung wieder mit denselben Worten: 'Dieses Gespräch bringt nichts.'

Im Sommer fanden wieder Exerzitien statt, und wieder sprach ich mit dem Priester über die mangelnde Kommunikation zwischen meinem Vater und mir. Er bot mir an, mit meinem Vater zu reden und zu versuchen, ob er etwas erreichen könne. Aber ich hatte Angst davor, weil mein Vater der Meinung war, daß Familienangelegenheiten ausschließlich intern geregelt werden sollten, und sich über die Einmischung von außen und über mich ärgern würde. Also einigten wir uns darauf, der Priester solle ganz allgemein mit meinem Vater sprechen und das Thema unserer Beziehung nur ansprechen, wenn sich die Gelegenheit dazu ergab. Der Priester war wirklich ein bemerkenswerter Mann; er brachte meinen Vater dazu, ihm zuzuhören und sich auf ein Gespräch mit mir einzulassen. Dieses Gespräch ging über drei Stunden und läßt sich so zusammenfassen:

Vater: Es hat viele Gründe, mein Junge, daß ich nicht ernsthaft mit dir rede und dich nicht Anteil an meinem Leben nehmen lasse. Sie sind schwer zu erklären. Dir scheinen sie vielleicht unwichtig, aber sie gehören zu meinem Lebens.

Sohn: Fang nur an, ich höre zu. Laß dir Zeit.

Vater: Als du jünger warst, warst du für mich das Spiegelbild meiner selbst. Ich habe in dir meine eigenen Fehler erkannt, meine Reaktionen, wenn ich mich geärgert hatte, weil ich irgendetwas nicht durfte, und andere Kleinigkeiten, die ich jetzt, als Vater, nicht mehr gutheißen konnte und kann. Ich wollte nicht, daß du dich so verhältst wie ich, und habe deshalb getan, was ich konnte, damit du nicht so wirst wie ich. Ich glaube, ich habe dabei übertrieben. Deine Mutter und ich haben früher darüber gesprochen, und deshalb habe ich mich stärker bemüht, dich in Ruhe zu lassen und mich nicht so stark in dein Leben einzumischen. Ich weiß nicht, ob du das gemerkt hast.

Sohn: Ich habe gemerkt, daß du mich in Ruhe gelassen hast, aber für mich sah das so aus, als hättest du es aufgegeben, mich zu verändern, oder gemerkt, daß ich dir aus dem Weg gegangen bin.

(Vater und Sohn sind von ihrem Gespräch gerührt und umarmen sich zum ersten Mal seit vielen Jahren.)

Vater: Du bist jetzt fast achtzehn. Es kommt mir vor, als wäre es gestern gewesen, daß ich dich auf dem Arm hielt und dir die Welt auf einem Silbertablett servieren wollte. Niemand sollte dir wehtun können, weil ich ja da war, um dir zu helfen. Für mich warst du immer mein kleiner Junge, und ich glaube, das bist du heute noch. Das Kind, das ich liebe, ist kein Kind mehr. Das Kind ist zu einem reifen jungen Mann herangewachsen, der keinen Vater mehr braucht, der ihn an die Hand nimmt oder ihm hilft, seine Kämpfe zu kämpfen. Mir fällt es sehr schwer, das zu akzeptieren.

Sohn: Wenn ich jetzt zurückblicke, weiß ich, was du gefühlt hast. Ich wünschte nur, du hättest mir erzählt, wie es dir wirklich geht, und dann hätten wir zusammen eine Lösung finden können. Damit wäre uns beiden viel erspart geblieben.

Vater: Ich war davon überzeugt, du würdest meine Gefühle nicht verstehen können. Ich hätte auch nie geglaubt, wir könnten miteinander sprechen, ohne uns zu streiten.

Sohn: Aber Vater, ich wollte doch nur von Mann zu Mann mit dir sprechen und wissen, was in dir vorgeht, Aber du hast mir immer die Tür vor der Nase zugeschlagen. Jetzt, wo du ein bißchen offener geworden bist, verstehe ich dich doch. Vielleicht nicht alles, aber einiges ist doch klarer geworden.

Vater: Es fällt mir schwer, das richtig auszudrücken, aber du sollst wissen, daß ich sehr stolz auf dich bin, selbst wenn ich das nicht so direkt sagen kann. Ich bin stolz auf dich und ich habe dich sehr lieb.

Sohn: Vater, und du sollst wissen, wie glücklich ich bin, daß wir nach all diesen Jahren endlich wirklich miteinander sprechen können. Ich habe dich auch sehr lieb.«

Wie der jetzt 21jährige Sohn sagte, hat »dieses eine Gespräch, in dem wir uns unsere gegenseitige Liebe gezeigt haben, dazu geführt, daß es uns beiden besser geht. Ich kann jetzt mit meinem Vater reden, und wir zeigen wirklich, was wir fühlen.« Der Sohn wurde nach dem Collegeabschluß Bewährungshelfer.

Interessant bei diesem Beispiel ist, daß der Sohn den Vater sein Leben lang als kalt und brutal wahrgenommen hat. In dem Augenblick, als sie ihre jeweiligen Schutzmechanismen durchbrachen und wirklich miteinander kommunizierten, zeigte sich aber große gegenseitige Liebe und Fürsorge. Allzuviele Väter halten ihre Schutzmechanismen aufrecht, sei es, weil ihr Vaterstil der des Macho-Vaters ist oder weil sie ihre Söhne vor den eigenen Fehlern bewahren wollen.

Das bleibende Kommunikationsproblem zwischen Vätern und Söhnen ist in meiner Forschungsarbeit in Hunderten von Fällen deutlich geworden. Viel zu oft nehmen Väter und Söhne die gegenseitigen Gefühle wie in diesem Beispiel völlig falsch wahr. Sie wissen nicht, wie sie sich verständigen sollen, und leiden ihr ganzes Leben lang darunter. Glücklicherweise konnte hier der Priester als Ersatzvater intervenieren, die Mauer zwischen Vater und Sohn durchbrechen und ihre Kommunikation fördern.

Dieser Fall zeigt aber auch, wieviel überflüssiges Leid der kalte, distanzierte Machostil des Vaters verursacht hat. Dieser Mann war kein psychopathischer oder egozentrischer Vater. Hinter seiner Macho-Fassade, die zweifellos durch seinen militärischen Beruf gefördert wurde, verbarg sich ein warmer, liebevoll-doppelnder Vater. Es hätte beiden Teilen viel Unglück und unproduktives Zusammenleben ersparen könne, wenn der Vater imstande gewesen wäre, die Macho-Fassade abzulegen und sich seinem Sohn und seiner Familie als der mitfühlende, liebevolle Mann zu zeigen, der er in Wirklichkeit war.

Der Vaterstil eines Mannes sollte sich danach bestimmen, welche Distanz und welche Einstellung ihm persönlich angemessen ist. Jeder Vater sollte wissen, daß das Verhältnis von Macht und Distanz bestimmt, welche Beziehung sich zwischen ihm und seinem Sohn entwickelt. Der distanziertere Macho-Vater hat mehr Macht, aber der liebevolle Kumpel-Vater kann mit seinem Sohn besser kommunizieren und ist ihm näher.

Der Kumpel-Vater ist für seinen Sohn eher eine Art liebevoller älterer Bruder, an den man sich wenden kann, wenn man Hilfe braucht. Dieser Vater-Typ eignet sich für Fürsorge und psychische Unterstützung, aber er ist nicht zur autoritativen Ohrfeige imstande, wenn seine Rolle als Erzieher gefordert ist. Ein Kumpel kann sich nicht einfach in eine maßregelnde Figur verwandeln, sobald die Situation das Eingreifen eines Vaters erfordert. Zuviel Vertraulichkeit zwischen Vater und Sohn kann zu Verachtung führen; es fehlt die Distanz, die für die Ausübung der väterlichen Macht nötig ist.

Die distanzierteren Macho-Väter sind sehr viel besser als Autorität zu erkennen. Aber sie sind keine Ansprechpartner für Fragen und Probleme im Bereich der Sexualität oder beim Umgang mit Drogen. In diesen distanzierten Beziehungen läuft häufig ein Versteckspiel ab, bei dem der Sohn seine Taten verschleiert und der Vater die Rolle des Detektivs übernimmt.

Es gibt Männer, die als Väter praktisch nicht vorhanden sind. Wenn diese Distanz zur Vaterrolle zu lange anhält, bleibt der Mutter oft gar nichts anderes übrig, als selbst auch noch die Vaterrolle zu übernehmen. Eine Mutter erzählte: »Joel war ein furchtbarer Vater. Ich meine nicht, daß er bei unserem Sohn Fehler gemacht hätte, nein, er hat einfach überhaupt nichts gemacht. Er war als Vater für den Jungen einfach nicht vorhanden. Wenn sie mich fragen, was der Grund für diesen Rückzug war, dann kann ich nur vermuten, daß sein eigener Vater, ein Alkoholiker, ihn so schlecht behandelt hat, daß er nie hat lernen können oder lernen wollen, was ein guter Vater ist. Er ist ein guter Ernährer und auch ein guter Ehemann, aber als Vater ist er eine Null.«

Eine Scheidung beeinflußt den Vaterstil und das Verhältnis von Distanz und Kommunikation zwischen Vater und Sohn sehr stark. Wenn man bedenkt, daß ungefähr die Hälfte aller Ehen in den USA heute geschieden wird, wird deutlich, wie sehr die Scheidung die Beziehungen von Vätern und Söhnen bestimmt. Scheidung ist für Kinder selbst dann ein schwerer Schock, wenn die Gründe für die Auflösung der Ehe auf der Hand liegen. Die Forschung hat gezeigt, daß Kinder sich oft irrtümlich für die Scheidung veranwortlich machen. Geschiedene Väter sollten also ihren Söhnen eindeutig zeigen, daß nicht sie die Verantwortung für den Bruch der Eltern tragen.

Die Distanz, die durch eine Scheidung zwischen Vater und Sohn entsteht, muß irgendwie überwunden werden. Vor allem in der ersten und zweiten Phase der Vater-Sohn-Beziehung ist es für geschiedene Väter schwer, ihre Rolle effektiv zu spielen. Vernünftige Eltern lösen nach einer Scheidung das Problem dadurch, daß sie das Kind in der ersten Phase bei dem einen und in der zweiten bei dem anderen Elternteil leben lassen. Eine pragmatische Lösung, die allerdings nicht unproblematisch ist, besteht darin, das Kind in der zweiten Phase beim gleichgeschlechtlichen Elternteil aufwachsen zu lassen. Das ist meines Erachtens besonders für Söhne wichtig, die ja in den frühen Jahren sehr viel Zuwendung brauchen. Gerade im Jugendalter brauchen sie die Anleitung und das Rollenvorbild eines liebevollen Mannes.

Natürlich entgehen dem Jungen wichtige Erfahrungen, wenn der Vater in der ersten Phase abwesend ist, aber wenn sich das nicht umgehen läßt, sollte er wenigstens die Teenager-Jahre bei seinem Vater verbringen.

Geschiedene Eltern müssen zudem erkennen, wie wichtig sie als Filter und Vermittler für das Bild des abwesenden Elternteils sind. Wenn die Mutter das Sorgerecht hat, sollte sie sorgfältig darauf achten, daß sie ihre normale Feindseligkeit gegen den Vater nicht gegen den Sohn wendet, der in Aussehen und Verhalten an seinen Vater erinnert, und sie sollte kein negatives Bild des Vaters vermitteln.

Eine Darstellung wichtiger Problembereiche geschiedener Väter haben Myrna und Jerry Silver erarbeitet. Die beiden sprechen aus eigener Erfahrung, denn bevor sie ein Ehepaar wurden, waren beide zwanzig Jahre lang in erster Ehe mit anderen Partnern verheiratet. Jerry, Vater von vier Kindern, schreibt:

»Die Gruppe der geschiedenen Väter ist die am meisten unterdrückte Minderheit in unserem Land, ökonomisch, sozial und psychisch ... Eine Woge der Hilfsbereitschaft für Frauen geht über uns hinweg, und die Männer ertrinken darin ... Die Gerichte urteilen übereinstimmend gemäß dem Vorurteil, daß den Frauen das Sorgerecht für die Kinder zusteht. Die nächste große Revolution wird der Kampf für die Rechte des Mannes sein. Es geht uns nicht um Polarisierung, sondern um Ausgleich. Wir drehen nicht einfach den Spieß um und behaupten, man würde die Männer diskriminieren. Wir sind nur der Meinung, daß Männer fair behandelt werden müssen.«[1]

Die überzeugte Feministin Myrna Silver sagt zum Thema geschiedene Väter: »Als ich begann, Gruppen für die Rechte geschiedener Väter zu besuchen ... machte mich die Einstellung, die die Männer zu sich selber haben, ungeheuer wütend. Sie werten sich ab, als Väter und als Menschen. Der Kampf für die Gleichberechtigung der Frauen hat die Sympathie und die Unterstützung von Männern und Frauen im ganzen Land gefunden. Aber noch immer ernten wir nur ein herablassendes Lächeln, wenn wir von der Gleichberechtigung der Männer sprechen. Ich habe gelernt, daß Sanftheit, Sensibilität, Zuwendung, Liebe und die Fähigkeit zur Versorgung von Kindern nicht an ein Geschlecht gebunden sind.«[2]

Geschiedene Väter sollten sich trotz aller Hindernisse darum bemühen, für längere Zeiträume mit ihren Söhnen zusammenzusein, z.B. in den Ferien, denn Söhne haben ein starkes Bedürfnis danach, mit ihren Vätern allein zusammenzusein, und wollen, daß sie Qualitätszeit für sie haben.

Es gibt mittlerweile viele Organisationen, die geschiedene Väter unterstützen. Ein Mann, der regelmäßig an einer Gruppe geschiedener Väter teilnimmt, beschreibt einige der dort behandelten Themen:

»Es ist immer noch beängstigend für einen Mann, eine Horde Kinder allein großzuziehen. Die Gruppe hat sich mehr oder weniger unbeholfen unter anderem damit beschäftigt, wie man Fieber behandelt oder einen Einlauf macht, wo man um sechs Uhr morgens Milch auftreibt und wie man Bettnässern hilft, ihr Trauma zu überwinden. Ein Grundproblem ist die Abwesenheit der Partnerin. Manchmal hört man seinen Sohn im Schlaf weinen und geht hin, um ihn zu trösten. Man sitzt dann mitten in der Nacht da und versucht, die richtigen Worte zu finden, um zu erklären, was passiert ist, warum die Mutter nicht mehr da ist. Ich hatte nie eine Erklärung. Ich konnte ihn nur festhalten und ihm sagen, daß eines Tages alles wieder gut wird.«

Nach meinen Untersuchungen ist die Distanz zu den Söhnen in der Gruppe der geschiedenen Väter am größten. An zweiter Stelle steht die Gruppe der Väter, die total von ihrem Beruf in Anspruch genommen sind. Arbeitsbesessene Männer, die sich mit diesem Problem nicht aktiv auseinandersetzen, werden meist egozentrische Väter. Sie wollen Erfolg und Status erreichen und behalten, und das erfordert in ihrem meist ungewöhnlich komplexen Berufsleben übermäßig viel Zeit. Es gibt immer wieder längere Zeiträume, in denen sie für die Söhne nicht erreichbar sind, weil sie sich egozentrisch in ihre Arbeit stürzen. Väter, die sich nicht bemühen, dieses Problem zu lösen, nehmen den Söhnen die erforderliche Qualitätszeit und Aufmerksamkeit.

Die Arbeitsbelastung macht solche Männer oft in materiellen Dingen allzu großzügig; sie wollen damit ihre Schuldgefühle kompensieren, weil sie so wenig Zeit für ihre Söhne aufbringen. Diese Art der Kompensation findet sich zwar häufiger bei wohlhabenden Vätern, ist aber keineswegs darauf beschränkt. Aber ob reich oder arm, Söhne, denen Belohnungen finanzieller oder statusträchtiger Natur auf einem Silbertablett serviert werden, versagen später häufig, weil sie nicht gelernt haben, was Leistung bedeutet. Sie kennen den Prozeß nicht, in dem man in unserer Gesellschaft Geld und Status verdient.

Es kann ungeheuer destruktiv sein, einen Sohn mit materiellen Dingen zu überhäufen und ihm einem Status zu verleihen, den er sich nicht selbst verdient hat. Der Sohn will Qualitätszeit mit dem Vater verbringen, bekommt aber von ihm nur Gegenstände, und davon zuviel und zu früh. Damit produziert man psychische Krüppel, die die Regeln nie gelernt haben, nach denen die Gesellschaft funktioniert.

Viele bürgerliche Männer, besonders, wenn sie reich sind, schicken ihre Söhne zum Psychotherapeuten, um sich der Verantwortung ihrer Vaterrolle zu entziehen. Egozentrische Väter, die mit ihrem Erfolg beschäftigt sind, sind froh, wenn sie ihre Rolle an den Therapeuten abgeben können, der den Ersatzvater spielen soll.

Trotzdem ist eine Therapie oft nötig und kann im therapeutischen Prozeß Vater und Sohn wieder zusammenbringen. Der Psychologe Dr. Gene Landy arbeitete viel mit jungen Erwachsenen, die Probleme mit ihren Vätern hatten.[3] Er entwickelte eine Methode, die die negativen Einflüsse des »Zuviel-zu-früh«-Syndroms verbessern kann. Dazu gehört ein schriftlicher Vertrag mit dem Vater und dem Sohn, der festlegt, daß der Therapeut für eine gewisse Zeit die volle Verantwortung für den Sohn übernimmt, einschließlich der Zuteilung von Taschengeld. Auf dieser Basis ermutigt er dann den jungen Mann, in der realen Welt etwas zu leisten, ihre Regeln kennenzulernen und selbst für seinen Lebensunterhalt aufzukommen. Der Therapeut unterstützt ihn dabei und gibt ihm Ratschläge für den Umgang mit Problemen, die er allein nicht bewältigen kann. Ziel dieses Therapieprozesses ist es, durch die Förderung der Unabhängigkeit des Sohnes Vater und Sohn wieder zusammenzubringen.

Das Problem der Verwöhnung ist besonders bei neureichen Familien verbreitet. Die Väter haben schwer für ihren Reichtum und ihre Stellung gearbeitet, während die Söhne dieses Erbe als ganz selbstverständlich hinnehmen. Die Väter mußten sich hocharbeiten und haben dabei auch ihre Persönlichkeit mehr entwickelt als die Söhne, die diesen Prozeß in der Regel nicht begreifen. Das führt dann zu Konflikten.

Der folgende Vater-Sohn-Fall aus einer Gruppentherapie soll das illustrieren:

Der dreißigjährige Sohn, Jules, hatte sein Studium abgebrochen und arbeitete im Fuhrunternehmen des Vaters. Damit fing der Ärger an. Bei der Arbeit gab es ständig Streit mit seinem Vater. Diese Auseinandersetzungen machten ihn sehr depressiv, und gegen die Depressionen nahm er Kokain und andere stimmungsaufhellende Drogen. Als er in die Gruppe kam, sagte er: »Ich ertrinke in Drogen, und ich möchte aus diesem schrecklichen Kreislauf heraus.«

Sein Vater war als armer russischer Einwanderer nach Amerika gekommen, hatte als Lastwagenfahrer angefangen und war in vierzig Jahren als Fuhrunternehmer zum Multimillionär geworden. Seine Arbeitsbesessenheit hatte ihn die meiste Zeit von der Familie ferngehalten, aber er hatte seinen Sohn mit allem verwöhnt, was man mit Geld nur kaufen konnte. Kaum hatte dieser einen Wunsch ausgesprochen, schon wurde er erfüllt. Der Vater hatte die Härte des Lebens am eigenen Leib erfahren, aber der Sohn hat den Prozeß von Arbeit und Leistung nie kennengelernt. Er konnte nicht begreifen, warum sein Vater immer noch arbeitete, weil er doch, wie er in einer Sitzung sagte, »genug Geld für alles hat«. Ihre Konflikte kreisten um die Situation im Geschäft des Vaters, um die Unpünktlichkeit und Faulheit des Sohnes.

Der Grund für ihre unterschiedlichen Ansichten lag auf der Hand. Der Vater hatte sich vom mittellosen Immigranten hochgearbeitet, dem Sohn war die Position in der Firma auf einem Silbertablett serviert worden. Die Leistungen des Vaters waren Ergebnis hingebungsvoller Arbeit. Der Sohn dagegen war in einem »goldenen Ghetto« aufgewachsen, in dem sich alles darum drehte, wie man das Geld am besten ausgibt, nicht, wie man es verdient.

Nach einigen Sitzungen in der Gruppe arbeitete ich mit Vater und Sohn allein weiter. Nachdem ihnen ihr Problem klar geworden war, verbesserte sich die Kommunikation zwischen ihnen, sie begriffen allmählich ihre jeweiligen Standpunkte. Das erleichterte die Beziehung; der Sohn fing an, seinem Vater zuzuhören. Im Psychodrama ließ ich sie die Rollen tauschen. Als der Sohn die Rolle des Vaters spielte, begriff er dessen Lebenseinstellung besser. Er spürte, daß sein Vater ihn wirklich liebte und sich um ihn Sorgen machte. Umgekehrt begriff der Vater zum ersten Mal die Lebenseinstellung seines Sohnes und erkannte, daß dieser nie gelernt hatte, selber etwas zu leisten.

Die tiefe Kommunikation in den Sitzungen, die etwa ein Jahr lang dauerten, führte zu einem sehr besseren Verständnis zwischen ihnen. Der Sohn setzte seinen Drogenkonsum stark herab, und die beiden wurden gute Geschäftspartner und gute Freunde. Sie hatten beide erkannt, wie viel sie einander bedeuteten.

In einem anderen Fall beugte ein wohlhabender Mann, der sich ebenfalls von unten hochgearbeitet hatte, solchen Problemen durch eine Erziehung vor, die sehr viel stärker an der Realität orientiert war. Sein Sohn studierte bei mir Soziologie, und wir sprachen lange über diese Fragen. Er analysierte die Erziehungsmethoden seines Vaters so:

»Mein Vater kommt aus armen Verhältnissen und hat sich seinen Erfolg hart erarbeitet. Er hat nie aufgehört, mir Geschichten darüber zu erzählen. Er hat seinen Aufstieg von ganz unten in allen Einzelheiten beschrieben. Ich muß zugeben, daß ich viele dieser Geschichten langweilig fand, aber er hat darauf bestanden, daß ich mir all seine Mühen und all seine Probleme und ihre Lösungen anhören mußte.

Als ich ein Teenager war, hat er Jobs für mich erfunden, damit ich den Wert materieller Dinge kennenlernte. Es war ein Spiel, denn ich wußte, daß der Gärtner diese Arbeiten sehr viel besser machte als ich und daß es sich mein Vater leisten konnte, ihn dafür zu bezahlen. Und manchmal war ich total sauer auf ihn, wenn er sagte, ich müsse mir den Skiurlaub oder das neue Fahrrad 'verdienen'. Schließlich war er reich genung, um mir das Geld einfach geben zu können.

Aber heute bin ich ihm ehrlich dankbar dafür, daß er mir beigebracht hat, was es heißt, Geld zu verdienen. Den meisten meiner reichen Freunde ist immer alles geschenkt worden, und heute sind sie drogenabhängig, hängen immer noch zu Hause rum oder Schlimmeres. Ich bin meinem alten Herrn dankbar.

Ich habe mein Studium zum Teil selbst finanziert, und ich glaube, ich weiß, wie das Leben wirklich ist - weil mein Vater mir geholfen hat, das durch eigene Erfahrung herauszufinden.«

Dieser Vater war klug genug, seinen Sohn mit den Realitäten des Lebens vertraut zu machen, aber viele egozentrische Väter verwöhnen ihre Söhne einfach nur. Sie geben ihnen Geld und materiellen Wohlstand statt der unabdingbaren Qualitätszeit und väterlichen Zuwendung, zum Teil aufgrund von Schuldgefühlen. Im Grunde handelt es sich um eine Bestechung, die den Sohn zufriedenstellen soll und den Vater aus den Pflichten seiner Rolle entlastet. Dieser egozentrische Vaterstil mag zwar die materiellen Bedürfnisse eines Sohnes befriedigen, vernachlässigt aber die wichtigste Funktion, die ein Vater hat, die darin besteht, dem Sohn die Welt zu erklären. Söhne, deren Väter sich die nötige Zeit dafür nicht nehmen, brauchen oft einen Therapeuten als Ersatzvater, um ihre Probleme zu lösen.

Die soziale Erziehung eines Sohnes erfordert sehr viel mehr Zeit, Energie und Einfallsreichtum als schlichte Bestechung durch materielle Dinge. Meinem jugendlichen Sohn habe ich das so erklärt: »Ich kann dir Geld geben und dich einigermaßen unterstützen, so lange ich lebe. Aber dann lernst du vielleicht nie den Wert des Geldes kennen und kannst dich nicht selbst ernähren. Abhängige Menschen sind die Sklaven derjenigen, von denen sie abhängig sind. Und ein Sklave liebt seinen Herren nicht. Du bist freier und glücklicher, wenn du dir deine eigene Berufsrolle erarbeitest, entsprechend unabhängig bist und dein eigenes Geld verdienst. Dann können wir gleichberechtigte Freunde sein, die sich gegenseitig etwas zu bieten haben.«

Unabhängig von Einkommen und Status ist allen Vätern die Verpflichtung gemeinsam, ihren Söhnen die Regeln der Gesellschaft, in der sie leben, beizubringen und ihnen zu zeigen, wie sie sich ihren Lebensunterhalt selbst verdienen können. Väter, egal welchen Stil sie vorziehen, dürfen sich nicht von ihren Söhnen entfernen. Sie müssen sie angemessen erziehen, und das heißt, sie müssen dafür sorgen, daß sie aktiv am Leben teilnehmen. Andernfalls führt die Konfrontation mit der realen Welt im Erwachsenenalter des Sohnes zu psychischen Problemen und oft gefährlichem Abgleiten in Kriminalität und Drogen.

Allen Vätern gemeinsam ist auch die abschließende Konfrontation mit der Tatsache, daß sie ihre Söhne loslassen müssen, damit sie unabhängig werden und für sich selbst sorgen können. Diese Konfrontation findet bei armen Vätern meist früher statt als bei reichen, aber letztlich müssen sich alle Söhne dem Leben direkt stellen, unabhängig werden und sich selbst versorgen.

Dieser Lösungsprozeß kann gefördert werden, wenn Väter den Söhnen so früh wie möglich zur Unabhängigkeit verhelfen und sich selbst als greifbares Rollenvorbild präsentieren. Sie sollten stets bereit sein, Ratschläge zu geben und die Söhne zu unterstützen, aber eingreifen sollten sie nur dann, wenn die Situation es wirklich erfordert. Auf diese Weise entsteht eine konstruktive Vater-Sohn-Beziehung statt einer destruktiven.

Das Mißverhältnis zwischen dem Bild, das der Vater nach außen präsentiert, und dem Bild, das der Sohn von ihm bekommt, ist ein anderes schichtenübergreifendes Problem vieler Vater-Sohn-Beziehungen. Im Grunde kann der Sohn seinen Vater als Heuchler wahrnehmen. Ein Therapeut, der bei seinen Patienten sehr verständnisvoll ist, aber keine Zeit für die Schwierigkeiten des Sohnes hat, oder ein Pädagoge, der seinem Sohn nie beibringt, was er weiß, ist in den Augen des Sohnes ein Heuchler.

Sobald ein solches Mißverhältnis zwischen dem öffentlichen und dem privaten Image eines Vaters auftaucht, verstärkt sich die Wut des Sohnes bis hin zu offener Rebellion.

Ich bin in meiner Praxis einem solchen Fall begegnet. Dabei war der Vater ein Fernsehstar, ein außergewöhnlicher Mann, der seine Stellung immer wieder dazu benutzte, sich für Minderheiten einzusetzen. Aber gerade dieser Beruf und sein Engagement waren dafür verantwortlich, daß er sich seinem Sohn entfremdete. Der Sohn reagierte auf diese Entfremdung, die er als Scheinheiligkeit wahrnahm, mit Wutgefühlen und entwickelte schließlich schwere psychische Störungen.

Dieses Grundproblem (und seine Lösung) wurde in einer Psychodramasitzung deutlich. Er spielte eine Szene, in der er sich eine Fernsehshow ansah, bei der sein Vater für die finanzielle Unterstützung eines bekannten psychosozialen Projektes warb. Dabei trat er gegen den »Fernseher« (ein Kissen) und zerbrach ihn. Dann fing an zu weinen und schrie sein Hilfs-Ich, das den Vater spielte, an: »Für alle anderen tust du alles, aber für mich tust du gar nichts. Du bist ein schrecklicher Vater. Du bist ein Heuchler. Und du bist nie für mich da.«

Dann beschrieb er, wie er im Traum und in Phantasien seinen Vater getötet hatte. Also ließen wir ihn im Psychodrama den »Vater« »töten« und dann einen Nachruf halten - sowohl positiv wie negativ. Er entschied sich dafür, den Vater zu »vergiften«.

In dem Nachruf wurde seine ganze Liebe, aber auch seine ganze Wut auf den Vater deutlich. Die Wut war entstanden, weil er den Vater in der Außenwelt als idealen, menschlichen Mann wahrnahm (der dieser auch war), aber ihn gleichzeit als einen Mann kannte, der seinem Sohn kein zugänglicher Vater war.

Die anschließende Beratung vertiefte die Kommunikation zwischen Vater und Sohn. Sie sprachen miteinander über die Fehler des Vaters und seine mangelnde zeitliche Verfügbarkeit für den Sohn. Der Vater gab zu, daß er als Spendensammler besser war als in seiner Vaterrolle. Der Sohn sah ein, daß es nicht an ihm lag, wenn der Vater sich in der Außenwelt besser verhalten konnte als zu Hause. Er erfuhr, daß sein Vater ihn liebte, mehr mit ihm kommunizieren wollte und versuchte, ein besserer Vater zu werden. Diese Annäherung tat dem Sohn gut. Der Vater sprach weiterhin ehrlich mit ihm und arbeitete nicht mehr so viel. Er sagte ihm: »Ich liebe dich und du bist mir sehr wichtig.« Der Sohn verzieh ihm und baute dadurch seine Wut gegen ihn ab.

Im Grunde hatten die beiden ein Kommunikationsproblem. Meine therapeutische Hypothese war die, daß der Vater über seine Beteiligung an Benefizsendungen für psychosoziale Projekte indirekt versuchte, etwas für die psychischen Probleme des Sohnes zu tun. Die direkte Kommunikation mit seinem Sohn fiel ihm sehr schwer. Die verschiedenen Psychodramasitzungen und vor allem der Rollentausch war eine große Hilfe für beide; sie konnten die Standpunkte des jeweils anderen besser verstehen, eine Kommunikation auf alltäglicher Basis kam in Gang.

Diese Eröffnung der Kommunikation auf allen Ebenen der Therapie ist meiner Erfahrung nach ein entscheidender Schritt für die Lösung der Vater-Sohn-Problematik. Wenn ein Vater seinem Sohn zeigt, wer er hinter seinem Image in der Außenwelt wirklich ist, ergibt sich eine Basis für eine bessere und ehrlichere Beziehung.

Gegenseitige Offenheit hat für beide viele Vorteile. Der Sohn kann sein primäres männliches Rollenmodell besser und tiefer verstehen und wird sich bewußt, daß der Vater seine eigenen Probleme hat. Ein Sohn, der davon ausgeht, sein Vater habe keine Probleme, muß natürlich annehmen, er könne nie so perfekt werden wie er, und sieht sich sein Leben lang im Schatten des unrealistisch perfekten Vaterbildes. Das führt dann oft zu den bekannten Tragödien, wo Söhne berühmter Männer Alkoholiker, drogenabhängig oder Selbstmörder werden, weil sie die (irrealen) perfekten Eigenschaften ihrer Väter nie erreichen können.

Man sollte aber auch nicht vergessen, daß trotz aller Probleme die meisten Söhne von Vätern mit hohem Status ebenfalls einen hohen Status erreichen. Reichtum, Familienverbindungen und Ausbildung sind Faktoren, die die Erwartungen steigern und die meisten Söhne zur Leistung motivieren. Fast immer wollen Söhne, die gute Beziehungen zu ihren Vätern haben und miterleben, daß sich ihr hoher beruflicher Einsatz lohnt, es ihren Vätern nachtun.

Ein bekannter Schauspieler, dessen Vater ebenfalls ein bekannter Schauspieler ist, sagt: »Als Kind ging ich oft mit meinem Vater zu Filmaufnahmen. Es sah wie Schwerarbeit aus, aber alle waren so begeistert dabei und hatten Freude daran. Und anders als viele andere in dem Geschäft liebt mein Vater seine Arbeit und seine Familie und ist wirklich glücklich. Damals wurde mir klar, daß ich auch Schauspieler werden wollte.«

Hier entsprang die Identifikation mit dem Vater aus ihrer Nähe und ihrer funktionierenden Kommunikation. Der Vater machte seinen Sohn mit seinem Lebensstil und seiner Arbeit vertraut und sprach mit ihm offen über seine Probleme und seine Position. Ich bin ganz sicher, daß dieser Vater auch einmal den Polonius aus Shakespeares Hamlet gespielt hat. Als ich ihn fragte, worauf er seinen Erfolg als Vater zurückführe, sagte er:»Es gibt kein größeres Geschenk für einen Vater, als sich seinem Sohn ganz zu geben. Das meint mehr als Zeit und Energie, man muß sein eigenes inneres Selbst geben. Es reicht nicht, wenn man seinem Sohn zwei Stunden oder vier Stunden oder einen Tag lang Zeit widmet und ein paar Hausaufgaben fürs Leben mit ihm macht. Unter 'geben' verstehe ich die Arbeit, mit der man ihn als Freund und Kameraden gewinnt, und das ist ungeheuer wichtig.

Meiner Meinung darf man sich nicht als Idol für ihn aufbauen. Man muß ehrlich sein. Ein Sohn soll von den Schwächen und Fehlern seines Vaters wissen und ihn als Menschen mit menschlichen Schwächen erkennen, dann kann er auch nie wirklich enttäuscht werden, weil er seinen Vater falsch und unrealistisch eingeschätzt hat. Ich finde, ein Vater soll seinem Sohn seine Schwächen, Versuchungen, Leiden, Erfolge, Niederlagen und Verletzbarkeiten offen zeigen. Der Sohn soll mitbekommen, was mit dem Vater los ist, im Guten wie im Bösen.«

Phasen und Phasendissonanzen

Die Erkenntnis der einzelnen Phase der Vater-Sohn-Beziehung hilft viele Probleme zu verringern oder zu vermeiden. Jede Phase hat ihre eigenen normalen Probleme und Problemlösungen. Die Ich-Verschmelzung in der ersten Phase ist anstrengend, weil die meisten Väter erst seit kurzem verheiratet sind und am Anfang ihrer beruflichen Laufbahn stehen. Sie sind im persönlichen Bereich mit ihrer Ehe und im beruflichen mit ihrer Karriere beschäftigt. Trotzdem ist es nötig, die alten maskulinen Klischees zu überwinden und sich emotional auf die Söhne zu konzentrieren. Auch wenn Anteilnahme und Fürsorge für kleine Kinder immer noch stereotyp allein der Mutter zugeschrieben werden, sind diese Gefühle auch bei Männern vorhanden und sollten entsprechend gelebt werden. Ich kann nur dringend empfehlen, daß ein Vater sich trotz aller anderen Anforderungen an seine Zeit auch um die physische Versorgung des Kindes kümmert. Gerade die direkte Sorge für die körperlichen Bedürfnisse des Sohnes läßt die enge psychische Beziehung zwischen Vater und Sohn entstehen.

Väter, die sich die notwendige Zeit für diese Erfahrung nehmen und ihre liebevollen Gefühle nicht unterdrücken, werden humanere, fühlende Menschen, und das wirkt sich nicht nur auf ihre Söhne und Ehefrauen aus, sondern auch auf die Gesellschaft. Man könnte sagen, daß Männer, die sich emotional auf die Beziehung zu ihren Söhnen einlassen, die Basis für eine menschlichere Gesellschaft bilden, weil die liebevolle Doppelgängerhaltung zu ihren Söhnen sie in allen anderen Beziehungen notwendig mitfühlender macht.

Das hat auch Auswirkungen auf das Kind, denn wenn ein Vater sich in dieser frühen Beziehung zu seinem Sohn so verhält, hat das Kind wirklich zwei Elternteile. Es erlebt bewußt, daß Frauen und Männer lieben, mitfühlen und versorgen können, und das ist sehr wertvoll für seine Persönlichkeitsentwicklung. Natürlich führt die Struktur und Funktionsweise der Gesellschaft zu gewissen Geschlechtsunterschieden bei der Kinderversorgung, aber ein liebevoll-mitfühlender Vater in der Doppelgängerhaltung kann verhindern, daß sein Sohn später von bestimmten Gefühlsbereichen abgeschnitten ist, nur weil er männlich ist. Letzten Endes schwächt sich damit auch die stereotype Geschlechtsrollenfestlegung ab.

Väter in der Doppelgängerhaltung, die sich an der frühen Erziehung ihrer Söhne intensiv beteiligen, haben darüber hinaus die Chance, eine produktive und erfreuliche »zweite Kindheit« zu erleben. Jetzt, mit höherem Status und insgesamt weiser geworden, können sie an vielen freudigen Kindheitserfahrungen ihrer Söhne teilhaben. Damit ergibt sich auch die Möglichkeit, negative Erfahrungen aus der eigenen Kindheit zu korrigieren und neue Einsichten über die eigene Person zu gewinnen.

Dieses Phänomen wurde in einer Psychodramasitzung deutlich, in der eine Mutter ihren Schmerz bearbeitete, daß ihr geschiedener Mann das Sorgerecht für den dreijährigen Sohn bekommen hatte.

An einem Punkt schrie sie das Hilfs-Ich, das die Rolle des gehaßten Ehemanns spielte, an: »Du nimmst mir Mike jetzt nur weg, weil dich dein eigener Vater verlassen hat, als du drei warst. Du möchtest nicht, daß er durchmachen muß, was du als Kind durchmachen mußtest.« In einem ruhigeren Moment in der Sitzung fragte ein Gruppenmitglied die Frau, was sie mit dieser Bemerkung gemeint habe. Sie sagte ganz ruhig, daß ihr Mann den Jungen aus Mitgefühl bei sich haben wollte, weil er sich als Kind nach der Scheidung seiner Eltern von seinem Vater schrecklich verlassen gefühlt hatte.

Als sie weiter über die Sitzung nachdachte, gab sie wieder zu, daß ihr Ex-Mann das Sorgerecht aus Mitgefühl mit dem Sohn beantragt hatte. Ihre Feindseligkeit nahm ab. Sie fand schließlich, ihr Mann liebe den Jungen wirklich und habe ihr ihn nicht aus Egoismus weggenommen. So konnte sie die Trennung allmählich verkraften.

Die Sitzung war eine Bestätigung dafür, daß Väter einen Teil ihrer eigenen Kindheit durch ihre Söhne wieder erleben. Daran ist nichts auszusetzen, solange die Väter sich selbst gegenüber ehrlich sind, sich klar machen, was passiert, und mit der Erfahrung richtig umgehen. Wenn sich beide der Bedeutung dieses väterlichen Doppelgängerhaltung bewußt sind und der Vater den Sohn nicht für seine eigenen psychischen Bedürfnisse mißbraucht, kann der Sohn positiv erleben, daß er auf einer gewissen Ebene seinem Vater etwas »geben« kann. Der Vater sollte vermitteln, daß er sich nicht für den Sohn aufopfert, sondern daß ihm die Beziehung Freude macht. Das tut beiden gut.

Die Doppelgängerhaltung der ersten Phase hat noch eine weitere positive Folge: Der Vater ist beim Eintritt des Sohnes in die stürmische Jugendzeit und damit die zweite Phase ihrer Beziehung besser auf ihn eingestellt und umgekehrt. Wenn sich Vater und Sohn nahe stehen, ist die Wahrscheinlichkeit geringer, daß der Sohn der Rebell wird, der er in seiner normalen Entwicklung um seiner Individuation willen schon fast werden muß. Nähe, Doppelgängerhaltung, Austausch und gegenseitige Beziehung in der ersten Phase führt zu tiefem Wissen um den jeweils anderen und zu tiefer Liebe, und das läßt beide in den normalen Auseinandersetzungen der zweiten Phase gelassener bleiben. Der Sohn nimmt dann in der Jugend die Lebensanschauungen des Vaters positiver wahr und hört seinen Botschaften genauer zu.

Der Übergang von der ersten zur zweiten Phase löst einige der strukturellen Vater-Sohn-Probleme, schafft aber auch neue. In der ersten Phase gibt es in der Regel das normale sozial-ödipale Konfliktdreieck zwischen Vater, Mutter und Sohn. Der Sohn möchte die Mutter für sich allein haben und kann den Vater trotz aller Liebe zu ihm in ein subtiles Tauziehen um Zeit und Zuneigung der Ehefrau-Mutter verwickeln. Die Position der »Königin-Mutter« ist in der Familie jetzt sehr viel stärker, und sie kann ihre Macht für ihre eigenen Ziele ausnutzen, anstatt sie für die Harmonie in der Familie einzusetzen.

Wenn man sich dieses sozial-ödipale Dreieck bewußt macht, hat man den ersten Schritt zur Verringerung seiner negativen Einflüsse auf die Beteiligten getan. Wenn sich ein Vater des emotionalen Bedürfnisses des Sohnes nach der Mutter und seiner eigenen zeitweiligen Eifersucht bewußt sind, agiert er das nur noch selten unbewußt gegen den Sohn aus. Er sollte wissen, daß sich seine väterliche Herrschaft unbewußt in allzu strengen und unvernünftigen Strafen niederschlagen kann.

Die Mutter ist in dem sozial-ödipalen Dreieck in einer Machtposition, da sowohl der Vater wie der Sohn mehr Aufmerksamkeit von ihr wollen, und sie sollte diese Macht nicht für ihre eigenen Zwecke mißbrauchen. Meines Erachtens sollten alle Beteiligten so offen wie möglich über dieses Dreieck sprechen, damit es nicht zu unbewußten Feindseligkeiten kommt.

Ein Hauptproblem der zweiten Phase der Vater-Sohn-Beziehung ist der Disziplinierungsprozeß. Vor der Jugend reagieren die Söhne meist nicht mit Feindseligkeit auf Strafen, aber wenn der halbstarke Sohn sich zu individuieren versucht, haben die normalen Erziehungsbemühungen des Vaters in der Regel Feindseligkeit und Rebellion zur Folge.

Dabei tut der Vater nichts weiter als seine Pflicht dem Sohn gegenüber, der sich aus dem häuslichen »Reservat« immer weiter in die Gesellschaft hineinwagt und mit den Normen umzugehen versucht, mit denen er dort konfrontiert ist. Hier ist es die Aufgabe des Vaters, die Gesetze und Normen der Gesellschaft zu verstärken. Er hat jetzt eine Art Polizeifunktion, weil er seinen Sohn unter anderem über das richtige und falsche Verhalten in der Gesellschaft aufklären muß. Diese Polizistenrolle ist unumgänglich und muß von einem Elternteil übernommen werden. Und dies ist fast immer der Vater.

Der Sohn kann ihn bestenfalls als liebevollen Polizisten wahrnehmen. Aber normalerweise ist er jetzt mit seinen Kameraden verbunden. Er wendet sich an sie, wenn es darum geht, eine gewisse Plausibilität herzustellen in einer Welt, die beherrscht wird von Mann-Frau-Beziehungen, Berufsentscheidungen, Schulproblemen, Drogenexperimenten und der Frage, ob sein sich schnell verändernder Körper mit seinem sexuellen Drang gut oder schlecht ist. In dieser schwierigen Phase sind wenige Söhne empfänglich für väterlichen Rat, väterliche Meinungen oder gar väterliche Strafen. Die Mutter sollte sich in diesem Prozeß mit dem Vater verbünden, wenn es um vernünftige Strafen für den Sohn geht.

Obwohl es auch in der ersten Phase wie überhaupt bei allen Vater-Sohn-Interaktionen immer Elemente von Strafe, Erziehung und Ausbildung gegeben hat, ist der Sohn im Jugendalter meist rebellischer und widersetzt sich jeder Herrschaft. Schließlich wird er ja gerade selber ein Mann.

Die Anlässe für väterliche Strafen reichen von schlichtem Schuleschwänzen bis hin zu schwerwiegender Beteiligung an kriminellen Taten. In beiden Fällen enthält die Strafe auch ein gewisses Maß an Vergeltung, z.B. Taschengeldentzug oder stärkere Einschränkunge bei straffälligen Vergehen, um das Verhalten des Sohnes zu kontrollieren.

Manche Väter, vor allem Macho-Väter, haben kaum Schwierigkeiten, feste Regeln und Vorschriften aufzustellen, andere, besonders übertrieben liebevoll-doppelnde Väter, schaffen es kaum, ihren Söhnen auch nur den kleinsten erzieherischen Schmerz zuzufügen, selbst wenn es sich um offensichtlich nötige Lektionen handelt. Auch das kann zum Problem werden.

Dabei sind die Motive im Grunde oft positiv. Väter, die sich aus der frühen doppelnden Phase nie gelöst haben und mit Schmerz und Freude des Sohnes verstrickt bleiben, können es nicht ertragen, mitzuerleben, wie der Sohn mit den schmerzhafteren Realitäten des Lebens konfrontiert wird, und retten oder schützen ihn unbedacht davor. Dabei sind solche Konfrontationen aber natürliche und wichtige Bestandteile der Ich-Entwicklung eines Jugendlichen.

Es gibt zwei grundlegende Kontexte für Strafen und die notwendige Konfrontation mit der schmerzhafte Realität. Im einen Fall verhängt der Vater direkt eine Sanktion (z.B. eine Woche kein Taschengeld, Hausarrest usw.). Hier demonstriert der Vater seine Machtposition über den Sohn im Rahmen der Familie.

Der andere Kontext betrifft die Außenwelt: hier geht es um Situationen, in denen der Sohn ein Gesetz der Gesellschaft verletzt hat. Der Vater kann kaum noch über die Art der Strafe bestimmen, sein Einfluß auf das Schicksal des Sohnes ist in vielen Fällen gering. Gelegentlich ergeben sich Möglichkeiten für den Vater, ihn vor der ganzen Wucht des Gesetzes zu schützen, aber häufig genug gereicht das dem Sohn eher zum Nachteil.

Der folgende Fall, den mir wohlhabender vierzigjähriger Rechtsanwalt schilderte, beleuchtet einige wesentliche Konflikte und Motive für die Reaktion eines Vaters auf die Strafe, die die Gesellschaft für seinen Sohn bereit hält:

»Bill war damals 16 Jahre alt, nahm jede Menge Drogen und hatte immer Ärger. Ich mußte dauernd eingreifen, damit er nicht wegen Schwänzens, schlechter Noten und so weiter von der Schule flog. Der letzte Schlag war, daß er wegen Ladendiebstahl verhaftet wurde. Er war schon wegen kleinerer Drogendelikte aktenkundig geworden, deshalb brachten sie ihn zur

Beverly Hills Polizeiwache. Bei den anderen Anklagen vor dem Jugendrichter hatten sie ihn meiner Aufsicht unterstellt und ihn nicht ins Jugendgefängnis gesteckt.

Auf der Polizeiwache lief dasselbe ab wie sonst, aber dieses Mal be-
schloß ich, ihn nicht zu retten. Diese schreckliche Erfahrung vergesse ich
nie. Ich sprach mit meinem Sohn und er versprach, er würde es nie wieder
tun. Der anwesende Jugendrichter fragte mich, ob ich ihn mit nach Hause
nehmen wolle. Ich sagte: 'Nein. Machen Sie mit ihm, was sie sonst in
solchen Fällen tun.'

Mein Sohn sah mich ungläubig an. 'Du meinst, du läßt zu, daß sie mich ins
Jugendgefängnis stecken?' Ich erklärte ihm so gut ich konnte, daß es für
mich leichter wäre, ihn mit nach Hause zu nehmen, aber daß es für ihn
wichtig sein, diesmal die wirklichen Konsequenzen seines Verhaltens zu
spüren. Er bettelte und weinte: 'Tu mir das nicht an, Vater.' Ich sagte ihm, er
selbst hätte sich das angetan, nicht ich.

Er konnte es nicht glauben, und ich auch nicht. Ich weiß noch genau, wie
er mich ansah, als sie ihn wegbrachten. Es war wie ein böser Traum. Dann
weiß ich nur noch, daß ich plötzlich auf der Wiese vor der Polizeiwache saß
und heulte wie ein Schloßhund. Leute fragten mich, ob alles in Ordnung sei,
auch die Polizisten. Ich scheuchte sie weg und schluchzte unkontrollierbar
weiter. Ich habe mindestens eine halbe Stunde lang geweint. Ich muß schon
ein Anblick gewesen sein: ein vierzigjähriger Rechtsanwalts, der in voller
Montur auf der Wiese vor einer Polizeiwache sitzt und weint. Ich habe dieses
Erlebnis fünfzigmal im Kopf wieder durchgespielt.

Worüber ich geweint habe? Weil ich jetzt Vater eines jugendlichen Straf-
gefangenen war? Aus Mitgefühl für meinen Sohn? Wegen ihm oder wegen
mir? Heute glaube ich, daß ich um uns beide geweint habe.«

Die Familiendynamik, die zur Kriminalität des Sohnes geführt hatte, war
ziemlich komplex. Aber als wir diese erzieherische Maßnahme näher betrachteten, kamen der Vater, ein brillanter Strafverteidiger, und ich gemeinsam zu dem Ergebnis, daß er wohl beschlossen hatte, es wäre für seinen Sohn
an der Zeit, sich in vollem Umfang mit den Realitäten und Konsequenzen
seines zunehmend kriminellen Verhaltens zu konfrontieren. Hätte der Vater
anders reagiert und seinen Sohn wieder gerettet, hätte er ihm einen sehr
schlechten Dienst erwiesen. Ein erneutes Eingreifen des Vaters wäre in
seinem eigenen Interesse gewesen, nicht im Interesse des Sohnes. Es hat dem
Vater sehr weh getan, seinen Sohn ins Gefängnis gehen zu lassen. Seine

Tränen waren Tränen des Selbstmitleids, weil er mit diesem Akt sein Scheitern als Vater eingestanden hatte und jetzt darunter litt, daß er der Vater eines Kriminellen war. Seine Tränen waren aber auch Tränen des Mitgefühls für seinen Sohn, der die Demütigung des Gefängnisses erlitt. Die Geschichte hatte ein Happy End. Der Sohn, der mit dem unvermeidlichen Endpunkt seiner eskalierenden Kriminalität konfrontiert war, begriff, wohin ihn sein Weg führte. Vater und Sohn sprachen miteinander, und die offenere Kommunikation zwischen ihnen führte schließlich zu einer positiven Verhaltensänderung.

Wenn man in der zweiten Phase seine Vaterrolle effektiv spielen will, muß man oft die bittere Pille schlucken und den psychischen Schmerz auf sich nehmen, den die Korrektur dysfunktionalen Verhaltens zwangsläufig für beide Teile mit sich bringt. Anhaltend dysfunktionales Verhalten kann selbstzerstörerisch für den Sohn sein und letztlich auch destruktive Konsequenzen für das Leben des Vaters haben. Die alte Platitüde vor einer Bestrafung »das tut mir mehr weh als dir« kann bei einem guten Vater schlicht die Wahrheit sein.

Wer als »netter Kerl« auftritt und den Sohn ständig rettet, entlastet sich selbst, aber tut dem Sohn keinen Gefallen. Solche Väter sind ineffektiv und umgehen ihre Verantwortung zum Nachteil einer angemessenen Erziehung. Wer ein Kind vor den Konsequenzen seines Verhaltens schützt, läßt es in einer irrealen Welt aufwachsen. Irgendwann in der späten zweiten Phase der Beziehung kommt der Zeitpunkt, wo ein Sohn seinem Vater dafür dankt, daß er ihn gewissen Realitäten ausgesetzt hat, wie schlimm und schmerzlich sie damals auch gewesen sein mögen.

Das heißt aber auch, daß ein effektiver Vater nicht nur mit seinem Mitgefühl für den Sohn bei der Bestrafung fertig werden muß, sondern auch die ganze Wucht der Feindseligkeit des Sohnes in dem Augenblick ertragen muß, in dem er Stellung bezieht. In einer Nachfolge-Sitzung mit Bill und seinem Vater ungefähr ein Jahr nach den Ereignissen sagte der Junge dem Vater:

»Als du mich mit dem Bullen ins Gefängnis geschickt hast, habe ich dich wirklich gehaßt, und ich habe mich von dir verlassen gefühlt. Jetzt weiß ich, daß du das tun mußtest. Die drei Tage, die ich in diesem Loch mit diesen verdammt harten Kerlen eingesperrt war, waren eine Erfahrung, die ich nie vergessen habe. Und damals habe mich beschlossen: Nie wieder! Ich bin froh, daß du das getan hast, und ich bin dir dankbar.«

Viele Väter haben kaum Schwierigkeiten mit korrekten Strafen für ihre Söhne, die einen gewissen Schmerz für beide Beteiligten mit sich bringen. Ich persönlich hatte große Schwierigkeiten, meinem Sohn zu strafen, weil ich es nicht ertragen konnte, seinen Schmerz miterleben zu müssen. Aber ich glaube nicht, daß ich ihm damit einen guten Dienst erwiesen habe. Das Loslassen des Sohnes in der zweiten Phase heißt auch, ihm zu gestatten, den Schmerz und die Schwierigkeiten zu erfahren, die die Folge seines Fehlverhaltens sind.

Wichtig bei diesem Thema ist auch die Frage, wann man dem Sohn beistehen sollte und wann es besser ist, ihn den Konsequenzen seines Verhaltens zu überlassen. Je selbständiger er ist, desto besser sind seine Chancen zur Entwicklung der notwendigen Methoden für den Umgang mit der Außenwelt und ihrer Reaktionen auf sein Verhalten. Und er kann lernen, wie er sich selbst aus einer schlimmen Situation befreien kann. In dieser Phase führen eigene Erfahrungen zu Selbstvertrauen und Unabhängigkeit.

Mein Sohn hatte mit sechzehn seinen ersten Job als Aushilfe an einem Hamburger-Stand. Er hatte sich den Job selbst gesucht, und das war wirklich gut, weil es dadurch sein Job war. Ich verstärkte seine Motivation durch meine Zustimmung, machte aber einen subtilen Fehler. Ungefähr eine halbe Stunde, bevor er zur Arbeit mußte, sagte ich ihm eines Tages: »Es ist Zeit, zur Arbeit zu gehen, Mitch!« Darüber wurde er zu Recht wütend und erklärte mir: »Das ist mein Job. Ich mach das schon. Bleib mir vom Hals.«

Meine ungebetene Einmischung war nichts anderes als unangebrachtes Doppeln bei einem Teenager, der selbständig und zu seinen Bedingungen arbeiten wollte. Er hatte recht und ich unrecht.

Es gibt auch Söhne, die von ihren Vätern gerettet werden wollen, weil sie sich ihrer Liebe nicht sicher sind und die Rettung als Liebesbeweis werten. Ich habe beobachtet, daß ein großer Teil abweichenden Verhaltens im Jugendalter weniger ein Anzeichen für Rebellion ist, als vielmehr darauf abzielt, die Aufmerksamkeit eines entfremdeten, gefühllosen Vaters zu bekommen. Bei manchen Vätern sind extreme Handlungen der einzige Weg, Beachtung zu finden. Wenn sich Väter eines solchen verdeckten Hilfeschreis bewußt werden, sollten sie die Beziehung zu ihren Söhnen überprüfen. Es kann sein, daß sie zu wenig Zeit für sie haben und ihnen ihre Liebe nicht richtig zeigen. Oft genug können Korrekturen in diesen zwei Bereichen solche Probleme beheben.

Rettende Väter sollten ihre Motive gründlich daraufhin überprüfen, ob die Hilfe nicht mehr den eigenen Bedürfnissen dient als denen des Sohnes. Allzu liebevoll-doppelnde Väter neigen fast immer zu Rettungsaktionen. Sie sollten ihr Mitgefühl für die Söhne nicht aufgeben, aber die ganze Situation im Blick behalten und bestimmen, was für ihre Söhne und für ihr eigenes Leben am besten ist.

In der zweiten Phase können Rettungssyndrom und übermäßige Verstrikkung mit dem Sohn kontraindiziert sein, nicht nur um des Sohnes, sondern auch um des Vaters willen. Viele Väter sind in dieser Zeit ihres Lebens »fertig«, daß heißt, ihr Privatleben ist unerträglich belastet. In so einer Situation ist der Entschluß berechtigt, die ständigen Belastungen zu verringern. Schließlich ist auch die eigene psychische Gesundheit wichtig, und wenn der Sohn in dem Prozeß der Selbstfindung untergeht, kann man nichts machen. Ein Vater muß auch sein eigenes Leben berücksichtigen, und manchmal ist »genug einfach genug«.

In der zweiten Phase der Beziehung zu meinem Sohn gab es einen Punkt, an dem ich zu dem »egoistischen« und erstaunlichen Schluß kam, daß auch ich ein Recht auf eine gewisse Unabhängigkeit und ein angenehmes Leben habe. Ich wollte mich nicht mehr ausschließlich und mitfühlend mit den Problemen meines Sohnes beschäftigen. Das sagte ich ihm, beendete auch wirklich meine Verstrickung in all seine Probleme und zog mich zurück. Zu meiner Überraschung wurde er daraufhin unabhängiger und kam in der Schule und in seinem persönlichen Leben besser zurecht. In der zweiten Phase gibt es große Generationsunterschiede in den Ideen und Normen, und Väter, die mit ihren Söhnen über jedes Thema diskutieren, verschleißen sich vorzeitig, manchmal sogar im wörtlichen Sinne.

Ein Vater ist der natürliche Feind der Individuation seines Sohnes, und das sollte er wissen. In dieser Phase versucht der Jugendliche seine eigenen intellektuellen und sportlichen Stärken und seine Begabungen zu bestimmen. Vieles davon muß er allein entscheiden; der Vater sollte sich auf eine distanziertere Rolle als verfügbarer Ratgeber zurückziehen. Man kann diese Situation mit der einer Nation vergleichen, die sich aus kolonialer Herrschaft befreit. Solche neuen Staaten lassen nicht zu, daß sich ihre frühere Regierung allzusehr in ihre Angelegenheiten mischt, akzeptieren aber gerne die Hilfe reiferer Nationen, die keine Übergriffe versuchen, sondern für ernsthafte und mitfühlende Ratschläge für realistische Problemlösungen bereit stehen. Ungebetene Hilfe ist verdächtig und dient oft genug tatsächlich mehr den Gefühlen des »Helfers« als dem Empfänger. In der zweiten Phase sollten sich Väter konsultieren lassen, aber nicht ständig an ihren Söhnen kleben.

Eins der wesentlichen Probleme, das die Entstehung der so wünschenswerten Männerfreundschaft zwischen Vater und Sohn verhindern kann, ist die Phasendissonanz. Phasendissonanz entsteht, wenn ein Vater nicht in Übereinstimmung mit seiner phasenspezifischen Vaterrolle agiert. Ein Beispiel, das in der ersten und der zweiten Phase vorkommen kann, ist der Macho-Vater, der seinen Sohn allzu früh ermutigt, ein »Mann« zu sein. Ein anderes Beispiel vor allem aus der zweiten Phase ist der Vater, der seinen jugendlichen Sohn immer noch doppelt. Er sollte sich klarmachen, daß ein Jugendlicher den psychischen Raum zur Selbstfindung braucht; er muß mit dem Leben experimentieren können, um sich angemessen von seinem Vater zu lösen. Fortgesetztes Doppeln des Vaters ist nicht im Einklang mit den Bedürfnissen seines Sohnes zu diesem Zeitpunkt.

Die Beziehung wird lächerlich und schmerzlich, wenn Vater und Sohn sich mit den Problemen der zweiten Phase selbst dann noch herumschlagen, wenn der Sohn über zwanzig ist und eigentlich eine Männerfreundschaft mit seinem Vater pflegen sollte. Bei manchen Vätern und Söhnen dauern die Kämpfe bis zum Tode des Vaters an und enden manchmal erst mit dem letzten feindseligen Akt des Vaters, dem Testament.

All diese Dissonanzprobleme lassen sich abwenden, wenn Vater und Sohn sich der grundlegenden Prozesse in jeder Phase ihrer Beziehung bewußt sind. Eine relevante, offene und bedeutungsvolle Kommunikation führt zu einer harmonischen Beziehung. Klare philosophische Botschaften des Vaters ohne das Gift exorbitanter oder erstarrter Träume für das Leben des Sohnes verbessern die Kommunikation.

Auch wichtige andere, vor allem die Ehefrau-Mutter, können die Harmonie zwischen Vater und Sohn fördern, wenn sie die Phasen der Beziehung kennen. Mutter und Geschwister sind wichtige Akteure im Vater-Sohn-Drama.

Wenn alles gut geht, erreichen Vater und Sohn das Ziel ihrer Beziehung: eine harmonische und lebendige Männerfreundschaft. Die Erarbeitung dieser Beziehung ist aller Mühe wert. Der Vater hat einen Freund gewonnen, der er selbst in die Welt gesetzt hat, der ihn liebt und ihm im Alter hilft. Ein Sohn, der diese abschließende Beziehung zu seinem Vater erreicht, hat einen lebenslangen klugen Freund, der alles über ihn weiß, ihn liebt und ihn freudig in allen Lebensproblemen berät. Ein Sohn und ein Vater, die sich auf der Basis von Liebe und Achtung eine solche Beziehung erarbeitet haben, können produktiv und glücklich in einer humaneren Gesellschaft leben.

Anmerkungen und Quellennachweise

1. Kapitel

[1] siehe auch Osherson, Samuel: *Finding our Fathers - The Unfinished Business of Manhood*, The Free Press/Macmillan Inc., New York 1986; Dt.: *Die ersehnte Begegnung - Männer entdecken ihre Väter*, Edition Humanistische Psychologie, Köln 1990.

[2] Wolff, Geoffrey: *The Duke of Deception*, Random House, New York 1979, S. 291.

[3] Hogbin, H. I.: A New Guinea Childhood, *Oceania*, Vol. 16 (September 1946), S. 275.

[4] Nancy Friday: *My mother, myself*, Delacorte Press, New York 1977, S. 17; dt.: *Wie meine Mutter*, S. Fischer Verlag, Frankfurt/M. 1979.

[5] *Los Angeles Times*, 20. Dezember 1980, S. 11.

2. Kapitel

[1] Cronkite, Kathy: *On the Edge of the Spotlight*, Wm. Morrow and Co., New York 1981, S. 11.

[2] Ebenda, S. 2.

[3] Barrabee, Paul, Von Mering, Otto: Ethnic Variations in Mental Stress, *Social Problems* (October 1973), S. 48-53.

[4] Stewart, Richard H.: *Los Angeles Times*, November 23, 1980, S. 17.

[5] Zum Psychodrama vgl. Yablonsky, Lewis: *Psychodrama*, Gardner Publications, New York 1981.

3. Kapitel

[1] Erikson, Erik H.: *Childhood and Society*, W. W. Norton & Co., New York 1963, S. 331; dt.: *Kindheit und Gesellschaft* (aus dem Englischen übersetzt von Marianne von Eckhardt Jaffé), 2. Aufl., Klett-Cotta, Stuttgart 1974, S. 325.

[2] Goldberg, Herb: *The New Male*, W. Morrow and Co., New York 1980, S. 46; dt.: *Man(n) bleibt Mann*: Möglichkeiten und Grenzen der Veränderung, Rowohlt, Reinbek 1990.

[3] Yablonsky, Lewis: *Robopaths*: People as Machines, Bobbs-Merrill 1972.

[4] Castro, Tony: Father's New Role: Honoring Thy Son, *Los Angeles Herald Examiner*, October 2, 1980, S. A-3.

4. Kapitel

[1] *Los Angeles Herald Examiner*, 29. May 1981, S. A-8.

[2] Arkin, William: Brother as a Male Family Role, in: *The Family Coordinator*, Oktober 1979, S. 630-33.

[3] Toman, W.: Birth Order Rules All, in: *Psychology Today*, März 1970, S. 45-49.

[4] Robertiello, Richard: *A Man in the Making*, Richard Marek Publishers, New York 1979, S. 30.

[5] Ebenda, S. 31.

[6] Ebenda, S. 36.

[7] Ebenda, S. 37.

[8] Hetherington, E. M., Cox, M., Cox, R.: Divorced Fathers, in: *The Family Coordinator*, Oktober 1976, S. 417-429.

[9] Gatley, Richard, Koulack, David: *The Single Father's Handbook*, Doubleday, New York 1979, S. 46

5. Kapitel

[1] Glueck, E., Glueck, S.: *Unraveling Juvenile Delinquency*, Harvard University Press, Cambridge 1955, S. 73.

[2] Andry, R. G.: *Delinquency and Parental Pathology*, Staples Press, London 1971, S. 133.

[3] Bieber, I.: *Homosexuality*, Basic Books, New York 1962, S. 84.

[4] Ebenda, S. 118.

[5] Miller, B.: Gay Fathers and Their Children, in: *The Family Coordinator*, Oct. 1979, S. 544-54.

[6] Greenfeld, J.: *A Place for Noah*, Holt, Rinehart and Winston, New York 1978, S. 1-3; dt.: *Noah - Schritte ins Leben*, Droemer Knaur, München 1988.

[7] Bermann, E.: *Scapegoat*, University of Michigan Press, Ann Arbor 1973, S. 46.

6. Kapitel

[1] Silver, Myrna, Silver, Jerry: *Weekend Fathers*, Harper and Row, New York 1981, S. 8.

[2] Ebenda, S. 3.

[3] Landy, Eugene E., Dahlke, Arnold: Twenty-four Hour Therapy, Free Foundation Publication, (Juni 1980).